- 国家社会科学基金项目"中国特色特大城市贫困治理研究"(19BZZ085)最终成果
- 华东政法大学科研出版基金资助

URBAN POVERTY REDUCTION

城市反贫困

城市性寻找中的权利追问

姚尚建 ◎著

北京大学出版社
PEKING UNIVERSITY PRESS

图书在版编目(CIP)数据

城市反贫困：城市性寻找中的权利追问 / 姚尚建著. -- 北京：北京大学出版社, 2024. 11. -- ISBN 978-7-301-35668-5

Ⅰ. F124.7

中国国家版本馆 CIP 数据核字第 2024ZZ1857 号

书　　　名	城市反贫困——城市性寻找中的权利追问 CHENGSHI FANPINKUN——CHENGSHIXING XUNZHAO ZHONG DE QUANLI ZHUIWEN
著作责任者	姚尚建　著
责 任 编 辑	张苗凤
标 准 书 号	ISBN 978-7-301-35668-5
出 版 发 行	北京大学出版社
地　　　址	北京市海淀区成府路 205 号　100871
网　　　址	http://www.pup.cn
电 子 邮 箱	zpup@pup.cn
新 浪 微 博	@北京大学出版社
电　　　话	邮购部 010-62752015　发行部 010-62750672 编辑部 021-62071998
印 　刷　 者	河北博文科技印务有限公司
经 　销　 者	新华书店 965 毫米×1300 毫米　16 开本　18.5 印张　266 千字 2024 年 11 月第 1 版　2024 年 11 月第 1 次印刷
定　　　价	69.00 元

未经许可，不得以任何方式复制或抄袭本书之部分或全部内容。
版权所有，侵权必究
举报电话：010-62752024　电子邮箱：fd@pup.cn
图书如有印装质量问题，请与出版部联系，电话：010-62756370

目 录

导 论 | 当城市成为"方法" / 001

第一章 | 第一节　城市发展的多元动力 / 017
中国特色城市 | 第二节　城市性的形成及其反思 / 032
发展与城市性的 | 第三节　尺度变迁与城市性的本土获得 / 043
演变 | 本章小结 / 057

第二章 | 第一节　城市贫困的宏观视角 / 060
城市贫困的 | 第二节　城市贫困的微观视角 / 071
多维演化与 | 第三节　贫困与城市性的消解 / 077
城市性的消解 | 本章小结 / 089

第三章 | 第一节　城市贫困的空间生产与机会筛选 / 091
城市贫困的 | 第二节　城市的安全变迁与贫困代价 / 115
深化：空间生产 | 第三节　贫困的深化与城市安全的焦虑 / 129
与安全焦虑 | 本章小结 / 143

第四章 城市数字化转型与新贫困的扩散

第一节　数字城市与人的自我数据化　/ 146

第二节　数字城市的权利计算　/ 161

第三节　数据生产、主体分离与城市权利的流失　/ 171

第四节　城市贫困的数字识别　/ 185

本章小结　/ 196

第五章 城市性的找回：城市贫困的干预机制

第一节　城市的贫困：不平等及其干预　/ 198

第二节　城市更新与作为空间问题的城市贫困　/ 221

第三节　政策减贫与作为国家问题的城市贫困　/ 237

第四节　数字城市贫困治理中的权利破茧　/ 249

本章小结　/ 268

余　论　/ 271

主要参考文献　/ 274

导论
当城市成为"方法"

在中国经济社会发展的过程中,城市是重要的发动机。同时,中国的城市化路径与西方不尽相同,这也揭示了中国城市化是多重经济社会合力的结果,中国的城市形成过程因此成为观测中国经济社会结构的最佳入口。从贫困治理的角度来看,城市到底是贫困形成的原因还是解决方案,这一思考既影响着中国的城市化战略,也影响着中国经济社会的安全发展。世界城市化的经验也表明,城市贫困这一现象确实有着复杂的背景,正如汤姆·斯莱特(Tom Slater)指出的那样,城市里通常有很多穷人,但这并不意味着所有的贫困本质上都是城市性的,或者贫困主要是由城市化引起的。① 贫困的反思最终把城市推向前台,并使之具有了社会科学思辨中"方法"的地位。

一、从社会科学的本土化到方法论

汉斯-格奥尔格·伽达默尔(Hans-Georg Gadamer)强调:"社会-历史的世界的经验是不能以自然科学的归纳程序而提升为科学的……个别事件并不单纯是对那种可以在实践活动中作出预测的规律性进行证明。历史认识的理想其实是,在现象的一次性和历史性的具体关系中

---

① Tom Slater, Your Life Chances Affect Where You Live: A Critique of the "Cottage Industry" of Neighbourhood Effects Research, *International Journal of Urban and Regional Research*, Vol. 37, No. 2, 2013, pp. 367-387.

去理解现象本身。"① 伽达默尔的观点影响了社会科学的研究,也揭示了两种研究路径的反思:不依赖科学的方法,社会科学何以"科学";不依赖本土的资源,社会科学何以揭示特定研究对象的变迁轨迹。

(一) 社会科学的本土化尝试

20世纪末,社会科学的中国化问题首先被我国台湾地区社会学学者所关注。1980年12月,台北举办社会及行为科学研究中国化研讨会,对社会学的本土化率先进行反思。萧新煌认为,社会学"本土化""中国化"的内容包括:在构建社会理论或进行研究时,要从本国、本地的社会经验中提炼;社会学的资料基础要同本国有历史上的意义;社会学要在本国社会科学架构下有根,有生命。② 徐经泽、吴忠民的观点呼应了萧新煌的判断,认为"在每一个国家都不存在着'一般'的社会学,而只存在着特殊的社会学,'一般'的社会学模式目前看来尚不存在"③。此后,关于社会科学中国化的思考在历史学、人类学、哲学、宗教学、政治学等不同学科广泛推开,并产生了许多标志性的成果。而依托中国经济社会背景、借鉴西方理论逐步成为学界共识。

20世纪80年代是中国实行改革开放的初期,相对于西方社会科学理论的快速发展,中国社会科学确实有一个引进吸收与批判的过程,而理论与中国现实的不匹配成为这种反思的主要原因。这一时期的反思既包含着对社会科学一味西化的不满,也包括对于本土理论创新的期待。一些学者开始积极探索中国特色的社会科学道路,如经济学家认为,市场经济中国化,需要解决好9亿农民同市场经济的结合问题、解决国有经济与市场经济的结合问题。④ 因此,20世纪80年代兴起的社会科学中国化、本土化的动力主要来自中国发展中的问题呈现以及对于这些问题解决方案的期待。但是由于中国经济落后于西方的阶段性

---

① [德]汉斯-格奥尔格·伽达默尔:《诠释学Ⅰ:真理与方法》,洪汉鼎译,北京:商务印书馆2010年版,第13页。
② 中国社会学研究会:《台湾学者谈社会及行为科学研究中国化》,载《社会》1982年第1期。
③ 徐经泽、吴忠民:《关于社会学中国化的初步研究》,载《社会学研究》1987年第4期。
④ 陈晓森:《浅论市场经济中国化》,载《中国党政干部论坛》1996年第9期。

特征,社会科学本土化的努力进展缓慢。与此同时,由于国际交往的畅通以及西方学术话语权的垄断地位,更多的西方社会科学方法仍然被源源不断地引进,而20世纪80年代对于中国问题特殊性的思考也逐步被淡忘。

(二)社会科学的方法论努力

进入21世纪,中国驶入经济社会发展的快车道,2010年,中国国内生产总值(GDP)超过日本,正式成为全球第二大经济体。中国的成功开始吸引世界各国的高度重视,世界迫切需要找到中国经济发展、社会稳定的秘密。伴随着这一地位的转变,打破西方社会科学的话语垄断、讲述中国故事成为中国理论界的时代任务。众多以中国为"方法"的研究进入人们的视野。与20世纪80年代的理论研究中国化不同,以中国为"方法"的理论更为迫切的任务是尽快传递中国声音,解决一个崛起中的中国在平视世界的时候却频频"挨骂"的困局。如果说20世纪80年代的学者多焦虑于西方社会科学理论对中国问题的适用性,理论争论多落脚于"中国问题"的解决,因此可以归纳为"问题性"困境,那么当下的学者则偏好中国经济社会发展的理论归纳及其世界性意义,因此可以归纳为"工具性"困境。

二、城市何以成为"方法":话语证成与主体性的发现

社会科学的"方法"争论深刻影响着以何种眼光观察世界、观察自身;同时,这一争论背后的逻辑线索更让人深思,即我们将通过何种中介来认识中国、认识世界?世界的起点在哪里?奥斯瓦尔德·斯宾格勒(Oswald Spengler)写道:"所有伟大的文化都是从城市中诞生的(city born),这是一个极为确定但又从未被深入研究的事实……世界历史就是城市人的历史。民族、政府、政治和宗教,所有这些都依赖于人类生存的基本形态——城市。"[①]正是从这一系列论证中,城市出现在社会科

[①] 转引自〔美〕罗伯特·E.帕克等:《城市——有关城市环境中人类行为研究的建议》,杭苏红译,北京:商务印书馆2020年版,第7页。

学领域的中心位置,并完成了从问题到方法的身份转换。

(一) 本土性的尝试与"方法"话语的双重特征

学界普遍认同的是,在以中国作为"方法"的论述中,无法绕开沟口雄三。正是在《作为方法的中国》一书中,沟口雄三看到近代亚洲的落后使发达国家成为自我观察的视角,甚至形成自我反思的一个基本方法,即把欧洲作为标准,来问自己到底是不是欧洲式的,或者到底是不是非欧洲式的。① 这种以他者为中心的自我审视日益远离了自身的主体性,也慢慢浸入东方国家的社会科学分析框架之中。沟口雄三列举了研究近代中国的立场和方法,认为主要存在以下几种范式:近代论、超近代论、历史唯物论、人民(农民)论、政治性、民族感情论等。其中,近代论、超近代论就属于有意无意地把欧洲近代视为衡量标准。② 沟口雄三强调,正是这些外部视角的束缚,使中国研究乃至亚洲研究失去了主体性,塑造了近代中国"落后"的景象,进而带来深刻的受挫感。基于对近代变法、自治乃至君主立宪、革命的考察,沟口雄三认为,"不应该把中国近代看做是所谓'西方冲击'的承受者,比如理解为'中体'的全盘'西体'化,即'旧中国'的崩溃过程,而应该反过来把其视为'旧中国'的蜕化过程"③。

因此不难看出,是从一个普遍性的"科学标准"出发还是立足研究对象内在逻辑而展开,成为一种社会科学研究"方法"的逻辑起点。具体到对中国社会的观察,基于社会科学本土化的尝试,"方法"论强调,对中国的发现不应限于单一的"西方中心主义"视角,而应该从中国本土资源寻求经济社会发展的答案,"所谓'以中国为方法',不但是要'以中国为中心',立足中国、回答中国问题、提出中国性命题;而且意味着以中国为中心所产生的本体论、认识论和方法论知识能够成为一种世

---

① 〔日〕沟口雄三:《作为方法的中国》,孙军悦译,北京:生活·读书·新知三联书店 2011 年版,第 26 页。
② 同上书,第 35 页。
③ 同上书,第 55 页。

界性的尺度"①。即"以中国为方法"暗含了三个逐级强化的含义：以中国为中心，以中国为对象，以中国为尺度。

（二）城市化进程与社会"问题"的现实浮现

中国拥有悠久的历史传统和强烈的国家观念，从"华夷之辨"到郡县制的确立，在数千年的领土拓展中，中国作为超大政治体的线性发展和历史展开，逐渐淡化了社会问题发生的多样性，从而维护了中国文化、民族、政治的完整性。作为一种"方法"，中国的问题叙事势必回到历史中去，无论这段历史是近代史还是更为久远的古代史。因此从工具性意义上说，中国的历史成为中国社会科学的"方法"并不意外。人类学家也承认历史观念有助于事件的展开，但是他们认为宏大叙事会削弱当下的研究主题。因此项飙提出，当下问题是社会科学研究的历史入口，"要进入历史的话，一定要从现在跳进去，抓住现在的矛盾，从这个矛盾出发，追溯到以前的矛盾，才能进入历史，形成历史观。如果我这样进入历史，就不太需要一种连贯的、稳定的、以中国为单位的历史，它可能是断裂的"②。

在项飙看来，"中国是在这样一个全球化的环境下崛起，靠中国的独特性去讲世界的普遍性问题，这个蛮牵强，还不如把自己具体的问题讲清楚"③。杨光斌认为，对于中国政治学的国家建设研究而言，最大的、最根本的"实存性"问题就是"中国性"（Chineseness）命题，或者说是中国所以为中国的"国家性"（stateness）问题④。应该看到，虽然存在学术立场与问题意识的排序差异，但是基于"方法"的反思，两位学者都指向了中国问题，这一思路对于国内的社会科学研究颇具启发性。从宏观制度史的角度来看，实存性问题是一个国家建设中的整体性问题；从微观政治结构来看，由于超大国家的治理在很大程度上依托地方政治

---

① 杨光斌：《以中国为方法的政治学》，载《中国社会科学》2019年第10期。
② 项飙、吴琦：《把自己作为方法——与项飙谈话》，上海：上海文艺出版社2020年版，第83页。
③ 同上。
④ 杨光斌：《以中国为方法的政治学》，载《中国社会科学》2019年第10期。

机关,因此很多实存性问题是分散的地方性问题。20 世纪 70 年代后期,中国进入了一个新的历史阶段,随着国家全面推进改革开放,快速城市化进程启动,越来越多的人进入城市,越来越多的城市相继建成。从 1978 年到 2022 年,中国城市人口占全部人口的比重从 17.92% 上升到 65.2%。① 快速城市化从结构上改变了长期以来农业中国的治理惯性和利益结构,如果说快速城市化进程导致的城乡分立、区域差异、人口流动、服务偏差等社会问题已经成为整体意义上的实存性问题,那么地方治理能力的滞后则体现为差异意义上的实存性问题。

(三)"离家出走"的话语隐喻与城市"方法"的话语证成

研究者对中国的城市化进程进行了类型划分。"从清朝末年到民国时期,一直到当代中国,城市在推动中国国家转型方面,依次呈现出这样四种现代形式:开埠城市、工业化城市、市场化城市、全球城市……工业化城市、市场化城市以及全球城市是当代中国转型的重要支点。工业化城市按照国家政权的逻辑建立,并支撑政权巩固与国家工业化的开展;市场化城市与全球城市按照市场化与城市自身的逻辑运行,为中国国家转型提供了现代要素,推动中国向现代化方向转型。"② 应该说,从人口流动、产业增值等角度看,工业化城市、市场化城市以及全球城市主要是在近七十年尤其是改革开放以来四十多年完成的,正是在这一城市化进程中,城市的政权逻辑逐步增加了商业逻辑的内容。

城市化背后是一个现代化的进程。在肖瑛看来,现代化是一个"离家出走"的过程,因此现代社会科学也表现出远离"家"而拥抱个人主义的倾向。③ "离家出走"的话语隐喻解释了个体选择的起点,但是没有解释这些"离家出走"的制度安排及其归宿。其实,"离家出走"建立在资本主义繁荣与文艺复兴之后,正是工业化及其带动的城市化赋予人们

---

① 国家统计局:《中国统计年鉴 2023》,http://www.stats.gov.cn/sj/ndsj/2023/indexch.htm,访问时间:2024 年 6 月 26 日。
② 宋道雷:《城市力量:中国城市化的政治学考察》,上海:上海人民出版社 2016 年版,第 2 页。
③ 肖瑛:《"家"作为方法:中国社会理论的一种尝试》,载《中国社会科学》2020 年第 11 期。

离开土地、家庭之后的新的选择。在今天的中国,"离家出走"早已不是一种话语隐喻,而是活生生的社会现实。改革开放后前所未有的大规模人口流动体现了两个阶段的迁移趋势:从经济欠发达区域流入发达区域;此后,跨域流动让位给本区域流动,即从农村流入城市。"从2011年到2016年,虽然按照常住人口统计的城镇化率仍在不断上升,但外出农民工的增速却已明显放缓。"①随着户籍制度的全面放开,流入城市的农村人口数量有望进一步突破。然而在国家与社会双重转型中,作为个体的农民"离家出走"之后,以何种方式进入城市,以及进入城市后的生活遭际、身份认同、服务供给成为又一个需要重视的问题,城市因此成为研究中国经济社会变迁的主要场所,成为理解中国治理转型的"方法"。

三、城市作为何种"方法":从问题到方案

问题、立场与方法从来不是截然分离的,但是不同的排序确实对社会科学研究的展开有着深刻的影响。应该承认,人类社会发展的历史性与空间性分别体现为普遍逻辑与特定问题的融合。具体到特定历史阶段的特定空间,研究的特定问题与方法同样存在逻辑的转换。沟口雄三对于中国方法的论断来自两个方面的逻辑递进:从比较视角反思中国现象,从中国问题反思中国方法。也就是说,中国的方法首先有助于中国问题的解决,其次才对世界有启发意义。由于城市是一个普遍意义上的人群聚居场所,因此研究城市可以逐步形成普遍性结论。

(一)中国城市问题的普遍性与差异性

从社会发展的一般逻辑看,家庭、私有制与国家的演变路径是清晰的。恩格斯在《资本论》第三版中对其原先的家庭与氏族关系进行了修订:"后来对人类原始状况的透彻的研究,使作者得出结论:最初不是家庭发展为氏族,相反地,氏族是以血缘为基础的人类社会的自然形成的

---

① 陈锡文:《我国的基本国情决定了乡村不能衰败——农业人口转移的城镇化远比预想的复杂》,载《北京日报》2019年6月17日。

原始形式。由于氏族纽带的开始解体,各种各样家庭形式后来才发展起来。"① 在中国的诸多考古成果中,可以发现在人类早期聚居等方面,中国并不具有特殊性;同样,由早期聚居到史前城市,中国社会也与其他地方无显著不同。因此从城市起源的角度来说,中国城市研究是世界城市研究的组成部分,中国城市发展的成败对于世界城市来说有着重要意义。

从历史的视角来看,中国城市又具有独特性。从《周礼·考工记·匠人》关于"匠人营国"的论述中不难看出中国的城市规划对于维系国家结构的符号意义。如果说有夏以来直到战国,中国的城市始终具有鲜明的城邦政治特征,那么秦汉之后,城市的增加与郡县制的设立则改变了城市的地位,秦汉以后的重要城市主要作为中国各级府治分布在各地,并与国家权力紧密联系,城市成为维系中央与地方的权力纽带。中世纪开始,西方国家的王室与自治市市政当局一直在争夺城市的领导权,"随着政治首都权力的加强,较小城市的权力逐渐减弱;国家的威望意味着地方城市自由的丧失"②。但是在中国,这样的权力争夺并不会发生,秦汉之后直到晚清,由于国家的严格控制,中国城市的商业化进程总体缓慢,因此无法产生西方中世纪以后的自由城市和行业工会,也无法出现西方社会的权利共同体,而这些成为中西方城市发展的分野。按照前文中宋道雷的分类③,中国的传统城市尚属开埠城市出现之前,因此并不在其四种城市类型之列。晚清开埠以后,中国的城市开始直面市场化、全球化的洗礼,城市数量迅速增长,城市权利逐步兴起,因此可以说,在晚清城市自治之前,中国并不存在今天意义上的所谓城市问题,中国的城市问题是在近百年转变过程中,基于产业调整、人口流动、权利生长而逐步形成的。

---

① 《马克思恩格斯文集》第5卷,北京:人民出版社2009年版,第407页。
② 〔美〕刘易斯·芒福德:《城市发展史——起源、演变和前景》,宋俊岭、倪文彦译,北京:中国建筑工业出版社2005年版,第373页。
③ 宋道雷:《城市力量:中国城市化的政治学考察》,上海:上海人民出版社2016年版。

（二）作为中国经济社会问题解决方案的城市

中国是一个农业传统深厚的国家，开埠以来的百余年工业化、商业化催生了越来越多的城市，也促进了农业国家向工业国家、城市国家的转型。截至2022年底，除直辖市外，中国有地级市293个，县级市394个，镇21389个。① 无论从转移农村劳动力、产业布局还是从全球贸易来看，这些不同类型、不同梯级的城市成为近代以来尤其是改革开放以来中国迅速发展的"秘密"。20世纪80年代，中国地方行政实行市领导县体制，城市从空间和人口两个层面迅速扩张；进入21世纪以后，一些超大城市已经成为全球重要的经济体，并逐步形成世界性的经济中心。

1949年以后，户籍、统购统销等制度维系着农业中国的城乡二元结构。随着经济社会的发展，户籍制度成为阻截农业人口进入城市的最后堡垒。城乡二元结构不利于中国城乡一体化发展，也不利于国家经济社会的整体转型。2021年1月，中共中央办公厅、国务院办公厅印发《建设高标准市场体系行动方案》，提出进一步推进城市户籍制度改革，"除超大、特大城市外，在具备条件的都市圈或城市群探索实行户籍准入年限同城化累计互认，试行以经常居住地登记户口制度，有序引导人口落户。完善全国统一的社会保险公共服务平台，推动社保转移接续"②。不难看出，这一方案包含着两个方面的含义，即推进常住人口市民化、公共服务一体化。在这一方案中，确保农业人口城市化是解决城乡不平等、区域不平等的重要途径，而城市因此成为解决诸多不平等的重要手段。

（三）作为增长、发展与治理方案的中国城市

不同的国家有其不同的历史，在这个意义上，对于基于历史变迁产生的经济社会问题，世界范围内不存在单一的解决方案。"中国有中国独自的历史现实和历史展开，这体现于长期持续的种种现象在不同时

---

① 国家统计局：《中国统计年鉴2023》，https://www.stats.gov.cn/sj/ndsj/2023/indexch.htm，访问时间：2024年6月26日。
② 《中办国办印发〈建设高标准市场体系行动方案〉》，载《新华每日电讯》2021年2月1日。

代里的缓慢变化上,所以中国的近代应该从近代与前近代的关联来把握。"①政治城市、工业城市、商业城市、全球城市既形成中国城市的不同类型,也意味着中国城市发展的不同阶段。因此,中国的城市问题既体现为类型性问题,也体现为阶段性问题。当然,阶段性与类型性有时并不冲突,古代中国一些政治性城市既是阶段性的,也是类型性的。在古代中国,城市的形成得益于政治中心的设立,一旦这一中心地位丧失,城市就迅速衰落,中国历史上曾经富甲天下的洛阳、长安、开封等城市的兴衰就说明了政治权力对于城市的重要作用;在当代中国,一些建立在全球化进程中的窗口城市日益繁荣,虽然这些城市偶有政府权力的因素干预,但是它们更依赖市场资源,一旦遭遇全球贸易变动,这些城市的问题就会随之浮现。

对于沟口雄三《作为方法的中国》,羽根次郎从日本学者的角度进行了解读:"中国是一个资源,为了批判和分析日本的问题,就看能不能在中国找到那种有参考价值的想法或者东西。"②从时间截面看,中国的城市问题并不特殊,不同国家都面临从农业社会到工业社会的过渡,均需要回应经济增长和市场开放的共同命题。中国的经济发展为其他后发国家提供了比较方案,而城市成为一个众多要素汇聚的观测点。城市经济学已经发现,地方化经济、城镇化经济对于城市的形成的影响各有差异,"强大的地方化经济有望促进特定城市的增长,然而强大的城镇化经济促进多样化城市的增长。地方化和城镇化经济的证据与发展中国家存在多元化城市及特定城市的现象吻合"③。20世纪后期,中国的城市化进入了从工业城市、商业城市到全球城市的多维演变阶段。在这一阶段,一些工商业城市如苏州成功转型为多功能城市,一些轻工业城市如义乌则完成了贸易化转向,一些小型城市如石狮由于特色产

---

① 〔日〕沟口雄三:《作为方法的中国》,孙军悦译,北京:生活·读书·新知三联书店2011年版,第111页。
② 刘昕亭、〔日〕羽根次郎:《中国作为方法——对话羽根次郎》,载《中国图书评论》2012年第2期。
③ 〔美〕迈克尔·斯彭斯等编著:《城镇化与增长:城市是发展中国家繁荣和发展的发动机吗?》,陈新译,北京:中国人民大学出版社2016年版,第81页。

业集聚而迅速崛起,这些城市通过不同的路径进入全球产业链,在实现自身角色转换的同时,也实现了地方经济的增长;同时,一些超大城市如北京、上海、广州、深圳开始进入全球城市体系,并通过不同于国外既有全球城市的发展脉络,为世界经济的多元发展贡献智慧。

在全球治理体系变革中,处于工业化向数字化转型的中国城市持续供给治理经验。2020年,新型冠状病毒感染疫情(以下简称"新冠疫情")在全球爆发,从武汉到国内各个城市,城市治理迅速进入紧急状态,城市政府与居民正视疫情的发生,对不同的城市、街道、村居甚至居民区进行差异化疫情防控;中央政府定期公布疫情数据信息,卫生部门发布公共卫生治理指导性文件,从而形成全国统一又有差异的城市治理。这一变化突破了单一的大一统和地方分权治理的思维定式,把集中统一和分类实施、服从中央与对居民负责完整地统一起来,既在全国形成了全民动员,又检验了各城市政府平战结合的治理能力,体现出中国城市韧性发展的能力。同时,建立在大数据之上的健康码在沿海地区首先开始使用,继而覆盖全国,通过城市数字手段进行疫情防控等做法也为相关国家的城市治理提供了经验。

四、城市如何成为"方法":在历史和经验之间

"对经济和社会现象的研究,在18世纪到19世纪初的缓慢发展过程中,当它选择自己的方法时,主要是受它所面对的问题的性质引导。它逐渐发展出一种适合于这些问题的技能,却没有过多地思考那些方法的特点,或它们跟其他知识学科的关系。"[1]从涂尔干(Durkheim)到帕森斯(Parsons),社会科学的研究逐渐形成经验主义和理性主义的道路分野,而在当下的社会科学研究中,两条道路有彼此融合的趋势。在城市研究中,城市经验的集合是问题发现的前提,同时城市是一个知识集成系统,当城市的研究从经验主义出发,以理性的态度进行系统总结

---

[1] 〔英〕弗里德里希·A.哈耶克:《科学的反革命:理性滥用之研究》,冯克利译,南京:译林出版社2012年版,第7页。

时,其实就是城市作为"方法"的开始。

(一)"方法"来源于中国城市经验的历史归纳

当下中国政治学对于基于历史现象的制度归纳,启发了中国城市政治的研究。"一个全面否定或者全面肯定自己的历史、无法将自身相对化的人,也不可能客观地、相对地看待他者。"① 中国是世界上最古老的国家之一,深厚的历史积累为中国的大一统与文化的内聚提供了持续性动力,也为中国的城市研究提供了"方法"。历史为中国城市变迁提供了确定性,"历史自身存在的权利在于:人的激情是不能为理性的一般规则所支配。为此,我们更需要令人信服的事例,而这种事例只有历史才能提供出来"②。

确定的历史解释了中国城市的宏观脉络,也适用于特定城市的演变轨迹。如果说二里头遗址体现了中国早期历史的规定性并描绘了农耕时代都城史特征,那么近代工业革命为一些现代城市提供了历史机遇。以石家庄市为例,石家庄在明代初年是一个不过 10 多人的村庄,1903 年正太铁路动工兴建,大量的劳工和修路物资源源不断地运到石家庄,石家庄开始兴起,到 1937 年 6 月,总人口已达 72100 多人,1939 年设立石门市,1947 年更名为石家庄市。③ 石家庄这座"火车拉来的城市"显示了城市特定的历史轨迹,反映了工业革命对中国现代城市的历史规定性。在新疆西部中哈边境,霍尔果斯口岸 1881 年正式通关,从而成为中国最早向西开放的口岸,2014 年,得益于边境开发的力度加大,10 万人左右的县级霍尔果斯市设立,这个蒙古语"驼队经过的地方"从关卡成为城市的历史,就是一部贸易促进聚居的历史。从二里头、石家庄到霍尔果斯,工商业对于城市的作用充分说明,中国城市的形成,依次走过了农业社会、工业社会和贸易社会,从而走向与世界城市史的

---

① 〔日〕沟口雄三:《作为方法的中国》,孙军悦译,北京:生活·读书·新知三联书店 2011 年版,第 8 页。
② 〔德〕汉斯-格奥尔格·伽达默尔:《诠释学Ⅰ:真理与方法》,洪汉鼎译,北京:商务印书馆 2010 年版,第 39 页。
③ 刘志宏:《石家庄的兴起》,载《档案天地》2019 年第 7 期。

合流。

如果说古代城市史显示了中国城市的国家属性,那么在中国现代城市的历史演变中,不存在完全不同的中国模式,中国城市史与世界城市史也并无显著差异。因此在这一意义上,中国城市的发展,尤其是现代城市的发展,可以作为一种普遍性知识和城市比较研究的"方法",在这一过程中,不能以抽象的观念性国家来解释生动的社会变迁。

(二)城市"方法"来源于中国城市化的经验发掘

在宏观历史上,中国城市史最终走向了世界城市史,这是由城市内在的基本规律确定的,也是确定的历史提供的整体性结论。但是"中国是一个幅员辽阔、人口众多,地区间差异十分巨大的国家……这些巨大差异意味着,如果不对中国做连续的、全域性的观察,则很难对'整体中国'有一个准确认识。地区间差异意味着,我们所研究的有关整体中国的主题,在不同的地域一定会有不同表现"[1]。在历史的整体性面前,个体的差异往往被忽视了,而这些被忽视的部分,正是中国政治不可缺少的部分,这就需要一方面从历史考古中寻找更多的差异性证据,另一方面保留当下发生的多样性要素。这种着眼于当下经验搜集与发现的政治学,又被称为"田野政治学"。

虽然田野调查来源于人类学与民族志,但在政治学中,田野调查的侧重点和范围却有所不同,政治学关注的重点是政治行为、政治制度和政治过程。[2] 如果说历史政治学更重视历史合法性的归纳,那么田野政治学则走向了中国当下问题的发现。从城市研究的角度出发,田野政治学更重视国家经济社会转型的中国路径的发现,尤其是改革开放以来中国经济腾飞的制度与政策发现。如果说以1978年小岗村家庭联产承包责任制为标志的中国农业改革为中国经济社会全面发展提供了契机,那么中国的经济腾飞主要是通过城市经济发展加以实现的,从20世纪80年代的深圳特区设立到90年代浦东开发开放,从沿海、沿江到

---

[1] 房宁:《政治学为什么需要田野调查》,载《华中师范大学学报(人文社会科学版)》2021年第1期。
[2] 卢凌宇:《政治学田野调查方法》,载《世界经济与政治》2014年第1期。

沿边开放,越来越多城市功能区建立起来,并大大促进了区域经济的发展。与其他国家相比,通过国家统一部署,逐步改革农村,开放城市,释放社会活力,活跃要素市场,实现经济社会有序发展,这些经验的取得具有深厚的中国特色。从政治中心、文化中心到经济发动机,中国城市在不同的历史时期承担着不同的使命。正是以城市为中心的发展,使工业化和城市化快速结合起来;也正是以城市为中心的发展,导致中国乡村发展动力不足。因此,要从城市的历史变迁与经验分析的双重视角,讨论中国发展的基本经验及其教训,构成一种可以借鉴与批判的基本"方法"。

(三)城市成为城市知识的体系集成

从知识的维度来看,不同的学术观点关注的重点各不相同。经济学家乐于将城市看作一个经济单位;社会学家将城市看作社会进化的一个阶段,但又和历史学家不同,社会学家并不致力于探究一座特定的城市兴衰的具体事实。[1] 中国是世界上拥有最多城市人口的国家。由于城乡差异、区域差异和文化差异,中国的城市事实上并不完全同质,因此不存在一种可以适用于国内不同地区的城市范式。但是可以确定的是,中国城市的整体性叙事背后,是地方性经验的总结。20世纪90年代,苏州开始从一座历史文化名城演变为工业城市,而苏州代管的县级昆山市建立了国内第一批经济技术开发区,代管的县级张家港市建立了全国第一家内河型保税区和县办大学,珠三角一些城市成为小家电之都……这些都说明,中国整体又有差异的改革开放,赋予了城市在经济社会发展中的自主性,城市因此是社会生活、历史沉淀与产业结构的多维融合。

同时,城市也是各种知识的系统性集成。众所周知,中国长期以来是一个农业国家,村庄因此是一个具有政治功能和道德功能的基本单位。晚清西方世界的进入,发现了作为体现中国社会基本结构的"村

---

[1] 〔美〕罗伯特·E.帕克等:《城市——有关城市环境中人类行为研究的建议》,杭苏红译,北京:商务印书馆2020年版,第191—194页。

庄""乡村",而"村庄""乡村"因此体现出区别于"都市性""工业性"的"乡土性"。① 也就是说,作为晚清以来中国逐步形成的新的社会单位,现代城市的都市性、工业性逐步形成新的道德功能与政治功能,并与乡村一起,构建中国新的政治结构。同时,在这样一条主线之外,不同的城市又形成自身的文化特质。熊月之梳理了晚清以来上海的历史变迁、文化记忆,认为"以一个城市特别是以城市的历史、文化作为专门研究对象的学科,它实际上是存在的,这是一个城市的历史、城市的文化内涵所决定的"②。从晚清县衙、租界分治到浦东开发开放,不同时期的生活、制度与交流都被压缩进上海这座城市之中;同时,不同背景下的制度设计、贸易流通、文化交往、地方信仰又被系统性地重组,继而成为上海新的城市特质。上海成为"方法",就要看这些知识进入并消融进这座中国超大城市的过程。

(四)城市成为社会性回归的实现途径

在全球化、工业化的大潮中,一个抽象的城市意味着何种思维路径?亨利·列斐伏尔(Henri Lefebvre)作出了回答:"让我们从社会的完全都市化这一假设出发……它在目前是潜在的,但在未来却是现实的。"③这一判断从两个方面完成了城市化的转向:农村生活的城市化转向和城市生活的社会化转向。就前者而言,在转移农业人口过程中,各个城市各有不同,不同的人选择适合自己的城市;就后者而言,所有的城市并无差异,因为在人类社会史中,不同的城市仅仅具有形态的区分。前者是空间意义上的分析,后者是时间意义上的解读。作为"方法"的城市需要抽象出发展阶段的特质,为持续性的经济社会发展提供方案。

作为世界上最古老的国家,中国拥有数千年的城市史;同时作为后

---

① 梁鸿:《作为方法的"乡愁":〈受活〉与中国想象》,北京:中信出版社 2016 年版,第 23—24 页。
② 熊月之:《海外上海学研究透视》,载朱政惠主编《海外中国学评论(第 1 辑)》,上海:上海古籍出版社 2006 年版,第 34 页。
③ [法]亨利·列斐伏尔:《都市革命》,刘怀玉等译,北京:首都师范大学出版社 2018 年版,第 3 页。

发工业化国家,中国拥有数千座新兴城市和市镇,中国也是世界上特大城市最多的国家之一。在这些特大城市中,如果说北京是一座最具有中国传统意味的城市,上海是一座东西方文化在近代交融而生的城市,那么年轻的深圳则是改革开放以来自主形成的现代城市。改革开放以来的四十余年里,中国的城市化积极推进农业人口转移、工业化兴起和治理创新,同时还避免了城市间恶性竞争、城市中心城区塌陷以及城市人口大规模贫困化等诸多社会问题。中国城市化进程印证了,城市归根到底不能成为建筑体的结合,而应该成为人类社会性回归的场所。这种社会性回归的实现路径,是城市成为"方法"的基点。从西方社会科学理论的本土化到中国作为社会科学的研究方法,近四十年的理论争鸣围绕着问题意识、研究框架和学术立场逐步展开,作为社会科学研究新宠的城市研究也不例外。城市研究进入中国社会科学体系之际,全球化与城市化业已达成共识。从历史到田野,城市不仅是中国观察世界的窗口、世界阅读中国的平台,更是一般社会科学理论与中国实际交互作用的成果。

第一章
中国特色城市发展与城市性的演变

从一定意义上讲,政治学始于城市,人们如何在城市中寻求至善的生活既成为社会科学的理论原点,也成为城市研究的起点。关于什么是理想的城邦,柏拉图借苏格拉底之口回答道:"也许天上建有它的一个原型,让凡是希望看见它的人能看到自己在那里定居下来。至于它是现在存在还是将来才能存在,都没关系。"[①]两千多年之后,爱德华·格莱泽(Edward Glaeser)在《城市的胜利》中以副标题回答了城市的意义,即"城市如何让我们变得更加富有、智慧、绿色、健康和幸福"[②]。从正义之城到胜利之城,城市逐渐形成了自身的内在属性,我们将这种内在属性称为"城市性"(urbanism)。今天,中国的城市发展进入新的历史时期,在城市发展中如何实现城市性的回归,成为中国经济社会发展的重要任务。

第一节 城市发展的多元动力

无论是假设中的西方黑曜石城还是论证中的东方二里头遗址,都生动说明城市的出现是人类历史上的重大事件。从一个集聚的场所到

---

① 〔古希腊〕柏拉图:《理想国》,郭斌和、张竹明译,北京:商务印书馆1986年版,第386页。
② 〔美〕爱德华·格莱泽:《城市的胜利:城市如何让我们变得更加富有、智慧、绿色、健康和幸福》,刘润泉译,上海:上海社会科学院出版社2012年版。

复杂的空间结构,今天的城市日益显现出其复杂性。在城市形成的不同区域和阶段,政治权力、商业趋势、人口流动都会不同程度地促成世界范围内一些大城市的形成。在今天的中国乃至众多的第三世界国家,城市的规模性扩张仍未停止,人们逐渐离开乡村向一些中心城市汇聚,并持续性催生百万人口以上的特大城市。特大城市是城市发展的目标还是城市发展的内在摧毁者,也日益成为城市研究的核心话题之一。

一、城市的形成与发展

城市一出现,就迅速成为人类文明的核心部分,而城市的兴衰更替更促使人们反思:我们该拥有何种城市?我们又该如何建设城市?城市形成是不同力量综合作用的结果,这种力量的交织在一些城市发展中却扭转了城市的内在价值。今天,人们对于城市的理解多从人口、空间与产业等角度入手,城市居民希望自己的城市是一个高端人口、绅士空间与先进产业的综合体;一些城市政治家则把城市发展寄托在政治权力的重构上,通过政治权力机关的搬迁或者谋求城市升格以提升城市地位。与此同时,数千年的城市史已经揭示,城市发展的背后,有其内在规定性。

(一) *城市增长的经济动力*

中世纪后,经济要素催生了众多的现代城市,并在近一千年里持续发挥作用。1976 年,哈维·莫洛奇(Harvey Molotch)在《城市作为增长机器:走向地方政治经济学》一文中首次用"增长机器"这一概念定义以经济增长为导向且持续主宰着地方政府的利益同盟,在他看来,"增长最明显的迹象是城市区域人口的持续性增长——这一模式的典型特征通常表现为初期的工业扩张、基础产业劳动力增加、零售和批发贸易大规模崛起、更广泛和高强度的土地开发、高人口密度,以及金融活动水平的提升"①。虽然城市增长机器理论提出后遭遇众多批评,但是必须承认的是,这一理论部分解释了城市扩张中的利益机制。在21世纪初,国内很多城市规划领域的学者也一度使用这一理论和城市政体理论解释中国城市化的空间扩张与土地蔓延。

在国内城市研究中,"增长机器"一度为"经营城市"所替代。"政府热衷于经营城市,有两个关键因素:第一个关键因素就是它能给政府带来巨额的收益。那些城市之所以如此热衷于'改造''拆迁'以及'经营',就是政府可以从中获取利益和政绩。第二个关键因素就在于它是以'公共利益'为旗帜。"②基于土地收益的城市蔓延给地方带来了巨大政绩,也促进了改革开放以来持续的地方性增长。城市增长还与中国的分权体制有关,"财政联邦主义"理论认为,中国地方政府的强激励有两个原因——行政分权与财政分权,前者使地方政府拥有相对自主的经济决策权,后者使得地方可以与中央分享财政收入。③ 正是适当的地方分权与财政自主性,使城市政府始终渴望拥有保持增长的政策。

在城市经济学的加持下,城市发展中的经济、政治要素受到空前重视。在中国工业化、市场化转型过程中,"工业把劳动集中到工厂和城市"④。劳动因此成为城市活力的起点。在中国,城市同样集中了大量的劳动人口,并创造出大量的财富。2023年末全国人口140967万人,比上年末减少208万人,其中城镇常住人口93267万人,全国常住人口城镇化率为66.2%。⑤ 从具体城市经济数据看,长三角、珠三角等地区的城市群始终保持强劲的增长动力。如果说城市是一部巨型机器,那么这些巨型机器及其组合一定也是中国经济的发动机和发动机组。

---

① Harvey Molotch, The City as a Growth Machine: Toward a Political Economy of Place, *American Journal of Sociology*, Vol. 82, No. 2, 1976, pp. 309-332.
② 涂晓芳:《政府利益论——从转轨时期地方政府的视角》,北京:北京航空航天大学出版社2008年版,第119页。
③ 周黎安:《中国地方官员的晋升锦标赛模式研究》,载《经济研究》2007年第7期。
④ 《马克思恩格斯文集》第1卷,北京:人民出版社2009年版,第107页。
⑤ 国家统计局:《中华人民共和国2023年国民经济和社会发展统计公报》,载《中国统计》2024年第3期。

(二)城市发展的政治动力

在历史上,城市本身与国家密不可分。古希腊密布着大大小小的城邦。而到了中世纪以后,现代城市在西方国家的沿海地区重生,在西方一些国家,城市是社会自治的产物;在中国,城市大多维持着区域性政治中心地位。直到今天,城市仍然是大大小小地方政府的治所所在,城市的设置在很多国家依然属于中央事权。因此,在不同国家的制度背景下,政治因素对于城市发展的作用存在差异,但是随着国家的"重新找回",国家对于城市发展的干预日益明显。

但是从中国城市史看,中国自秦汉以来确立的郡县制日益受到商业和社会力量的外部挑战,地方主义的崛起与制度的转换则从政治体系内部消解着中国的一统体制。同时由于外力的入侵,基于国家本位的城市政治一致性在近代社会遭遇了挑战。晚清以来的城市制度基于三个政治逻辑:国家的放权、社会的成长与外来的制度移植。在这样的权力结构重建中,中国的城市逐步具有了现代性的特征。尤其是在租界治理中,空间的重组使一些西方城市制度能够切入中国的政治体系之中,诸如纳税人会议制度的设立为华人权利的争取,尤其是华界城市的自治提供了完备的制度样本,并启动了近代中国城市政治的新路径。[1]

改革开放与市场经济的推进使经营城市的理念在中国多个城市受到了普遍重视。20 世纪 80 年代,全国普遍实行市管县体制,从而使县域经济的发展置身于城市经济发展之中;城市通过行政区划调整进行持续性的空间扩张,为城市规模的扩大提供了土地和人口。同时,一些刺激城市增长的全国性政策陆续出台,例如 1998 年,实物分房全面停止,城市住房市场化随之启动。正是在一系列的政策组合中,中国的城市经济与城市扩张互为因果,成为四十多年中国经济高速增长的重要引擎。在周黎安看来,这种增长得到了上级政府的支持,地方官员的晋升锦标赛不仅仅体现在经济增长上,这种行政治理的模式还是指"上级

---

[1] 姚尚建:《租界、自治与治理——现代城市的制度切换》,载《党政研究》2018 年第 6 期。

政府对多个下级政府部门的行政长官设计的一种晋升竞赛,竞赛优胜者将获得晋升,而竞赛标准由上级政府决定,它可以是 GDP 增长率,也可以是其他可度量的指标"[1]。

随着城市化进程的快速推进,城市增长中的政商关系也得到了充分重视。大量的人口进入城市,带来了住房市场的繁荣,也带来第二、第三产业的快速发展,更给地方政府带来了丰沛的财政收入。在这一基础上,从城市的区域性功能出发,中央政府对城镇体系进行了再布局,一批城市被冠以"国家中心城市"的称号,从而肩负区域协调发展及经济增长极等任务。因此,从全球城市、国家中心城市、区域中心城市到特色城镇,中国的城市增长得到了积极的政策鼓励,城市也在这一背景下重新组织起来,或通过行政区划调整,或通过外部的结盟,形成中国区域增长的重要力量。近年来,根据房价与人才吸引力,中国的城市又被民间或商业机构划分为一线、二线、三线城市等,但是仔细分析不难发现这背后仍然体现了国家资源配置的结果。四个一线城市中,北京、上海为直辖市,广州、深圳则是副省级城市,而其他的直辖市、副省级市和省会市也都在中国的区域发展中占有重要地位,即使是在西部欠发达区域,政治级别较高的城市也往往会形成难以撼动的经济地位。

(三)城市发展的力量综合

除了经济发展,城市事实上是多元因素的融合。例如对于增长锦标赛的理论解读,众多学者关注经济增长对于官员职位晋升的重要意义,周黎安也强调了官员晋升还取决于特定阶段上级政府的其他任务要求。从科学发展到和谐社会,从国家机构的重组到多重风险的防范,国家的中心工作处于动态调整之中,这就意味着官员晋升还有经济增长之外的考核要求。城市治理同样需要多目标的综合,一座良好运转的城市一定是基于城市生活的人口、居住、工作、消费等诸多环节的

---

[1] 周黎安:《中国地方官员的晋升锦标赛模式研究》,载《经济研究》2007 年第 7 期。

综合。

乔尔·科特金(Joel Kotkin)认为,城市的兴衰取决于三种力量的作用:"三个关键因素决定了这些城市全面健康的发展,即地点的神圣,提供安全和规划的能力,商业的激励作用。在这些因素共同存在的地方,城市文化就兴盛;反之,在这些因素式微的地方,城市就会淡出,最后被历史所抛弃。"[1]这一判断从信仰、政权、商业等三个角度,既观照了城市的历史脉络,又尽量挖掘城市发展的内核及其基本动力。应该说,虽然把资本主义与城市联系起来的这一逻辑仍有存疑之处[2],但是这一判断兼顾了东西方城市的宗教、政治、资本权力的消长,因此具有很强的阐释力。这一判断没有解答的问题是,在今天的世界,随着信仰的普遍式微,那些确保城市神性的部分流失之后,城市何以保持其独特的神圣性?

在数千年的城市发展史中,城市见证了民族国家的独立,见证了地理大发现和全球贸易体系的运转,也见证了人们建设更好城市的努力。其中,既包括中世纪以来基于权利崛起的城市复兴,也包括乔治-欧仁·奥斯曼(Georges-Eugène Haussmann)对巴黎的"创造性的破坏"。在建设理想城市方面,美国遭遇了罗伯特·欧文(Robert Owen)新和谐城(New Harmony)的失败,约翰·史蒂文斯(John Stevens)发起的"工业区住宅协会"(Industrial Home Association)运动仅仅在奥内达和摩门教社区以外地区取得了成功。亨利·丘吉尔(Henry Churchill)分析了上述两个成功的社区案例后认为:"两个试验的成功之处就在于它们从一开始就清醒地认识到,居民之间的合作一定要建立在坚实的经济基础和相同的社会观念之上,居民绝不能是一些仅仅为了获得自己的

---

[1] 〔美〕乔尔·科特金:《全球城市史(典藏版)》,王旭等译,北京:社会科学文献出版社 2014 年版,第 4—5 页。
[2] 〔加〕埃伦·米克辛斯·伍德:《资本主义的起源:学术史视域下的长篇综述》,夏璐译,北京:中国人民大学出版社 2016 年版,第 55—60 页。

土地而随意组合起来的群体。"①"工业区住宅协会"中两个成功案例的价值还在于它们提供了一种反思,即在宗教社区之外的社区,居民如何形成新的联合。

二、中国城市崛起的多元动力

在知识层面,城市与城市化并非一对生僻的概念;在政策层面,一些地方政府往往把这一对概念理解为政府权力干预的结果。越来越多的研究表明,并不是每个城市都有能力聚集相当规模的人口。一个特大城市的形成与发展,必然是人自由选择的客观结果;而运用行政手段干扰人口的流动趋势,会破坏这一客观规律,从而阻碍城市化的推进和经济的增长。② 因此在这一前提下,探究特大城市的形成动力对于厘清城市化战略乃至城市治理的有效性具有积极意义。

(一)中国城市的分类及相关争论

中国正在从一个传统的、落后的农业国家逐步向一个现代的、发达的城市国家演变。大量人口导入各类城市,使中国不仅成为世界上城市类型最多的国家,也成为世界上巨型城市最多的国家。2014年,国务院印发《关于调整城市规模划分标准的通知》,按照城区常住人口的统计口径将城市划分为五类七档,其中城区常住人口500万以上1000万以下的城市为特大城市,城区常住人口1000万以上的城市为超大城市。根据《中国城市建设统计年鉴2022》,目前有25个城市城区人口超过300万人,其中城区常住人口超过1000万的超大城市有6个,500万到1000万之间的特大城市增至7个,300万到500万之间的Ⅰ型大城市有12个。随着济南市、莱芜市合并的扩散效应和人口流动的社会总趋势,更多的特大城市有望陆续出现。

---

① 〔美〕亨利·丘吉尔:《城市即人民》,吴家琦译,武汉:华中科技大学出版社2016年版,第52页。
② 樊纲等:《中国城市化和特大城市问题再思考》,北京:中国经济出版社2017年版,第11页。

表 1.1 中国超大城市、特大城市一览表

类型	城市	城区常住人口（万人）	建成区面积（平方千米）	人口密度（万人/平方千米）
超大城市	上海	2475.89	1242.00	1.99
	北京	1912.80	1469.00	1.30
	深圳	1766.18	962.17	1.84
	重庆	1289.27	1640.80	0.79
	天津	1160.07	1264.46	0.92
	东莞	1082.44	1194.31	0.91
特大城市	成都	842.61	1063.68	0.79
	广州	756.91	1366.02	0.55
	武汉	713.90	925.97	0.77
	杭州	709.00	829.41	0.85
	西安	699.75	807.57	0.87
	南京	657.31	885.73	0.74
	长沙	520.51	441.18	1.18

资料来源：中华人民共和国住房和城乡建设部：《中国城市建设统计年鉴 2022》。

随着国家经济社会的发展，中国的城市化率从 1953 年的 13.26% 上升到 2022 年的 65.22%。截至 2022 年底，除直辖市外，中国有地级市 293 个，县级市 394 个。[①] 需要强调的是，中国城市既包括诸如上海、北京、深圳等人口超过千万的超大城市，也包括数百个人口在 10 万人以上的大镇。虽然国务院对城市进行了分类，但是目前尚未从立法层面对城市规模进行界定。对于特大城市的界定也存在争议，主要体现为两个方面：一是城市人口是否包括城市流动人口；二是城市人口是否包括城市辖区内农业人口。

（二）城市形成的多元动力

从中世纪以来的现代城市史角度来看，现代城市一定基于工商业的发展，政治似乎不是城市形成的主要动力。但是国家政治中心极易同时成为国家的经济中心。有研究者按城市功能分类，把世界首都城

---

① 国家统计局：《中国统计年鉴2023》，北京：中国统计出版社2023年版，第3、12页。

市分为两类：一类是单纯的政治中心，规模较小，因此称为"一个百分点"首都，即人口约占全国总人口的1.5%，如美国的华盛顿、加拿大的渥太华、澳大利亚的堪培拉；另一类是有综合性功能的政治中心，规模比较大，称"三分之一"首都，即人口可以占到全国总人口的三分之一，如丹麦的哥本哈根、奥地利的维也纳、智利的圣地亚哥。①

因此，仅仅以政治中心来看待这些城市，无法确定政治权力对于城市的影响成效，即政治权力并不必然有助于中心城市的形成。但是如果市场化转型不够彻底，市场化因素在很大程度上依然建立在政治秩序之上，这样不充分的市场力量对于城市的形成的作用也会有限。经过四十多年的改革开放，今天的中国已经成为全球第二大经济体。第七次全国人口普查数据显示，中国城镇常住人口为90199万人，占总人口比重为63.89%。② 与此同时，人口大量向中心城市集聚，甚至形成以北京、上海、广州、深圳为代表的超大城市。

（三）城市发展的多元支持

人类文明史是清晰的城市史，城市史是人类社会伟大的创造史，无论是雅典、罗马还是公元11世纪左右复兴的欧洲市镇，城市都标志着繁荣与安全的生活。斯宾格勒说："一切伟大的文化都是市镇文化，这是一件结论性事实，但此前谁也没有认识到……世界历史是市民的历史，这就是'世界历史'的真正标准，这种标准把它非常鲜明地同人的历史区分开来了。民族、国家、政治、宗教、各种艺术以及各种科学都以人类的一种重要现象，市镇，为基础。"③城市规划师确立了建筑与空间的形态，但是正如简·雅各布斯（Jane Jacobs）所批评的，城市规划不太在意城市化进程中公共生活与空间的再生产。

在快速城市化的过程中，人口集中导向大中城市，从这些城市的地

---

① 胡兆量：《北京城市人口膨胀的原因及控制途径》，载《城市问题》2014年第3期。
② 国家统计局：《第七次全国人口普查主要数据情况》，https://www.stats.gov.cn/sj/zxfb/202302/t20230203_1901080.html，访问时间：2014年6月15日。
③ 〔德〕奥斯瓦尔德·斯宾格勒：《西方的没落：世界历史的透视》，齐世荣等译，北京：商务印书馆1963年版，第199—200页。

位来看,在中国这一正处于市场化转型期的国家来说,政治与市场都有可能助推超大城市的形成。在今天的中国各省级行政区,省会通常都是该省人口、空间规模最大的城市,一些省会已经成为500万人口以上的特大城市,并汇聚了该省重要的经济要素、政治要素和文化要素。

维托尔德·雷布琴斯基(Witold Rybczynski)强调,城市增长并不完全依靠我们所说的人的期待来推动。在中世纪,欧洲建造人口密集有城墙的城镇是因为城市居民需要通过城墙获得公共安全,美国的定居者临水而居是因为依赖水面交通,19世纪工业城市的兴起是因为城市工厂需要大量劳动力。[①] 城市发展是个复杂的过程,在中国快速城市化的进程中,这一复杂性尤其明显,交通、工厂正在形成大量的人口集聚,但是城市的主线仍然没有改变,那就是在城墙拆毁之后,城市公共安全仍然尤其重要。

作为世界人口大国,中国的城市化进程尤其令人瞩目。中国已经让超过60%的人口进入大大小小的城市。同时,在这一快速城市化的进程中,我们既需要迅速完成西方几百年来逐步完成的现代国家、现代社会和现代市场的建设重任,还需要直面西方逐步形成并初步解决的一系列城市化、逆城市化、绅士化的问题叠加。因此,中国的城市问题不全是城市自身的问题,当不同阶段、不同空间的社会问题集中爆发时,更加繁荣与安全的城市生活成为我们必须面对的公共治理的复杂性任务,而这,构成了城市研究的逻辑起点。

三、城市规模与社会安全[②]

20世纪初期,美国的城市人口便已经超过总人口的50%,而当中国城市人口达到这一数字的时候,时间已经过去了近一百年之久。在中国的城市化进程中,随着人口大量导入中心城市,同世界各国一样,大量的特大或超大城市涌现,数以百万甚至千万计的人口在有限的城

[①] 〔美〕维托尔德·雷布琴斯基:《嬗变的大都市——关于城市的一些观念》,叶齐茂、倪晓晖译,北京:商务印书馆2016年版,第63页。
[②] 中共浙江省委党校梅杰老师对本部分的撰写亦有贡献。

市空间生活,既形成了生活的互相依赖,又创造了工作和生活的机会。同样的担心在于,城市规模是否会影响城市安全?一般人们会相信,城市人口越多,城市风险代价越趋于上升。一种典型的观点认为,相对中小城市而言,超大城市更不安全,因为"超大城市在运转中呈现出风险叠加的特征,系统性风险发生的几率上升"[1]。

(一) 城市化与犯罪的逻辑关联

诚如塞缪尔·亨廷顿(Samuel P. Huntington)所言,"城市化的结果意味着稳定,过程却滋生着社会秩序的动荡与不确定性"[2]。城市安全和犯罪经济学等领域的学者就这样一个命题展开了诸多卓有成效的研究,即城市化、城乡收入差距等是否必然导致城市犯罪率的上升。在埃伦·布伦南-高尔文(Ellen Brennan-Galvin)看来,城市化显然会导致犯罪率的提高。[3] 在研究中国城市化与犯罪的关系时,研究者发现,每万人犯罪数由1978年的5.57起增加到了2009年的41.81起,增长了7.50倍,同时,改革开放以来,人口不断从乡村迁徙到城市,2014年中国城镇人口占总人口的比例为54.77%,是1978年的3.06倍。[4] 这一数据似乎符合国际规律。美国犯罪学家路易丝·谢利(Louise I. Shelley)分析了过去两百年现代化进程后认为,大量证据表明现代化进程的发展对犯罪行为的发生率和犯罪方式具有明显和普遍一致的影响。[5]

从既有研究来看,城市成为犯罪的"温床"是因为,首先,城市独有的经济中心地位产生了强大的吸引力。城市在区域发展中的经济中心地位毋庸置疑,其在吸引人口、资金等要素的同时,亦对潜在的犯罪分子产生了吸引力。其次,流动人口(移民)的增加易诱发犯罪行为。一

---

[1] 董幼鸿、马育顺:《以过硬本领守住城市运行安全底线》,载《中国应急管理报》2019年4月16日。
[2] 〔美〕塞缪尔·P.亨廷顿:《变化社会中的政治秩序》,王冠华等译,上海:上海人民出版社2008年版,第248页。
[3] Ellen Brennan-Galvin, Crime and Violence in an Urbanizing World, *Journal of International Affairs*, Vol. 56, No. 1, 2002, pp. 123-145.
[4] 吕逸竹:《城市人口上升对犯罪率的影响》,载《经济资料译丛》2016年第2期。
[5] Louise I. Shelley, *Crime and Modernization: The Impact of Industrialization and Urbanization on Crime*, Carbondale: Southern Illinois University Press, 1981.

方面,流动人口(移民)的迅速增加使原有的城市防控体系难以适应,另一方面,根据社会解体理论,移民的增加将加快原有社会的解体速度,进而导致犯罪率的升高。① 自改革开放以来,中国城市化迅速加快,大量人口从乡村进入城市,他们虽然助力于城市经济腾飞,却很难享受到城市居民的同等待遇,由此而生的剥夺感加之犯罪的机会成本较低导致犯罪率上升就不难解释了。最后,城市空间盲区为犯罪人提供可乘之机。城市中,由于人口和资源的高度集聚,土地负担过重、资源供应紧张、人地关系失衡等问题屡见不鲜,楼宇、街巷之中存在着大量不易被察觉的立体或片状空间,这些空间盲区自身的隐蔽性使得城市防控体系难以发挥应有的作用,为犯罪行为的发生提供了必要的空间载体。②

现代化进程无疑与城市化相连,如果说城市化必然导致城市犯罪,那么接下来的问题就是,究竟是哪些因素导致这样的结果。部分学者注意到了相关因素对于城市犯罪的影响,他们对 1955—2007 年中国经济增长、收入差距、人口流动率、城市化水平和犯罪率变化的数据建立了多元线性回归模型,"实证结果表明,宏观经济政策的变化对犯罪率有重要影响,不管在何种经济体制之下,经济增长始终会导致犯罪率的下降,而收入差距扩大都会带来犯罪率上升,由于社会控制方式的转变,改革开放以后人口流动率上升和城市化规模的扩大是犯罪率上升的重要原因"③。另有研究者通过对比 1981—2007 年全国城乡收入差距和每 10 万人侵财案件数量发现,二者的波动模式相似,相关系数也达到 0.8 以上。④ 在统计学意义上,城乡收入差距扩大导致犯罪率上升的假设得到进一步验证。

---

① Donald R. Taft, Does Immigration Increase Crime?, *Social Forces*, Vol. 12, No. 1, 1933, pp. 69-77.
② 王发曾:《城市犯罪的空间防控》,载《河南大学学报(自然科学版)》2012 年第 5 期。
③ 田鹤城、万广华、霍学喜:《1955—2007 年中国经济与犯罪关系实证研究》,载《中国农业大学学报(社会科学版)》2009 年第 2 期。
④ 章元、刘时菁、刘亮:《城乡收入差距、民工失业与中国犯罪率的上升》,载《经济研究》2011 年第 2 期。

城市化必然意味着流动人口和城市规模的增加,仅仅以流动人口与城市规模推导出社会控制方式、收入差距等是犯罪率高企的原因似乎显得消极。一些学者采用中国 1995—2009 年的省级面板数据,分别以非农户籍人口与城镇人口比重衡量城市化进程的"质"与"量",并以二者之差衡量"半城市化"问题的严重程度。结果显示,高质量的城市化进程与刑事犯罪率负相关,低质量的城市化与"半城市化"问题的加重导致了刑事犯罪率的上升。因此,王安等人认为,城市化并不必然导致刑事犯罪率的上升,应更加注重城市化质量而非速度,打破户籍管制与提高城市福利可以在一定程度上克服城市化进程中的犯罪问题。[1]

从社会控制到城市保障,城市犯罪研究终于从人口流动与社会管控指向了公共服务。章友德等人把研究视角指向了社会保障,他们基于 2011—2015 年中国 227 个城市的面板数据,运用空间计量模型和空间系统广义矩估计(SGMM)考察了城市社会保障二元结构对犯罪率的影响。"结果表明:控制了犯罪率的空间效应后,城市社会保障二元结构的代理变量失业保险未参保率每增加 1%,犯罪率将会增加 0.038%。并且采用不同的犯罪率替代指标进行检验,结果依然稳定。另外,东部地区城市社会保障二元结构对犯罪率的影响显著小于其他地区城市。传导机制分析显示,城市社会保障二元结构对城市外来流动人口的排斥,从直接效应和间接效应两方面增加了城市外来流动人口犯罪的概率。"[2]

(二) 多大的城市更安全?

城市以其在相对有限的空间内汇集极其丰富的各类要素而闻名,城市人口的集聚和规模的扩大直接导致城市管理难度的提高和复杂性的提升。如前所述,传统的观点认为,与城市化进程推进相伴而生的是犯罪率的上升。但是,有不少学者对这一传统观点持质疑态度,他们认

---

[1] 王安、魏建:《城市化质量与刑事犯罪》,载《山东大学学报(哲学社会科学版)》2013 年第 3 期。
[2] 章友德、杜建军、徐吟川:《城市社会保障二元结构与犯罪率——基于 227 个城市数据的经验研究》,载《世界经济文汇》2019 年第 1 期。

为,简单地将城市规模与犯罪联系在一起未免过于草率。

需要解决的疑问是,城市化是否必然导致犯罪率上升?霍华德·泽尔(Howard Zehr)通过对1830—1913年德国和法国犯罪率数据的研究发现,混乱与城市之间的联系充其量只是一个很有说服力的经验基础,而一些与之相反的证据正在挑战这些经验性观点的根基。相当一部分农村暴力犯罪的数量甚至高于城市。① 事实上,自中世纪开始,尽管城市化处于不断推进之中,但是荷兰乃至整个欧洲的犯罪水平都在下降。② 究其根本,是因为城市在长期发展中所形成的广为接受的社会规范和行为准则已经逐渐形成内化的社会控制力,又因城市相对严密的监控体系的存在,城市化的发展必然导致犯罪率的上升这一观点已经不攻自破。

换言之,如果特大城市更不安全,那么疏解人口是否为保障城市安全的重要选择?有数据显示,20世纪70—80年代的美国犯罪率虽有所上升,但是进入90年代以后,城市的犯罪率有了大幅度下降,其中,大城市犯罪率的下降尤其明显。③ 无独有偶,CQ出版社以美国联邦调查局对2007年全国城市犯罪统计结果为依据,对人口在7.5万以上的397个城市和356个城市圈的发案率进行了调查。结果表明,人口约25万的新奥尔良全年共发生包括209起谋杀案在内的逾1.9万起案件,谋杀案每10万人口达到94.7起,远远超过美国全国同比5.6起的平均水平;发案率最低的为纽约州的拉马波,该市人口约11.3万,全年发案688起,未发生谋杀案。④ 这一数据表明,人口数量与城市犯罪关系并不显著,值得关注的是,新奥尔良在2005年夏天遭遇飓风"卡特里娜"的袭击,导致城市人口急剧减少,犯罪率却大幅上升。也就是说,以减少人口来实现城市安全,尚缺乏世界经验的支撑。而大多数研究认

---

① Howard Zehr, The Modernization of Crime in Germany and France, 1830—1913, *Journal of Social History*, Vol.8, No.4, 1975, pp.117-141.
② 王安、魏建:《城市化质量与刑事犯罪》,载《山东大学学报(哲学社会科学版)》2013年第3期。
③ 陆铭:《重思"城市病"》,载《中国经济报告》2013年第2期。
④ 刘澜:《美国城市发案率新奥尔良排名第一》,载《世界文化》2009年第1期。

为,与其说是城市发展导致了犯罪率的上升,不如说城市人口增长是低水平的城市管理的"遮羞布"。全球城市经验已经证明了人口和"城市病"之间的虚假关系①,研究者更应该拨开城市规模和人口的"迷雾",寻找隐藏其后的教育资源短缺、社区发展不健全、社会流动性羸弱、公共服务供给不足等原因,从提升治理现代化能力入手,谋求城市化发展"质"与"量"的有机结合。

(三) 自由的城市最安全

在《国家篇 法律篇》中,西塞罗反问道:"既然法律是团结市民联合体的纽带,既然由法律强化的正义对所有人都相同,那么当公民之中没有平等时,又能有什么正义使一个公民联合体被拢在一起? 如果不能同意平分人们的财富,并且人们固有能力的平等又不可能的话,那么至少同一国家的公民的法律权利应当同等。因为除了一个公正的联合体或合伙之外,国家还能是什么呢?"②西塞罗的发问无疑使我们接近这样一个我们早已熟知的事实,即在符合自然法原则的法律面前,人人都享有平等的权利。正如汤因比说的那样,"希腊语中的'城市'一词表明,希腊城市最重要和最优先的作用是安全,但是安全又给自由创造了机会"③。长久以来,因为安全,人们选择在城市聚居,也正是如此,"一个城市必须在保证自由、安全的条件下,为每个人提供最好的发展机会,这是人类城市的一个特定目标"④。

柏拉图曾说:"我们的立法不是为城邦任何一个阶级的特殊幸福,而是为了造成全国作为一个整体的幸福。它运用说服或强制,使全体公民彼此协调和谐,使他们把各自能向集体提供的利益让大家分享。而它在城邦里造就这样的人,其目的就在于让他们不致各行其是,把他

---

① 任远:《关于特大城市人口综合调控问题的思考》,载《南京社会科学》2015 年第 1 期。
② 〔古罗马〕西塞罗:《国家篇 法律篇》,沈叔平、苏力译,北京:商务印书馆 1999 年版,第 40 页。
③ 〔英〕阿诺德·汤因比:《历史上的城市》,倪凯译,载陈恒、王刘纯主编《新史学(第十四辑):城市史与城市文化》,郑州:大象出版社 2015 年版,第 2 页。
④ 吴良镛:《人居环境科学导论》,北京:中国建筑工业出版社 2001 年版,第 286 页。

们团结成为一个不可分的城邦公民集体。"①在柏拉图构想设计的基于整体主义的"国家-社会"状态中,建立起最大限度接近合乎正义的城邦是其追求的价值目标,虽然已逾千年,其所传递的价值观念仍然值得今日的城市管理者学习和借鉴。回顾中国的城市化进程,以户籍制度为代表的政策工具在区分城市居民和外来人口的同时,实际上也在构筑进入城市的权利"围墙"。须知,权利作为城市发展的重要尺度,不仅是城乡一体化发展的逻辑起点,更是支持城市持续发展的不灭引擎。在自由的城市里,人们享有平等发展的权利,新进入城市者在就业、生活、社会保障等方面不会因其身份而被歧视,反而充分享有参与政治、共建文化、加入治理的自由和选择。在这样的城市之中,因社会不公而产生的犯罪行为将大大减少,人们将在自由的城市中安居乐业。正如亚里士多德所言,为了生活发展的需要,人们来到城市,为了更优良的生活而居留于此。②

第二节 城市性的形成及其反思

"城市的演进展现了人类从草莽未辟的梦寐状态到繁衍扩展到全世界的历程……城市也代表着人类不再依赖自然界的恩赐,而是另起炉灶,试图构建一个新的、可操控的秩序。"③这一秩序涉及空间、人以及权力的再结构化过程。城市这一崭新秩序体系的运行逻辑及其边界,为城市本质的讨论提供了切口。

一、城市的本质及其历史性批判

城市的历史伴随着批判,这种批判归根到底涉及城市的内在属性

---

① 〔古希腊〕柏拉图:《理想国》,郭斌和、张竹明译,北京:商务印书馆1986年版,第282页。
② 〔古希腊〕亚里士多德:《政治学》,吴寿彭译,北京:商务印书馆1965年版,第7页。
③ 〔美〕乔尔·科特金:《全球城市史(典藏版)》,王旭等译,北京:社会科学文献出版社2014年版,第1页。

和本质特征。主张建立一个统一的城市理论的艾伦·斯科特(Allen Scott)和迈克尔·斯托珀尔(Michael Storper)也承认,城市研究始终伴随着城市本质的复杂讨论。在他们看来,所有的城市都可以从两个主要过程加以理解,即集聚/极化的动态过程,以及位置、土地使用和人类互动的联系的展开。① 国内学者也认为,城市的本质特征是人口和生产要素的集聚和扩散。人口的大量集聚,让人们共享因公共投入而提升的生活质量;生产要素的集聚,使企业共享因公共投入而降低的生产成本和交易成本,为技术进步和技术外溢提供最适宜的环境。② 不难看出,人口、空间和生产要素及其相互关系形成城市研究的基础,因此城市的本质需要立足三个角度加以分析;同时,从城市的历史演化及其批判来看,城市的本质一定有一个不断拓展的过程。

(一) 城市的人口增长、空间拓展及城市本质的迷失

从人口集聚到空间扩张,城市的形成及其拓展大多伴随着历时性的批判。在柏拉图看来,理想的城市人口应该是一个演说者的声音可以波及的市民总数,事实上,古代的城市没有突破步行与听觉所及的范围。③ 亚里士多德也质疑,"什么时候居住在同一地方的人们被看作是一个单独的城市——界限在哪里? 当然不是城市的城墙,因为你完全可以用一道墙把全部伯罗奔尼撒人都围圈起来"④。

一般认为,柏拉图是基于民主制度成本考察的城市规模,因为过大的城市规模不利于人们的沟通;刘易斯·芒福德(Lewis Mumford)也强调,宗教权威、皇室的管辖与财产所有,成为城市建立起来的基础,而城市规模扩张,不过是有意识地向人们显示威严和权力。⑤ 英国经济学家 E. F. 舒马赫(E. F. Schumacher)也认为:"城市合适规模的上限大约

---

① Allen J. Scott and Michael Storper, The Nature of Cities: The Scope and Limits of Urban Theory, *International Journal of Urban and Regional Research*, Vol. 39, No. 1, 2015, pp. 1-15.
② 唐启国等:《城市发展论》,北京:中国工商出版社 2008 年版,第 9 页。
③ 〔美〕刘易斯·芒福德:《城市发展史——起源、演变和前景》,宋俊岭、倪文彦译,北京:中国建筑工业出版社 2005 年版,第 69 页。
④ 同上书,第 197 页。
⑤ 同上书,第 70—71 页。

50万居民。十分明显,超出这个规模对城市的价值毫无增进。在伦敦、东京、纽约这类地方,成百上千万的居民并没有增加城市的真正价值,而只会带来大量难题,造成人性堕落。"①

因此,无论是古典政治学还是现代经济学,对城市规模的控制似乎殊途同归,即他们不是从城市地理空间,而是从社会活动的便利性及其制度后果来讨论城市发展。今天的传播路径与交通方式已经远非古典时期的人们所能想象的了,即使面临亚里士多德的质疑,城市规模还是快速膨胀起来。这种无度扩张的城市的内在机理是什么,城市性如何在这种无度扩张中得以充分体现,成为迫切需要回答的命题。

(二) 城市具有独特性吗?

亚里士多德的担心并非多余,城市的空间扩张带来城市本质的迷失,如果城市只是地理空间的蔓延,那么城市的本质特征无非体现为空间的变化。与大多数人一样,斯科特和斯托珀尔在分析城市本质的时候也陷入了迷惘,城市如此复杂,与城市扩张的一往无前相比,任何试图给城市本质进行定义的行为都可能是错误的。在芝加哥学派垄断城市社区研究近四十年后,人们对于该学派的集中批评在于,芝加哥学派在城市社会学的旗帜下研究城市问题其实并没有什么特别之处,因为它们最终只是关于整个社会的问题。②

如果说芝加哥学派由于漠视城市的独特性而遭遇了批评,那么这样的批评同样适用于城市经济学、城市政治学,甚至城市规划学。城市在相当程度上是人类居住的多样的地理空间,自然无法回避社会问题在城市中的投射。斯科特和斯托珀尔试图建立单一城市理论的努力一定会引起强烈的反应。奥利·莫尔德(Oli Mould)就批判了斯科特和斯托珀尔的主张。莫尔德认为,建立统一的城市理论使得城市理论过于工具化、确定化和经济化。然而,如果我们要接受一个统一的城市理

---

① 〔英〕E. F. 舒马赫:《规模问题》,载《科学决策》1997年第1期。
② Allen J. Scott and Michael Storper, The Nature of Cities: The Scope and Limits of Urban Theory, *International Journal of Urban and Regional Research*, Vol. 39, No. 1, 2015, pp. 1-15.

论,那么这个理论应该把城市看作城市化进程中不同强度的城市,而不是试图武断地划分什么是城市、什么不是城市。①

(三)城市本质的双向突破

虽然斯科特和斯托珀尔遭遇了严肃的批评,但是在城市是否存在并如何呈现其独特性上,批评者仍然难以回避他们的疑问,因为后者坚持认为,城市研究必须指向城市本质的问题,否则我们就无法真正地认识城市,也更容易被浮泛或碎片化的诸如全球城市、智慧城市等语词所俘获。事实上,在社会科学的多维批判背后,城市研究日益接近城市的本质。从历史的维度来看,城市总体上来源于农业富足之后,一部分人口脱离了土地的束缚并从事农业之外的活动,城市因此具有了人口聚集与要素流动的历史性特征。在这一意义上,城市首先体现为农业与非农业的交换场所、人口聚集的场所。当这种交换日益密切时,城市的独特性就逐步形成了。在斯科特和斯托珀尔看来,所有的城市都是由密集的人口和经济活动聚集而成。② 工业革命重塑了城市内在要素的比例,从历史意义上看,城市化在根本上是由经济发展、分工、集聚、专业化和对外贸易之间复杂的相互作用所产生的。③ 这种相互作用不仅仅在一国之内,也在国家之间。

因此,作为一种密度的呈现,城市不仅仅体现为城墙内的人口积聚,也体现为历史性的演化。在 20 世纪 60 年代,芒福德就提出,考察城市时,必须对两种功能进行区分:"一个是一般的人类功能,它是普遍存在的,只是有时被城市的构造所强化和丰富了;另一个是城市的特有功能,它只存在于城市之中,是城市的历史渊源及其独特的复合结构的

---

① Oli Mould, A Limitless Urban Theory? A Response to Scott and Storper's "The Nature of Cities: The Scope and Limits of Urban Theory", *International Journal of Urban and Regional Research*, Vol. 40, No. 1, 2016, pp. 157-163.
② Allen J. Scott and Michael Storper, The Nature of Cities: The Scope and Limits of Urban Theory, *International Journal of Urban and Regional Research*, Vol. 39, No. 1, 2015, pp. 1-15.
③ Ibid.

产物。"①芒福德的分类厘清了莫尔德的困惑,也拓展了芝加哥学派的突围路径。莫尔德承认,完全把经济社会生活与城市割裂开是困难的,因为社会、文化、政治和经济生活的方方面面都有或多或少的城市特征,但绝不是非城市特征。莫尔德举例道,斯科特和斯托珀尔提及的次贷危机,恰恰是城市性的问题,是城市聚集导致的社会问题。② 莫尔德的分析修正了社会发展与城市崛起的部分关系,这一逻辑其实既承认了社会有其自身的规律,也承认了城市在社会问题形成中的机制作用。

二、人的出场与城市性的获取

从历史的维度来看,城市日益成为人类社会发展的主要容器。但是在罗伯特·埃兹拉·帕克(Robert Ezra Park)看来,城市除了物理机制,还有一种道德机体,庞大的城市结构虽然复杂,但是它其实发端于人性(human nature),是人性的表现形式。③ 正是在城市建筑与人的活动之间,那种对城市发展与人的活动进行双重规定的城市性逐渐形成。

(一)西方城市中神圣要素的退化

当亚里士多德说到人们进入城市是为了更好的生活时,主要目的是告诉人们,在这种更好的生活背后,人们如何集聚起来并形成民主城邦的社会秩序。芒福德进而解释,城市这一封闭型容器有一种本质功能,这一功能将社会成分集中起来,并使得城市具有了生命。但是芒福德强调,是宗教把人们引入城市这一容器:"若没有城市的宗教性功能,光凭城墙是不足以塑造城市居民的性格特征的,更不足以控制他们的活动。若没有宗教,没有随宗教而来的各种社会礼仪和经济利益,那么

---

① 〔美〕刘易斯·芒福德:《城市发展史——起源、演变和前景》,宋俊岭、倪文彦译,北京:中国建筑工业出版社2005年版,第102页。
② Oli Mould, A Limitless Urban Theory? A Response to Scott and Storper's "The Nature of Cities: The Scope and Limits of Urban Theory", *International Journal of Urban and Regional Research*, Vol. 40, No. 1, 2016, pp. 157-163.
③ 〔美〕罗伯特·E. 帕克等:《城市——有关城市环境中人类行为研究的建议》,杭苏红译,北京:商务印书馆2020年版,第8页。

城墙就会使城市变成一座监狱。"①西方城邦的城墙约束了人们的行动,宗教赋予人们平等的信仰,但是在东方国家的古代城市发展中,宗教几乎是缺位的,城市更多是权力的节点和政治的堡垒,人们进入城市这个容器,并不存在神圣的理由。

在西方国家,在神引领人们进入城市并建立民主制度之后,一个需要回答的问题接踵而至:民主制度与宗教信仰之间会存在冲突吗?在彼得·霍尔(Peter Hall)看来,这是一个难以回答的问题:一方面,雅典社会的价值观存在着现代性的内容;另一方面,这一价值体系又与现代价值观截然不同。② 好在希腊人形成了独特的信仰体系,其中心内容在于,神并不是用来崇拜的,宇宙并不关心人类的目的,人的身上同样存在一种神性。在这一基础上,希腊人形成了对于英雄主义的理解,发明了建立在进取、自由竞争之上的价值体系。③ 正是在雅典时期,借助于这种人自身的神性,希腊人开始努力冲破神圣的约束,并试图以个体的名义进入城市史的中心。

(二)市场对于人的加持

随着北方蛮族的南下和罗马帝国的瓦解,东西部的交通中断了,作为罗马帝国内海的地中海逐渐失去了保护性贸易的功能,地中海沿岸的城市也失去了以往的刚性权力。"9世纪时在西部欧洲那种基本上以农业为基础的文明中,是否有城市存在?对这个问题的回答以所给予城市一词的含义而定。如果所指的是一个地方,其居民不是以耕种土地为生,而是从事商业和工业,那么回答应该是'否';如果我们把城市理解为一个社会,具有法人的资格,并拥有自己特有的法律和制度,那么回答也是否定的。反之,如果我们认为城市是一个行政中心或者一个堡垒,则我们不难相信加洛林时代几乎与其后的数世纪有着同样多

---

① 〔美〕刘易斯·芒福德:《城市发展史——起源、演变和前景》,宋俊岭、倪文彦译,北京:中国建筑工业出版社2005年版,第53页。
② 〔英〕彼得·霍尔:《文明中的城市(第一册)》,王志章等译,北京:商务印书馆2016年版,第84页。
③ 同上书,第85—87页。

的城市。这就是说存在于当时的城市没有中世纪和近代城市的两个基本属性——市民阶级的居民和城市组织。"①

正如亨利·皮雷纳(Henry Pirenne)所强调的,在这一时期,并不存在经济、社会和法律意义上的城市。城市中的人们面临新一轮的自我觉醒。如果说在早期城市,人们仅仅依靠勇气还无法冲破神圣的约束的话,那么在中世纪的前夜,人们还需要同时冲破权力的束缚。经过大约五百年的酝酿,11世纪以后,商业的导入、人口的增长赋予了欧洲世俗社会以新兴的力量,同时催生了城市的复兴。如果说"在理想的城邦中,商业对希腊市民来说仍是个不受欢迎的入侵者,它与贵族生活方式和农业生活方式都格格不入"②,那么在寡头制罗马失控并崩溃以后,欧洲的城市终于在中世纪迎来了新生。在这一时期,随着贸易的发展,大量的城市应运而生,这些富可敌国的城市确立了新的内容——繁荣,并逐步洗涤了希腊城邦陈旧的气息。到了11世纪,一些大城市迅速成长起来,拥有近百万人口的君士坦丁堡已经成为地中海沿海最大的城市,这里的居民不像共和时代和帝国时代的罗马居民那样安于消费不事生产,他们满怀热情地致力于商业与工业的发展。③

(三)国家对于城市的理解

公元11世纪,西方城市渐次复苏,不过在这次复苏中,国家的角色已有很大不同:"国家提供的基本服务是博弈的基本规则。无论是无文字记载的习俗(在封建庄园中),还是用文字写成的宪法演变,都有两个目的:一是,界定形成产权结构的竞争与合作的基本规则(即在要素和产品市场上界定所有权结构),这能使统治者的租金最大化。二是,在第一个目的框架中降低交易费用以使社会产出最大,从而使国家税收

---

① 〔比利时〕亨利·皮雷纳:《中世纪的城市》,陈国樑译,北京:商务印书馆1985年版,第35页。
② 〔美〕刘易斯·芒福德:《城市发展史——起源、演变和前景》,宋俊岭、倪文彦译,北京:中国建筑工业出版社2005年版,第163页。
③ 〔比利时〕亨利·皮雷纳:《中世纪的城市》,陈国樑译,北京:商务印书馆1985年版,第52页。

增加。"①借助于市场机制,国家与城市的关系得到了新的调整。在这一时期,从国家与城市的关系看,城市的繁荣为封建国家的统一提供了条件,一些城市获得了君主的特许从而赢得了自治;从城市与个体的关系看,资本主义一旦进入城市,就解构了人们对于传统城市生活的理解。早期资本主义本身瓦解了中世纪城镇生活,并进一步瓦解了被宗教信条、家庭观念和职责道德化的社会结构,保护经济模式让位于个体企业基础之上,从而形成了社会对立。②

城市史到了这一步,建立在个体觉醒之上的自由观念已经呼之欲出。在神圣、繁荣的背后,在原有的建立在城墙之上的安全机制被摧毁之后,自由的个体开始成为城市发展的重要力量。而城市性,终于找到了其内在的核心——觉醒的人。"随着城市的发展,城市中女性与男性的相对比例、青年与中年的相对比例、在国外出生人口占总人口的比例,以及职业的异质性,都比广阔的农村地区有了大幅上升,这深刻地改变着城市的社会结构。人口构成上的这些变化也反映着社区(community)内部的社会机制正在经历种种变化。事实上,这些变化正是城市发展的一部分,它展示着城市发展中诸进程的本质。"③因此无论是帕克、芒福德,还是斯托珀尔,城市研究最终指向了人类活动和城市的空间互构。在人出场之后,城市的本质特征日益显著,即城市必须是属人的城市。

三、城市性的反思:人的本质与城市的命运

城市史是人类史,属人的城市与人的内在逻辑如何演绎成为需要解决的问题。有学者认为,"对于城市本质的认识分歧,最主要发生在经济学与社会学之间。经济学的立足点是成本节约,而社会学则强调

---

① 〔美〕道格拉斯·C.诺思:《经济史中的结构与变迁》,陈郁等译,上海:上海三联书店、上海人民出版社1994年版,第24页。
② 〔美〕刘易斯·芒福德:《城市发展史——起源、演变和前景》,宋俊岭、倪文彦译,北京:中国建筑工业出版社2005年版,第275页。
③ 〔美〕罗伯特·E.帕克等:《城市——有关城市环境中人类行为研究的建议》,杭苏红译,北京:商务印书馆2020年版,第60页。

城市的社会性和文化特质"①。我们认为,从城市史与人类史的关系入手,这样的分歧恰恰说明城市性与城市本质关系的混淆。事实上,城市本质没有解决城市元理论的困惑,是城市性规定了城市的本质,而人的本质是城市性的原点。

(一)城市性对于城市本质的归纳

芝加哥学派学者路易斯·沃斯(Louis Wirth)于1938年发表《作为一种生活方式的城市性》(Urbanism as a Way of Life)。在这一城市学的名篇中,沃斯指出,影响社会关系的元素包括人口数量、密度和异质性。② 在沃斯看来,正是这些元素把城市与农村区别开来,而这三个元素成为城市性的基本内核。沃斯的分析突破了城市研究中人口与空间的二分法,把城市生活内在的异质性推到了前台。在沃斯之前,格奥尔格·齐美尔(Georg Simmel)解释了人的差异性的历史性特点:在18世纪,人们形成了自由的观念,"在19世纪,除了这种自由主义的理想以外,一方面由于歌德和浪漫主义思想的影响,另一方面由于经济上的分工,还出现了另一种思潮,这就是,从历史的束缚中解脱出来的个人要求个体之间还要有差异。这时候人的价值基础不再是人人都是'共性的人',而是要有质的特点和质的差异"③。

也正是从差异性出发,齐美尔认为,和现代大城市相比,古典城邦只能算是小城市。同样,在封建时代,"只有那些服从国家法律的人,才是'自由'的人,但是,谁要是把国家的法律从封建集团的狭隘圈子里脱离出去,不受封建集团的约束,那么他就没有自由了"④。正是齐美尔的判断,解释了沃斯城市性概念中异质性的来源:有限的地理空间与日益拥挤的人口,以及逐渐增长的自由观念,成为城市(尤其是大城市)生

---

① 任少波:《城市:集聚化交易的空间秩序——关于城市本质的制度经济学理解》,载《浙江大学学报(人文社会科学版)》2012年第4期。
② Louis Wirth, Urbanism as a Way of Life, *American Journal of Sociology*, Vol. 44, No. 1, 1938, pp. 1-24.
③ 〔德〕G. 齐美尔:《桥与门——齐美尔随笔集》,涯鸿等译,上海:上海三联书店1991年版,第278页。
④ 同上书,第271页。

活的诸多相互冲突的要素,形成了城市性概念的逻辑内核。

(二)作为关系的人及其城市聚居

在通常的城市研究中,城市多被认为是人与空间的关系过程。研究者认为,"城市=人(包括市民社会组织)+空间载体"的提法是不严谨的,准确的说法应该是"城市=人与城市存在于发展直接相关的活动+空间载体"。这一研究从家庭-村庄出发,论证城市具有类似的组织形态,并提出家庭、村庄和城邦在本质上是相同的,继而确定,城市的本质是一定时空条件下,一定数量的人集聚互动成规模较大的半整全性社会组织。[1] 应该说,从家庭出发论证城市的组织形态,这一逻辑应该深受恩格斯对于国家起源理解的影响,但是这一判断可能仍然把城市视为国家形成中的过渡形态,从而陷入城市是否具有独特性的反思。

何艳玲等认为城市性是城市研究的核心命题,而"空间性是理解城市性的起点"[2]。在城市人口与要素的积聚、扩散中,空间形成了城市的起点,也成为城市研究的基础。不难看出,随着中国城市化的推进,城市问题逐渐在空间与人口两个方面暴露出来,这也促使中国的学者开始反思城市的本源问题。由于缺少西方18世纪以来的自由主义的发展,无论是城市规划学还是城市经济学,中国城市研究者都很容易从空间而非异质性入手反思中国城市发展。同时,我们无法回避的是,城市空间也有一个话语转换的过程,正如安德烈亚斯·胡伊森(Andreas Huyssen)所指出的,城市空间"总是不可避免地是社会空间,这一社会空间包括了因阶级和种族、性别和年龄、教育和宗教不同而塑造的主体和身份"[3]。也就是说,无论我们如何讨论空间,最终都会回到充满差异性的城市个体本身,因此在空间背后,人是社会科学的向度,自由的人是城市性的起源。

---

[1] 薛立新:《城市的本质》,载《城市规划》2016年第7期。
[2] 何艳玲、周寒:《全球体系下的城市治理风险:基于城市性的再反思》,载《治理研究》2020年第4期。
[3] Andreas Huyssen (ed.), *Other Cities, Other Worlds: Urban Imaginaries in a Globalizing Age*, Durham: Duke University Press Books, 2008, p.3.

(三) 作为目的的人及其城市居住的限度

在古老的有限人口的城邦中,民主制度并不充分论证个体的差异性,在城邦中生活既是个体的选择,也是合乎道德的生活。建基于农耕时代与有限市场的城邦生活的解体,事实上也摧毁了城市传统的产业与道德基础。在中世纪之后,自由的人是城市性的理论原点。在人类社会中,人、物有着本质的不同,"人,是主体,他有能力承担加于他的行为……物,是指那些不可能承担责任主体的东西。它是意志自由活动的对象,它本身没有自由,因而被称之为物"①。在这一思辨中,城市本身没有自由,而人可以承认自身的责任。因此相对于城市来说,人的自为性是难以遏制的,因为"人,一般来说,每个有理性的东西,都自在地作为目的而实存着,他不单纯是这个或那个意志所随意使用的工具。在他的一切行为中,不论对于自己还是对其他有理性的东西,任何时候都必须被当作目的"②。也正是从这一逻辑出发,康德给出了实践的命令:"你的行动,要把你自己人身中的人性,和其他人身中的人性,在任何时候都同样看作是目的,永远不能只看作是手段。"③

在康德式的思辨中,人是目的,而城市仅仅是满足人之所以为人的工具。在满足人的发展的过程中,城市在经济繁荣、社会稳定、保障提升方面赋予了个体对于城市的信任与依赖。因此从抽象的观念来看,城市应该是人的共同生活的场所,是一致性的秩序存在;而从具体的表征看,每个城市个体都是活生生的存在,是异质性的个体生活承担者。但是需要强调的是,由于城市从城邦而来,其有限的空间与无限的人的生活本身存在着悖论:如果城市仅仅捍卫了具体的个体自由,那么一定无法摆脱"公地悲剧";如果城市仅仅强调了抽象的集体自由,那么城市仍然可能像城堡一样,成为现代人的精神枷锁。

---

① 〔德〕康德:《法的形而上学原理——权利的科学》,沈叔平译,北京:商务印书馆1991年版,第26页。
② 〔德〕康德:《道德形而上学原理》,苗力田译,上海:上海人民出版社2012年版,第36页。
③ 同上书,第37页。

第三节　尺度变迁与城市性的本土获得

作为一种城市的规定性,城市性的提出解释了城市发展的内核。无论制度差异如何,中外城市的形成都基于特定的制度背景、市场机制与生活需求,这些逐步形成了城市性的逻辑。对于中国来说,城市性的本土性正基于这些尺度的变迁。

一、尺度政治与城市性的互构

沃斯关于城市性的思考对于世界范围的城市研究有着积极的先导意义,也启发了中国城市学者的思考。吴晓林认为,如果不对城市性的两个单词(urbanism 和 urbanity)进行区分,城市性研究起码有六种典型的观点:非农村性、空间特征、生活方式、文化心理、社会特性、组织特性。[1]

城市性是一种与农村生活相区别的外部特征还是城市内在的本质属性?不同的认知建立在我们对于城市功能及其历史的不同理解之上。芒福德不赞同皮雷纳对于中世纪城市繁荣经济基础的论断,他强调,11 世纪的商业复兴并非中世纪新型城镇奠定的基础性因素,如果贸易及其带来的保障是一种症候,那么政治统一就是另一种症候,修道院发布的一系列指令则是第三个症候。[2] 因此在芒福德看来,繁荣、安全、神圣、统一自然成为城市的内核。乔尔·科特金也认为,"早在发轫之初,城市区域就已扮演三种不同的重要功能:构建神圣的空间;提供基本的安全保障;拥有一个商业市场"[3]。

---

[1] 吴晓林:《城市性与市域社会治理现代化》,载《天津社会科学》2020 年第 3 期。
[2] 〔美〕刘易斯·芒福德:《城市文化》,宋俊岭等译,北京:中国建筑工业出版社 2009 年版,第 19 页。
[3] 〔美〕乔尔·科特金:《全球城市史(典藏版)》,王旭等译,北京:社会科学文献出版社 2014 年版,第 3 页。

应该说,从芒福德到科特金,中世纪以来的城市变迁日益形成其内在的逻辑。"城市史的研究也提示我们,一个没有道义约束或没有市民属性概念的城市即使富庶,也注定会萧条和衰退。"①作为自由生活的标志,城市自中世纪以来就建立在权利解放的前提之上,这一前提日益强化了城市性的价值基础,并引导着城市的空间扩张与人口增长。与此同时,城市特有的地理空间必然规范着自由生活的边界及其形式。同时,在城市的发展中,国家从未退场,从城市国家到国家城市,城市不可能作为抽象的权利共同体而存在,国家的力量通过资源的汲取与再分配深刻影响着城市的外部形态与内部结构。因此在这个意义上,城市的集聚、扩张与收缩既是城市空间自我适应的结果,也是国家权力调整的结果。

在世界城市化浪潮中,中国不可或缺。先秦以来的中国政治史同样是一部城市与国家的关系史。在今天,一个拥有悠久农业传统的人口大国如何平稳实现农村人口向城市的有序流动,已经成为中国城市化的主要任务。这一任务包括两个方面的内容:农村城市化与城市宜居化。两方面的内容又分别通过两个阶段加以完成:第一阶段,中国从20世纪70年代末启动了农村改革,尤其是土地所有权、承包权以及经营权之间的政策性分离,使农民获得了部分土地权利,而农民从土地上的身份解放助推了大规模的农民进城;第二阶段,2011年中国城市化率突破50%之后,在不同地区,城市发展出现了形态差异性,在一些沿海地区城市快速膨胀的同时,一些中西部资源型城市开始收缩。在这一背景下,城市竞争开始体现为人口的竞争与城市服务的竞争,各级政府建设中心城市的任务逐步让位于对美好城市生活的推崇。

尺度概念与制图学密切相关,即自然地理领域对地形地图的分级。20世纪80年代,尺度概念经由彼得·泰勒(Peter Taylor)等学者引入人文地理学领域,尺度开始包含复杂的社会与权力关系,进而包含等级

---

① 〔美〕乔尔·科特金:《全球城市史(典藏版)》,王旭等译,北京:社会科学文献出版社2014年版,第3页。

化的隐喻。① 近年来,作为人文地理学核心概念,尺度正在走向政治学范畴,并成为空间政治学的前沿理论。西方人文地理学中的尺度政治(politics of scale)广泛应用于分析选区划定、社会抗争、城市管治、资源开发和危机治理等问题。国内学者同样逐步将尺度政治理论应用到对中国的城市管治、社会抗争、战略规划、地缘安全和土地开发等问题的实证分析。② 在中国城市性的研讨中,尺度概念同样具有启发意义。从城市国家到国家城市的演变,意味着治理层级与治理幅度的变迁,也意味着国家政治与城市政治的尺度互构。因此,在世界范围内,城市的外部形态并无明显差异,正是从这个意义上讲,城市性体现为沃斯关于人口数量、密度和异质性的描述,但是在不同制度背景下,城市形成的内在逻辑存在差异,从封建主义到集权政治,从国野制到郡县制,中国的城市变迁与国家的治理尺度密切相关:一方面,中国城市长期以来都是超大规模国家政治权力的节点;另一方面,这些节点之间仍然为非国家的因素保留了空间。宋明之后的中国的城市增加了诸多市场的要素,但是这些要素始终服从中国城市发展的国家主义原则,而后者,正是理解中国城市的逻辑起点。

二、早期国家的叙事传统与城市尺度的形成

与西方城邦传统不同,中国传统的城市政治体系一直是国家权力体系的组成部分。长期以来,中国的政治体系是家国一体的集权体系,在这一体系中,国家是君主的所有物,君主只是为了维系这一政治体的延续,才通过必要的政治分权制衡机制来实现国家的稳定。在国家初创时期,这一分权体制表现为中央政府中君权与相权的分离。随着国家规模的扩大,国家逐渐形成众多的地方单元,城市登上中国的历史舞台,并在不同的历史时期呈现差异化的国家叙事。

(一)国野制与早期城市的角色悖论

中国从周开始的政治史,是一部城市史和国家史。《诗经·大雅·

---

① 张衔春等:《中国城市区域治理的尺度重构与尺度政治》,载《地理科学》2021年第1期。
② 王丰龙、刘云刚:《尺度政治理论框架》,载《地理科学进展》2017年第12期。

文王之什·文王有声》记载:"文王受命,有此武功。既伐于崇,作邑于丰。"这是中国早期历史上由国家建设都城的重要文献。当然,在早期历史中,所谓城邦还十分简陋,"从历史的发展来看,初期的筑城是封树,后期是土墉,一开始并没有'筑'和'城'、'邑'和'都'的严格区别"①。从氏族到国家,从"作邑"到"作邦"的演变过程,也是城邦的形成过程。"根据传说,周武王时代还有八百'国',这比周初林立的部落大为减少是无问题的。"②随着姬姓周族的连续封国,周部落联盟中的姜姓、子姓等部族离开故土,纷纷在山东等地建立邦国,从而拓展了周的地理疆域,城邦也因此成为早期中国的政治单元。

虽然中西方政治文明的起源相似,城市承担着国家与社会管理的重要职能,但是中西方城邦有所不同。中国早期国家的建立还需要与其他部族建立起政治联系,这些城邦周围被持续征服与奴役的农村称为"野",这就是"国野制"的由来。在中国,"城市和乡村是不可分割的统一体;而希腊、罗马等西方早期国家,城市则是政治、经济与文化的中心,是城邦的核心"③。在早期中国的统一进程中,城市国家多次搬迁,即所谓"迁国",但是无论城市迁到何地,都会面临"国野"背后的对立。"城市的壁垒,在中国古代社会,是由氏族社稷的制度所约束,社会上虽然有都鄙的分别,经济上却形成农村和城市不可分裂的统一。"④

国野制证明了中国早期城市的国家属性与"殖民者"的角色,也证明城市是中国城乡分立的堡垒。城市使中国从氏族部落逐渐转变为城邦的联盟,且城市作为政治中心,随着国家规模的扩张而日益成为大一统国家的政治节点。从春秋到战国,国家的数量逐渐减少,那些被取消国家属性的城市先后成为胜利者的治所。秦灭六国后,这些城市又成为郡县制的政治枢纽。国野制向郡县制的演变,使中国城市完成了国

---

① 侯外庐:《中国古代社会史论》,石家庄:河北教育出版社2000年版,第151页。
② 同上书,第158页。
③ 萧斌:《中国城市政治文明追踪:唯物历史观视角的一种探索》,武汉:武汉大学出版社2008年版,第255页。
④ 侯外庐:《中国古代社会史论》,石家庄:河北教育出版社2000年版,第190页。

家政治向地方政治的尺度转向,完成了城邦到国家城市的角色演变。因此中国的城市从起源上看,就不完全具有西方早期国家的逻辑,在长期大一统的过程中,在国家版图的持续扩张中,城市之间的连续战争促进了民族大融合,但无论是南方还是北方城市,这一融合过程始终没有摧毁城市自身的角色悖论,即中国城市既是国家治理的区域中枢,又是地方治理的政治中心。

(二)早期国家政治过程的城市传播

"古典古代的历史是城市的历史,不过这是以土地所有制和农业为基础的城市;亚细亚的历史是城市和乡村的一种无差别的统一(真正的大城市在这里只能看做王公的营垒,看做真正的经济结构上的赘疣);中世纪(日耳曼时代)是从乡村这个历史的舞台出发的,然后,它的进一步发展是在城市和乡村的对立中进行的;现代的[历史]是乡村城市化,而不像在古代那样,是城市乡村化。"① 在这一建基于农业社会的城市制度中,乡村关系嵌入了城市政治结构,城市治理必然带有东方乡村社会治理的伦理色彩,意味着基于熟人社会的国家制度、城市制度与农村制度并无明显的鸿沟。

在早期中国,国家并不拥有城市所有的话语权。城市既住着君主和贵族,也住着同族的国民,城市因此提供了民间议论朝政的空间。为了更好地采纳这些意见,执政者也广开言路,"尧舜之世,谏鼓谤木,立之于朝"②。政论家贾山给汉文帝的《至言》中,记录了不同行业的百姓都有监督政治的责任:"古者圣王之制,史在前书过失,工诵箴谏,瞽诵诗谏,公卿比谏,士传言谏过,庶人谤于道,商旅议于市,然后君得闻其过失也。闻其过失而改之,见义而从之,所以永有天下也。"③尤其值得关注的是,无论是"道"还是"市",都是人口集中的地方,这些地方也因此具有公共讨论与政治沟通的功能。城市作为国家和地方的政治中心

---

① 《马克思恩格斯文集》第8卷,北京:人民出版社2009年版,第131页。
② 王先谦撰:《后汉书集解》卷五四《后汉书·杨震传》,北京:中华书局1984年版,第616页。
③ [汉]班固撰、颜师古注:《汉书》卷五一《贾邹枚路传》,北京:中华书局1964年版,第2330页。

与商贸中心,自然是这些公共讨论与政治沟通的重要场所。

(三) 城市工商业的发展与国家叙事的转向

从周到秦,中国逐渐从王权国家演变成为皇权国家。如果说周厉王尚无法实际上拥有城邦的全部权力,那么到了秦以后,由于国家扩张及其权力结构的等级化,君主与国民的直接互动日益困难,君主造神运动的升级与官僚机构的成熟使议政日益成为官僚尤其是朝官的特权,国家与社会呈现不同的运转轨迹。汉唐之后,城市聚集了大量人口,商业高度繁荣,城市在保持政治中心功能的同时走向了社会化与商业化。唐朝前期实行严格的坊市制,长安城建有常设的商业区如东市、西市,洛阳亦有丰都、大同、通远等三市。随着工商业的发展,在唐朝中叶,坊市制在时间和空间上的限制均被突破。唐中叶以后,长安的坊与坊之间出现了众多小商贩,东市、西市附近的坊与坊之间还出现了商店。到9世纪时,长安城内出现夜市,打破了唐王朝夜间不能进行商业活动的禁令。①

因此,城市一旦形成,就无法仅仅依赖国家叙事。有唐一朝,由于选官制度与商业的繁荣,人口大量进入各类城市,其中长安尤甚。百万人口的长安城有大量脱离原籍的人口,对于这些"流动人口",唐朝政府在不同阶段采取了不同的政策措施:一是坚决追讨、采取惩罚性摊逃措施;二是派使分赴各地括户,仍坚持遣返原籍的思路和政策;三是各地日益增加的逃户已难以控制,遂以"客户"称之;四是鼓励客户在当地入籍,并给予赋役方面的若干优惠;五是通过两税法的推行,直接将逃户和定居者的身份定性为客户。② 承认流动人口的事实,重新把脱籍人口纳入城市居住地管理,是唐朝城市治理的务实之举。同时,唐朝城市制度还面临商业机会的冲击,作为世界性的都市,唐都长安一度成为连接东西方的贸易和文化中心地带,来自朝鲜半岛、日本及西域的商贾云集长安,市场化气息浓厚,并逐步蔓延全国,洛阳、扬州、成都、广州等都先

---

① 何一民:《中国城市史》,武汉:武汉大学出版社2012年版,第263—264页。
② 宁欣:《唐朝如何管理城市流动人口》,载《人民论坛》2019年第1期。

后成为重要的商业中心。异质性的商业文化对传统中国城市进行了组织和制度上的改造,"随着商业发展,城市出现了商业行会组织,这种商业行会同手工业行会一样,是政府控制商业的工具。同时,唐政府还制定了较为完备的市场管理制度,制定了较完整的商法"①。同时,一些广为传播的文学作品也关注时事,一些民间戏剧如唐朝的"参军戏"等也偶尔涉及对社会现象甚至朝政的批判,沿袭了早期城邦"庶人谤于道,商旅议于市"的议政传统。

三、国家叙事的制度变迁与城市政治的尺度互动

有研究者基于"结构—行为—行动者"的分析思路,将尺度政治的研究方向分为作为政治过程的尺度结构转变、跨尺度的政治行为与策略、跨尺度的政治行动者联系网络等三种。② 这一分类有助于理解中国城市政治的叙事方式。从唐朝起,一旦战乱终止,国家繁荣,资本与流动人口对于城市制度的冲击就持续发生。如果说唐代中后期的客户入籍冲击了周秦以来的编户制度,那么坊墙的崩塌则重构了城市空间。自宋开始,城市的国家属性日益让位于市场属性与社会属性,并从地理空间、权力结构上重塑了中国的城市制度。

(一)坊市制的瓦解与"国家-编户齐民"的治理结构的危机

秦汉以来的中国政治在很长时间内都维系着"国家-编户齐民"的治理结构。"威胁编户齐民的社会势力,主要是商人与豪强。为了打击商人,商鞅给出的方案是抑商。……以国家力量在经济领域排挤出商人的经济力量,在社会领域,打击商人的社会声望",对于豪强,主要是采取迁徙、掠夺家产、诛杀宗族等方式予以消灭。③ 消灭豪强维系了国家君主的最高权力,重农抑商的政治传统减少了人口的流动。即使在城市,居民也被编入里坊之中以限制流动。从"什伍连坐"到保甲制度,

---

① 何一民:《中国城市史》,武汉:武汉大学出版社 2012 年版,第 266 页。
② 马学广、李鲁奇:《国外人文地理学尺度政治理论研究进展》,载《人文地理》2016 年第 2 期。
③ 李磊:《编户齐民制与传统中国的国家能力》,载《文化纵横》2019 年第 2 期。

人们被严格按照军队结构整合起来,这种严密的命令服从式的政治体系需要以社会相对静止与民智迟钝为基础,一旦民智开化和人口流动,这一军事化治理结构势必出现危机。

隋唐以后的科举考试打破了秦汉以来征辟、察举、任子等僵化的选官制度,教育深入乡村,使读书求官成为阶层上升的重要渠道。同时,商业机会促进了人口流动,主要体现为农业人口进入城市。由于市场的持续发育,唐朝后期里坊制度被逐步破坏,扬州等城市不再设立坊墙,不再区分居住区与商业区。宋朝放宽夜禁,夜市繁荣,街巷制最终取代了里坊制,而作为国家制度的宋朝保甲制度主要具有治安和基层治理功能,也并不遏制商业的繁荣与人口的流动。

(二)国家制度与城市政治的尺度互动

传统中国城市长期以来维系着对农村的统治,但随着部分城市的开埠与租界的建立,中国的城市开始移植西方现代城市的制度。"1909年1月到1910年2月间,清廷先后颁布《城镇乡地方自治章程》《城镇乡地方自治选举章程》《京师地方自治章程》《府厅州县地方自治章程》《府厅州县议事会议员选举章程》,允许各地选举产生理事会或董事会,实施地方自治。而一系列的地方自治背后,是城市的兴起和自治。"[①]在中国传统的政治演变中,城市既是国家权力的集中体现,也是重要的居所。城市自治体现了国家治理形态的转变,而城市则成为政治权力下放与制度变迁的重要切口。

1949年以后,依赖封闭的土地制度和户籍制度,中国的城市等级重新得以强化。在取消城市自治权之后,国家掌握城市废立的权力,并先后于1955年、1963年、1986年调整了设市标准。1955年,国务院《关于设置市、镇建制的决定》(以下简称《市镇建制决定》)规定,市是属于省、自治区、自治州领导的行政单位。聚居人口10万以上的城镇,可以设置市的建制。聚居人口不足10万的城镇,必须是重要工矿基地、省级地方国家机关所在地、规模较大的物资集散地或者边远地区的重要城

---

① 姚尚建:《租界、自治与治理——现代城市的制度切换》,载《党政研究》2018年第6期。

镇,并确有必要时方可设置市的建制。① 基于工人阶级先进性的认识,城市在1949年以后迅速与工业结合起来,大量的工厂建立在城市,一些远离城市的矿区也划入城市辖区。20世纪80年代之前,在中国的政治结构中,城市治理幅度是有限的,除了直辖市及少数地区以外,全国的工业城市与农村县多由省级政府管辖,省级政府以派出机关——行政公署的形式管理,而行政公署机关往往设立在该区域的城市或城镇之中,这就是1949年以后的"地市分离"格局。1983年,江苏省推行"地市合并"并实施市管理县体制,于是有了"地级市"。"地级市"普遍扩张了中国城市的管理尺度,也是中国城市化进程中非常重要的制度探索。同年1月,江苏省常熟县虽然撤县建市,但仍然被划入地级苏州市管辖;原江苏省属泰州市划入地级扬州市管辖,常熟市和泰州市也形成了新的城市类型——县级市。2019年,温州市苍南县龙港镇升格为县级市,在现有辖区不变的情况下,"切块设市"为中国城市化提供了新的可能。与此同时,一些县或县级市成为市辖区,完成了新的地理空间重组。

(三)国家尺度松弛与城市异质性的持续萌发

从全球、国家到城市,泰勒把权力与空间联系了起来。他强调:"唯物主义的适用明确了世界经济的起点并给予我们分割空间组织的线索,世界经济在全球最大地理范围内存在,此外,我们接受国家的相对自治,就意味着大部分的重要议题是在国家尺度下讨论的,我们还要增加一个更为常见的地理尺度——城市,将尺度作为基本原则来创建空间组织。"②在泰勒看来,全球、国家和城市等三种尺度与社会科学将活动划分为经济、社会和政治活动一样"自然",但是从尺度政治的视角来看,这种划分方式仅初步揭示了城市在全球、国家政治中的基本单元,而没有充分展示国家尺度变迁对于城市发展的影响。中世纪以来,由于国家尺度的松弛,欧洲城市是神圣、安全而又繁忙的场所,是"作为一

---

① 游正林:《我国市镇设置标准的变化及其对城市化水平测量的影响》,载《城市问题》1991年第1期。
② Peter J. Taylor, A Materialist Framework for Political Geography, *Transactions of the Institute of British Geographers*, Vol.7, No.1, 1982, pp.15-34.

个巨大的宗教中心、一个神圣的地方而立足的。它位于一个具有天然屏障、安全的地方,可以培植复杂的城市生活"①。中世纪以后,重新崛起的城市的世俗化进程加快,"中世纪的城市从十二世纪起是一个公社,受到筑有防御工事的城墙的保护,靠工商业维持生存,享有特别的法律、行政和司法,这使它成为一个享有特权的集体法人"②。因此只有在国家尺度松弛这一基础上,城市的独特性才逐渐形成。

国家尺度的松弛使城市迅速膨胀起来,沃斯关于城市性的三个特征解释了人口与文化对于城市形成的重要意义,这一事实与尺度政治并不冲突。具体而言,针对物质空间、组织空间和表达空间,尺度政治主要涉及三种尺度形式:不同的领土范围(range)或大小(size)、不同的行政或组织级别(level)、对地方化权利范围(scope)的不同声明(statement)。③ 从地理空间、权力空间到社会空间,无论是超大城市还是中小城市,正是异质性的人口进入相同的空间,赋予城市以不同的生命与立场,赋予人们在城市空间之内的不同表达与共同生活。从城市国家到国家城市,从直辖市、地级市到县级市,尺度政治理论同样解释了中国城市变迁中的空间与权力,中国的城市扩张和城市数量的增加是行政区划调整的结果,从这一逻辑的另一面来看,也是市场崛起与公民自由流动的社会化结果。

四、权利的崛起与城市的人民性转向

如果说城市研究的尺度转向为城市性的理解提供了新的视角,那么随着民主制度的确立,这一转向终将指向现代城市的主体——人民。也就是说,当尺度这一制图学意义上的"比例尺"指向了城市权力的等级、幅度时,它也为城市政治中"人民"的出场提供了前提。在这一基础

---

① 〔美〕乔尔·科特金:《全球城市史(典藏版)》,王旭等译,北京:社会科学文献出版社2014年版,前言,第2页。
② 〔比利时〕亨利·皮雷纳:《中世纪的城市》,陈国樑译,北京:商务印书馆1985年版,第130页。
③ 王丰龙、刘云刚:《尺度政治理论框架》,载《地理科学进展》2017年第12期。

上,从城市的属人性到城市的人民性形成了尺度的跨越:就前者而言,城市性体现为国家传统、技术力量、社团崛起、市场要素的混合作用;就后者而言,行使参与城市、管理城市与控制城市的权利成为人民城市的价值内核。"随着人民性的导入,城市性逐渐失去原先中立立场,并具有了引导城市发展的正向功能。"①

(一)现代城市增长与农村人口权利尺度的持续扩张

城市的形成伴随着人口的流动。1840年,美国仅有10%的人口具有城市身份,到了20世纪20年代,城市人口已经达到51%,在不到一百年的时间里,美国从一个农业国家进入了城市国家的行列。② 由于农业机械的发展,在1830—1896年间,收割小麦所需要的时间减少了95%,所需要的劳动力减少了80%。③ 工业革命促进了农业人口的迁徙,并为城市提供了源源不断的人口。同样,在中国城市化进程中,大量的农业人口从土地上解放出来,一项基于QQ登录IP地址的数据表明,早在2003年底,包含瞬间流动人口在内,北京、上海、广州和深圳四个一线城市的实际人口数量并非官方公布的6930万,而是高达1.6476亿。④ 城市人口的剧增是大规模人口流动加以推动的结果,2011—2014年,中国流动人口以年均800万人的规模增长,至2014年末,已达2.53亿人,其中东部地区仍然是流动人口集中导入地。⑤

工业革命及人口流动导致城市规模的扩大,导致人民对自身生存尺度的扩充,也对农业社会形成了结构性冲击。仅从土地制度来看,城市化的快速推进与仍然停留在农业社会的土地制度的异步性干扰了中

---

① 姚尚建:《贫困与城市性的纠偏》,载《学术月刊》2021年第5期。
② 〔美〕丹尼斯·R.贾德、托德·斯旺斯特罗姆:《美国的城市政治》,于杰译,上海:上海社会科学院出版社2017年版,第18页。
③ Samuel P. Hays, *The Response to Industrialism, 1885—1914*, Chicago: The University of Chicago Press, 1995, p.17.
④ 童大焕:《中国城市的死与生:走出费孝通陷阱》,北京:东方出版社2014年版,自序一,第3页。
⑤ 国家卫生和计划生育委员会流动人口司编:《中国流动人口发展报告2016》,北京:中国人口出版社2016年版,第3—5页。

国的城市化进程。在文贯中看来,中国长期的土地制度已经造成两种结构性失衡:一是中国未能在农业比重急剧下降的同时相应减少农村人口的比重,造成城市化的滞后与城乡收入差距的加大;二是未能将服务业的就业比例提高到世界平均水平,造成农村的普遍性隐性失业和集聚效应的浪费。① 一份数据表明,中国农业生产率只有荷兰的千分之一,中国有 2.2 亿农业劳动力,荷兰有 22 万农业劳动力,但是同期农产品比荷兰少 110 亿美元。② 未来中国农村将持续析出农业剩余人口,中国城市化的规模扩张主要是由这些人口的生存尺度扩张导致的。

(二)国家尺度的持续放宽与城市种类的多样化

1949 年,中华人民共和国定都北京后,城市政治进入新的历史阶段。作为新中国第一部市镇设置的法律文件,《市镇建制决定》明确了城市的人口与行政地位,这就意味着中国的城市化必须从这两个角度予以突破。1984 年,浙江省苍南县龙港镇在全国率先推出土地有偿使用制度、户籍管理制度和发展多种经济成分"三大改革",积极探索农民建设城镇的路径;1992 年前后,"龙港经验"催生了"富阳农民城",引导农民进城搞经营、办企业。③ 农民城从人口与行政级别两个方面撕开了中国已有的城市尺度。2014 年 12 月 29 日,国家发展改革委联合中央编办、公安部、住房城乡建设部、农业部等部委联合下发《国家新型城镇化综合试点方案》,确定在江苏、安徽两省和宁波等 62 个城市(镇)开展试点新型城镇化,要求这些地区建立农业转移人口市民化成本分担机制、多元化可持续的城镇化投融资机制、改革完善农村宅基地制度、探索建立行政管理创新和行政成本降低的新型管理模式、综合推进体制

---

① 文贯中:《吾民无地:城市化、土地制度与户籍制度的内在逻辑》,北京:东方出版社 2015 年版,第 3 页。
② 《姚景源:中国农业生产率只有荷兰千分之一 供给侧改革刻不容缓》,http://china.huanqiu.com/article/2017-06/10782506.html?referer=huanqiu,访问时间:2023 年 11 月 22 日。
③ 严琦等:《"农民城"要不要改名引发热议》,https://news.sina.com.cn/c/2007-09-07/043012524056s.shtml,访问时间:2024 年 7 月 2 日。

机制改革创新。①

中央政府对于城市尺度的放宽得到了地方政府的积极响应。2017年8月22日,《甘肃省人民政府办公厅关于进一步健全完善户籍制度改革配套政策推进城镇基本公共服务常住人口全覆盖的实施意见》颁布,提出确保到2020年实现240万左右农业转移人口和其他常住人口在城镇落户的目标任务。该实施意见提出了落户城镇的政策标准,即农村学生升学和参军进入城镇的人口、在城镇就业居住5年以上和举家迁徙的农业转移人口以及新生代农民工,一律可在城镇落户;高校毕业生、技术工人、职业院校生、留学归国人员,一律可在城镇落户;有国家级专业技术职称、各类高等级的专业技能人员,一律可在城镇落户。②全国各地都纷纷加快城市化进程,人口竞争与城市发展联系了起来,除了特大城市,一些新兴城市也得到了政策关注。根据第七次全国人口普查数据,中国10万人以上的镇有798个。③ 这些镇在一定条件下都具备了设市的条件。

近三十年来680余座城市的演变还说明,城市数量与城市版图的扩张线路呈双线推进模式,即大城市越来越大、小城市越来越多。对大城市,通过县区合并、撤县建区的方式扩大市域空间,通过市域公交尤其是轨道交通的方式形成中心城市的交通枢纽地位,通过港口或企业重组等形式凸显中心城市的经济地位。这一系列政策组合使中国的县域经济演变为市域经济,使县域管理演变为市域管理,从而形成一批百万人口以上甚至千万人口的特大城市。同时,通过镇改市等政策鼓励龙港等中小城市发育,降低农民进入城市的制度门槛,使其成为中国城

---

① 《关于印发国家新型城镇化综合试点方案的通知》,https://www.ndrc.gov.cn/xxgk/zcfb/tz/201502/t20150204_963756.html,访问时间:2024年4月10日。
② 《甘肃省人民政府办公厅关于进一步健全完善户籍制度改革配套政策推进城镇基本公共服务常住人口全覆盖的实施意见》,https://www.gansu.gov.cn/art/c103795/c103869/c103876/201710/206500.shtml,访问时间:2023年10月30日。
③ 国务院第七次全国人口普查领导小组办公室编:《中国人口普查分乡、镇、街道资料——2020》,北京:中国统计出版社2022年版。

市化进程的新阵地。

（三）人民城市对于国家尺度与资本力量的双重平衡

长期以来，中国都是一个中央集权国家，城市体系不过是这个等级体系中的组成部分。"像这样一个持续如此长久并具有如此高度自主性的体系，其影响力不可能仅限于自身制度在形式上存在的那段时期。甚至在新体制超出旧类型时，传统价值和行为也可无限长久地持续下去。"[1]1955年的《市镇建制决定》从政治地位与人口规模设定城市标准，事实上也是这种等级政治传统的继续。但是当城市人口已经达到设市标准，是否可以自动成为城市？这在中国是一个需要跨越制度门槛的问题。在人民当家作主的制度背景下，人民城市的理念有助于突破上述限制，即人民有权建设自己的城市。也正是在这样的考量下，在"强镇扩权"遭遇困难之后，苍南县龙港镇获得中央政府的政策支持，直接设立县级市而非学界呼吁的县辖市的案例说明，在当下中国的城市化进程中，不同层级间政府的权力平衡仍然是城市发展突破制度瓶颈的助推剂。

城市的人民性除了国家尺度的平衡，还需要资本力量的平衡。近年来国家城市尺度放宽，把农民从土地的束缚中解放出来，一系列土地确权行为使中国农民的土地权利逐步转化为城市权利，但是农民的城市权利极易遭到阻截。"决定民工能否留在一个城市定居、工作的根本原因是住房的租金或价格。但是，中国在当前条件下，只有少量有技术的农民工才能在城市找到工资较高的工作，因而支付得起昂贵的房租或买得起房……由于土地供应完全由国家垄断，房屋市场无法对中低层的需求做出反应。虽然大量的楼盘空置，但这些房屋并不可能成为中低阶层特别是外来民工的栖身之地。"[2]楼房空置既不符合国家的利

---

[1] 〔美〕詹姆斯·R.汤森、布兰特利·沃马克：《中国政治》，顾速、董方译，南京：江苏人民出版社2003年版，第23页。
[2] 文贯中：《吾民无地：城市化、土地制度与户籍制度的内在逻辑》，北京：东方出版社2015年版，第3页。

益,也不符合资本的利益,更不符合人民的利益。在城市的人民性彰显过程中,中国城市化的下半场事实上已经成为逐渐上升的城市自由与逐渐转向的国家尺度、资本尺度的博弈过程。在社会、权力与资本的关系变迁中,三者的结盟并不稳定:国家希望通过尺度调整把大量人口吸纳到中小城市,以缓解大城市尤其是超大城市的治理压力;资本在逐利的过程中既受制于国家"房住不炒"的总体规定,又要关注"一城一策"的地方政策诱导;社会个体既依赖国家落户政策的尺度放松,又依赖资本解决城市居住权与空间的占有。城市性就在这种复杂的关系变迁中得以形成。

本章小结

如果说奥斯曼的巴黎城建立了建筑与街道的整体性审美,并为现代资本主义的发展奠定了良好的城市基础,那么欧文等人的城市试验关注了城市的居民,这一基于权利崛起的思维方式为城市发展中人的发现提供了前提。在这个意义上,欧文等人更接近城市政治的核心,城市实现了神圣的建筑群向社会权利共同体的转向,也为重建城市的神圣性提供了理论切口。

从城乡关系来看,乡村的末端是城市的起点。在工业革命之后,与西方类似,中国城乡关系背后同样是农业与工业的关系。工业发展对于农业生产的革命性意义在于:前者解放了大量的农业人口,促进了城乡之间人口的大规模流动,城市的商业特征与社会属性日益突出,城市政治中的国家尺度日益松弛,城市权利逐步浮现。市管县的体制将城市引入中国的纵向层级体系,也逐步形成了中国城市性的自身特色。虽然中国城市治理仍然带有浓厚的国家属性与城乡合治的政治特征,但正是持续性的国家尺度的松弛与城市权利的拓展,才带来了中国城市发展的多样性与可能性。今天的中国城市变迁仍在持续,现有的小型、中等、大型和特大型城市分别在中国城市化进程中逐步体系化,并在国家发展与治理中承担着不同的责任。但是总体上来说,无论是哪一类城市都要遵循"人民城市人民建,人民城市为人民"这一逐渐深入人心的理念。在人民城市的建设过程中,日益增长的人口在国家现有的制度设计与政策尺度中有序流动,正是这种社会自由与国家秩序、地理空间,一道成为中国城市接轨世界城市化浪潮新的起点,也成为中国本土城市性的基本内核。

城市化不再仅仅意味着人们被吸引到一个叫作"城市"的地方、被纳入城市生活体系之中的过程。城市化也指与城市发展有关的生活方式的鲜明特征不断增强的过程。① 城市意味着人口与空间的大量集聚,特大城市因此不见得意味着高密度人口,也意味着城市空间的持续扩张。1950年500万以上人口特大城市在全世界仅有7个,到了2017年,全球有33座人口超过1000万的超大城市,预测到2030年,这一数字将增加到43个,且主要分布在发展中国家。② 在中国,越来越多的人进入城市,从而催生越来越多的特大城市和超大城市。截至2022年,中国共有上海、北京、深圳、重庆、广州、成都、天津、东莞、武汉、杭州等10座人口超过1000万的超大城市。

城市性与人民性并不冲突。人民性内化于城市性的内涵之中,并不停重构人们的生活场景,给包括中国的城市在内的发展与治理带来持久性的动力。城市发展需要从人民城市的理念入手,以人民为尺度,并从城市权利实现的端口开始,从社会资本的维系入手,激发城市性的纠偏机制,逐步实现国家宏观城市制度、城市准入政策与个体城市意愿的合一,重塑城市一以贯之的神圣、安全与繁荣。

---

① Louis Wirth, Urbanism as a Way of Life, *American Journal of Sociology*, Vol. 44, No. 1, 1938, pp. 1-24.
② 陶希东:《全球超大城市社会治理模式与经验》,上海:上海社会科学院出版社2021年版,前言第1页。

第二章
城市贫困的多维演化与城市性的消解

在世界城市化的进程中,现代特大城市数量的迅速增加和人口高度密集是突出的特点:1800年以前,全世界只有两座百万人口以上的大城市;至1900年发展到17座;而1900年至1950年期间则增加到62座,1950年至1980年期间更发展到243座,平均每年增加近6座。[①] 城市的高速发展伴随着时代变迁,"在许多政治家与评论家眼中,随之而来的是'城市'问题的凸显——贫穷与疾病的蔓延、法律与秩序的崩溃、婴儿死亡率的上升,以及各种光怪陆离的社会乱象"[②]。作为城市的突出问题,城市贫困主要是指收入低下导致的生存就业困难,以及无法享受充分社会福利的城市现象。进入21世纪,更多的人口向城市甚至中心城市汇聚,一些城市成为世界中心城市、国家中心城市及区域性中心城市,为全球经济社会发展提供了重要支持。与此同时,在城市化进程中,作为重要社会问题的城市贫困,既体现为城市发展的基本代价,也体现为社会变迁的结构性后果。

[①] 贾秀嵩:《世界特大城市的发展、抑制与演化》,载《河北师范大学学报(社会科学版)》1987年第3期。
[②] 〔英〕彼得·桑德斯:《社会理论与城市问题》,郭秋来译,南京:江苏凤凰教育出版社2018年版,第2页。

第一节　城市贫困的宏观视角

在艾伦·哈丁(Alan Harding)和泰尔加·布劳克兰德(Talja Blokland)看来,城市研究的理论是匮乏的,这一匮乏体现为三方面特征:程度有限的理论化、宽泛的学科问题,以及城市理论和经验研究的脱节。① 这一指责同样存在于城市贫困的研究之中。西博姆·朗特里(B. Seebohm Rowntree)的《贫困:城镇生活研究》对城市贫困进行了开创性研究。在这本著作中,朗特里提出了"绝对贫困"的概念:贫困家庭是指收入不足以维持生存的最低需要(包括食品、房租、杂物以及其他一些必需品)的家庭。② 基于这一判断,朗特里估计了最低生活开支即贫困线,从而为后来的城市贫困量化分析确定了基础。

但是"贫困"一经提出,就迅速超出了朗特里的视域,后来的研究者陆续从收入观、能力观、权力观和阶层观等不同学科立场介入"贫困"分析。③ 值得关注的是,在西方国家,由于城市化进程较早完成,因此城市贫困并不经常被作为一个特有的城市问题加以呈现,这一现象大概可以部分解释哈丁和布劳克兰德对于城市理论缺乏独特性的指责;在中国,城市贫困同样并不单独成为一个城市议题,其中的理由与西方国家恰恰相反——受制于长期以来相对缓慢的城市化进程,中国城市贫困的研究大多构成了贫困总体性研究的一部分,因此失去了成为独立议题的基础。

正是在这样迥然不同的背景下,东西方城市贫困的研究仅仅实现了形式上的合流,二者的根本差异在于,西方的贫困研究基本等同于城

---

① 〔英〕艾伦·哈丁、泰尔加·布劳克兰德:《城市理论——对21世纪权力、城市和城市主义的批判性介绍》,王岩译,北京:社会科学文献出版社2016年版,第6页。
② B. Seebohm Rowntree, *Poverty: A Study of Town Life*, London: Macmillan & Co., 1901, pp. 86-118.
③ 孙倩、徐璋勇:《县域贫困的演化特征及"后贫困时代"的发展路径——以592个国家级贫困县为例的实证分析》,载《青海社会科学》2020年第5期。

市贫困,而中国的城市贫困研究特指在普遍性的贫困即农村贫困之外,发生在城市中的贫困现象。在这一前提下,国内学界承认贫困首先是一种普遍的社会现象,并逐渐融入从个体生存到能力提升的研究进路。如有学者认为,至少存在三类贫困:一是传统的收入贫困,即收入水平极其低下,不能维持人的基本生活;二是人类贫困,即缺乏基本的人类能力,如不识字、营养不良、较短的预期寿命、母婴健康水平低下和可预防性疾病的危害等;三是新兴的贫困,即知识贫困。① 基于同样的研究路径,有的学者进而认为,除了收入外,贫困还涉及教育、健康、住房和公共物品等多个维度的缺失和剥夺。②

一、城市贫困:形成逻辑与社会机理

现代贸易和工业革命催生了现代城市的增长,城市因此意味着繁荣和人口的集聚。与此同时,经济学家马尔萨斯(Malthus)建立了关于贫困起因的学说,并得出一个著名的悲观结论:从长期看,贫困是无法避免的。这一判断给城市增长的乐观主义者带来了压力,因为在马尔萨斯的理论框架中,城市产生了大量的人口,却并不生产粮食;而食物供给与人口需求之间的矛盾,必将导致贫困的发生。因此,城市贫困的研究面临的首要话题就是需要厘清城市化与贫困化的两大机理及其内在互动关系。

(一) 贫困线的人口-经济逻辑

在《人口原理》中,马尔萨斯假设人口按照几何级数增长,如果食物及生活资料无法支持这一增长的话,贫困就不可避免;一旦自然灾害等外在因素发生,人口的增长必将被强行抑制。③ 虽然工业革命颠覆了马尔萨斯的"贫困循环",但是在蔡昉看来,工业革命并没有完全证伪马尔萨斯的结论,"在工业革命经历了长期时滞之后,最终呈现出促进经济

---

① 胡鞍钢、李春波:《新世纪的新贫困:知识贫困》,载《中国社会科学》2001 年第 3 期。
② 焦娜、郭其友:《多维剥夺视角下中国农村老年贫困的识别与治理》,载《中国人口科学》2021 年第 3 期。
③ 〔英〕马尔萨斯:《人口原理》,朱泱、胡企林、朱和中译,北京:商务印书馆 1992 年版。

增长的效果之前,人类社会几千年都可以被看作是马尔萨斯时代。而且,工业革命之后出现了所谓的'大分流',其中被遗忘的部分,即发达国家之外仍然贫穷的发展中国家,以及发展中国家内部分化出的落后地区,仍然适用于以马尔萨斯意义上的贫困恶性循环来刻画"[1]。工厂和城市的出现是一个重大事件,对于乡村群体来说,进入城市意味着一次新的社会运动;对于乡村个体来说,成为市民意味着一次新的身份选择。由于"大分流"的存在,人口的总体性贫困没有发生,但是在"大分流"之后,由于生活成本与支付能力的差异,一些进入城市的低收入居民成为由贫困线标识的城市"穷人"。

贫困线不仅指向收入,而且指向与收入相关的服务与产品。"贫困线是一个关于收入、消费的,或更一般地讲,是对产品或服务可得性的门槛,在此门槛之下的人们被认为是穷人。那么,贫困线就是在特定时点、特定社会中的一个最低的、'可接受的'经济参与水平。"[2]需要强调的是,贫困线以经济尺度衡量人的生活标准,揭示了最为严重的城市问题,但是人口-经济逻辑往往把人解释为经济动物,无法充分揭示人们生活的社会属性,因此贫困线未必可以解释贫困人群生活的全部。立足于特定生活标准的、居高临下的贫困线划分法,本质上是一种精英主义的思维路径,这一路径无视底层意识的自主性,从而与基层社会生活形成脱节。[3] 更为危险的是,精英主义的贫困理论容易把贫困个体标识为"懒惰的穷人",从而给城市反贫困带来更多的阻碍。

(二)城市增长的社会机理

城市是人口的聚居地。在城市社会学看来,世界是"一个城市化的世界,'城市'无所不在,城市是无法被界定的"[4]。帕克在回顾了城市的

---

[1] 蔡昉:《万物理论:以马尔萨斯为源头的人口-经济关系理论》,载《经济思想史刊》2021年第2期。
[2] 〔美〕德布拉吉·瑞:《发展经济学》,陶然等译,北京:北京大学出版社2002年版,第232页。
[3] 陈云:《"失组织"城市贫民的生存行动》,北京:社会科学文献出版社2013年版,第3页。
[4] 〔英〕艾伦·哈丁、泰尔加·布劳克兰德:《城市理论——对21世纪权力、城市和城市主义的批判性介绍》,王岩译,北京:社会科学文献出版社2016年版,第9页。

地理学、生态学定义后强调,城市不单单是若干个体的聚集,也不单单是街道、建筑、电灯、电车、电话等社会设施的聚集;同样,它也不单单是各种机构与行政管理设置——诸如法庭、医院、学校、警察,以及各部门的公职人员——的汇聚。它更是一种心智状态,是各种风俗和传统组成的整体,是那些内在于风俗之中并不断传播的态度与情感构成的整体;它是自然的产物,尤其是人之自然,即人性的产物。[①]

城市社会学对于城市的"人性"阐述,揭示了城市的"属人"特征,城市问题可以表现为建筑、街道乃至各种机构的问题,但是归根到底,这些问题都是城市社会问题,是人的问题。在工业革命的助推下,城市的规模日益扩张,这种地理空间扩张的背后有社会的阶级主张,并深刻影响着城市服务的供给与空间——由于城市扩张建立在中产阶级低密度居住意愿之上,因此在欧美一些国家,城市扩张的空间与人口并不同步。"无论从哪种比例上讲,建设用地的增长速度都超过了人口的增长速度……经济转变成了一种分散化的服务型经济,而不再是城市的工业经济。年龄、收入、文化和种族让我们更加分离,所有这些变化在我们的开发模式中找到了实体表达——郊区蔓延、市区衰落、自然资源日渐枯竭以及历史文化不同消失。"[②]在中国某些地方的城市化进程中,城市空间扩张与人口增长也不同步,一些人口稀少的城区甚至被称为"鬼城",来自农村的城市低收入人群居住困难,但是他们在故乡往往并不缺少住宅。因此,无论东方还是西方,城市一方面显示出宏伟的空间叙事,一方面又形成社会纹理的分割。

(三)贫困发生的社会机理

朗特里从技术层面设定了贫困线,但是有研究者总结了常用的绝对贫困线设定模式(如市场菜篮子法、马丁法等)、相对贫困线设定模式和主观贫困线设定模式,发现这些基本上都属于"规范判断型设定模

[①] 〔美〕罗伯特·E. 帕克等:《城市——有关城市环境中人类行为研究的建议》,杭苏红译,北京:商务印书馆2020年版,第5页。

[②] 〔美〕彼得·卡尔索普、威廉·富尔顿:《区域城市——终结蔓延的规划》,叶齐茂、倪晓晖译,南京:江苏凤凰科学技术出版社2018年版,导言,第17页。

式",因为这三种模式对于"贫困线划在哪里",一定程度上取决于贫困线设定者对某些经验数据(如卡路里热量值、恩格尔系数、收入或消费比例系数等)的选择、生活必需品项目清单的取舍、政府政策目标和财政能力的权衡,以及某些价值判断等。① 这种分析意味着,贫困线的形成受制于众多主客观因素的影响,但是从卡路里到价值判断,贫困线也论证了贫困的原因既存在于自然人的基本生存需要中,也存在于社会人实现社会活动的基础保障中。

退一步讲,从贫困线出发的贫困研究,往往关注的是贫困的表现形式,而非贫困的源头性考察。正如荷兰学者所言:"贫困的定义和方法是最重要的。然而,尽管大家在应付这个科学问题上有了一点进展,但这一领域的研究仍然处于最初的阶段。"② 在这一意义上,贫困线只是撕开了城市的伤口,如果把人划分为自然人和社会人两种属性,那么贫困也就意味着两种匮乏:从自然人的角度,贫困意味着基本生存条件的匮乏;从社会人的角度,贫困意味着融入公共生活的能力不足。而后者,通过自由主义经济学的路径,进入了阿马蒂亚·森(Amartya Sen)的视野。

二、城市贫困的多维表现:空间、阶层与不平等

从人口与经济的关系视角来看,城市贫困体现为经济收入与城市生活成本的倒置,贫困线因此最直观地确定了作为自然人生存的基本条件。从人口与空间的关系视角来看,贫困线则意味着一条横亘于城市地理空间的社会区隔。因此,城市贫困线表面上区分了个体生活境遇,但是当这些个体连接起来,就会发现城市贫困线其实是在揭示社会空间的疏离,揭示城市阶层的隔绝和城市生活的不公。

(一) 城市贫困的多维空间

从一般意义上看,城市总是体现为空间与人口的变化,城市规模的

---

① 谭诗斌:《自然贫困线原理、方法与实证研究》,武汉:武汉大学出版社 2018 年版,第 3 页。
② 〔荷〕伯纳德·M.S.范普拉格、埃达·费勒-i-卡博内尔:《幸福测定:满意度计量方法》,文燕平、傅红春等译,上海:格致出版社 2009 年版,第 324 页。

扩张与人口的流动构成城市的两大特征,也构成城市问题的观测入口。贫困地理学发现,城市贫困的空间分布具有世界普遍性,但是在中国,直到 21 世纪初,城市"贫困聚居"现象都没有明确界定,这些区域通常分别被称作"危旧改造区""城中村""厂中村""城市飞地"以及"外来人口聚居区"等。① 随着城市的扩张,城市居住的空间分割逐渐被发现。美国城市贫困居住区的分布受不同因素的影响,贫困居住区可能分布在城市中心区,也可能分布在郊区和城市边缘区。② 中国的一些样本也支持这一结论,21 世纪初的北京本地人的城市贫困空间分布总结为:旧城保护型、城区外围型和城区边缘型三种。③ 因此,无论政治制度有多大差异,城市都意味着有限空间对复杂人群的再整合。随着城墙的拆除,人们进入了城市地理空间。同时,在不同历史时期,在不同的国家和不同的城市,作为尺度的贫困线总是冷静地指出城市的空间差异。

仅仅从收入的角度来看,收入的递增与递减将形成不同的生活际遇。阿比吉特·班纳吉(Abhijit V. Banerjee)和埃斯特·迪弗洛(Esther Duflo)在《贫穷的本质——我们为什么摆脱不了贫穷(修订本)》一书中揭示了一条"贫困陷阱"的 S 形曲线,从对角线上看,今天的收入等于明天的收入,但是对于处于"贫困陷阱"的人来说,将来的收入则低于今天的收入,并最终在一个点上陷入贫困,而没有陷入贫困陷阱的人们则越来越富裕。④ 因此,在特定的一个点上,富裕群体与贫困群体走向了分离,也正是在这样的意义上,前文提及的作为衡量特定历史阶段社会分化尺度的贫困线分割了特定的街区、城乡,解释了特定街区的塌陷。在一些国家的制度背景下,由于地方财政与个人所得税的关联性,低收入社区往往较难得到公共财政的支持。这一关于"穷人"的

---

① 张高攀:《城市"贫困聚居"现象分析及其对策探讨——以北京市为例》,载《城市规划》2006 年第 1 期。
② 张新红、陈越依:《西北河谷城市贫困住区的空间分布特征——以兰州市为例》,载《开发研究》2019 年第 4 期。
③ 张高攀:《城市"贫困聚居"现象分析及其对策探讨——以北京市为例》,载《城市规划》2006 年第 1 期。
④ 〔印度〕阿比吉特·班纳吉、〔法〕埃斯特·迪弗洛:《贫穷的本质——我们为什么摆脱不了贫穷(修订版)》,景芳译,北京:中信出版社 2018 年版,第 14 页。

区域识别也将破坏公共财政支持与私人资本投入的均衡性,从而形成贫困街区的深度恶化。

(二) 城市贫困的阶层疏离

贫困线的选择或确定,与特定的时间地点条件、社会经济发展水平、主流价值观念和社会伦理规范认同相关,尤其与政府的执政理念和财政转移支付能力密切相关;贫困线的确定同样不仅仅是一个纯技术方法问题,更重要的是一个社会伦理问题和政治问题。[①] 贫困线揭示的空间分化的背后,事实上是阶层的分野。不同收入的城市居民的交互活动难以跨越特定阶层:从社会空间看,流动机会的丧失,使贫困固化在特定的社会阶层;从地理空间看,贫困人群大多居住在可以负担生活成本的区域。一项针对巴黎的研究发现,移民的空间流动也存在差异。巴黎的非洲移民多聚居在房屋质量老化、人口稠密的"敏感城市区"(ZUS),1990—1999 年,原来住在 ZUS 的法国本地人大多(68.6%)进入非 ZUS 居住,而移民,特别是非洲移民,只能从一个 ZUS 进入另一个 ZUS。[②] 研究者通过对美国明尼阿波利斯市和圣保罗市的调查也发现,虽然低收入社区人群更容易遭受环境污染和犯罪侵害,但是他们更依赖家庭和朋友等社会网络,住房资助和可供选择的房源才是低收入家庭首要关心的内容,而非社区环境和富裕家庭、贫穷家庭的混合程度。[③] 这一对于混合社区的抵制,也论证了社区分割具有物质之外的社会基础。

一项基于 2014 年"广州市来穗务工人员住房需求调查"的研究表明,在广州市流动人口住房类型中,41.66%居住在城中村出租屋,大多数流动人口往往选择家庭分离的居住形式。该研究还发现,租住城中村出租屋流动人口的留穗意愿比率仅为 37.61%,流动人口只将其视为

[①] 谭诗斌:《现代贫困学导论》,武汉:湖北人民出版社 2012 年版,第 125—126 页。
[②] 王婷:《中法移民聚居区更新政策比较研究》,华中科技大学 2011 年博士学位论文。
[③] Kimberly Skobba and Edward G. Goetz, Mobility Decisions of Very Low-Income Households, *Cityscape*, Vol. 15, No. 2, 2013, pp. 155-171.

落脚之地而非定居之所。① 也就是说,由于经济收入等限制,大量进入城市的流动人口无论是否组建家庭,都只能在一个又一个的城中村中寻找居住机会。

(三)城市贫困的多维不平等及其交织

在政治学话语体系中,"平等"是最经常被提及的语词之一。在政治史上,平等曾是反抗旧制度的有力武器,由于法国大革命和美国《独立宣言》的传播,平等也成为政治思想的主流话语,"然而,在出色地完成了推翻旧制度的历史使命后,平等的扩张不再所向披靡"②。平等仍然经常被人们从不同的视角使用,但是对于平等适用的范畴及其路径,不同的研究存在差异。对于城市这一人类生活共同体来说,由于其中世纪以来的权利本位及市民社会的繁荣,无论是花园城市、广亩城市还是光辉城市,城市更经常被视为解决平等困境的政策方案。

从城市的积极意义来看,城市空间的分化可以理解为特定族群及人口的自愿性行动,这一意愿构成了社区的情感性基础。在帕克看来,当地社区是家庭与邻里关系圈子之外的更大的圈子,而在这一当地社区之外,是城市和国家等更大的社区。③ 从模型上看,这一同心圆的城市共同体形态并未关闭空间分异的大门,但是并不意味着城市将必然催生城市人口的阶层性流动与生活空间的隔离。因为在这一城市空间的差异性及多样性背后,暗含了城市平等的逻辑批判。"差异性及多样性和两极分化紧密相连。从这个意义上讲,差异性意味着一种权力的等级结构,一些人被排斥或边缘化,一些人则没有。"④城市的空间分异与人口的阶层性流动,意味着城市贫困的存在以及更多的城市机会的丧失,也只是在这样的意义上,我们开始进入阿马蒂亚·森关于能力与

---

① 吴开泽、黄嘉文:《居住模式、住房类型与大城市流动人口留城意愿:基于广州的实证研究》,载《华东师范大学学报(哲学社会科学版)》2020年第4期。
② 王元亮:《平等的学理基础》,北京:北京大学出版社2020年版,第2页。
③ 〔美〕罗伯特·E.帕克等:《城市——有关城市环境中人类行为研究的建议》,杭苏红译,北京:商务印书馆2020年版,第120页。
④ 〔英〕加里·布里奇、索菲·沃森编:《城市概论》,陈剑锋等译,桂林:漓江出版社2015年版,第536页。

权利的讨论,进入关于城市生活平等的讨论。

三、城市贫困的多重致因:控制、生产与流动受限

从个体到群体,从居住到阶层,贫困的多维表现及其深化意味着寻求城市贫困原因的重要性。如果从城市贫困个体来说,贫困不过意味着个人的城市生存境遇,但是一旦这一个体境遇蔓延至整个群体,甚至直接导致空间塌陷,那么这一问题就是我们必须共同面对的城市总体性问题。

(一)资源控制与城市贫困的个体选择

人们何以陷入城市贫困的陷阱?谁在制造城市贫困的空间?不同的理论家与政策企业家都有义务解决这一疑问。从自然地理学的角度来看,特定地理空间的资源禀赋及其控制都影响着区域贫困。例如水资源缺乏、使用水的能力低下、水资源管理不足、用水权力的缺失和水资源可持续利用性差等多维度的综合构成了水贫困的多维特征。[①] 如果说资源控制影响了资源贫困,那么同样的逻辑,城市资源的控制也将深刻影响城市贫困的区域发生。

有研究者通过综合考虑收入标准和消费标准,把中国城镇贫困分为三种类型,即持久性贫困、暂时性贫困和选择性贫困。也就是说,在贫困人口中,有一大部分属于选择性贫困,即他们的收入高于贫困线而消费低于贫困线。研究者对贫困户的消费函数进行了估计,显示以下几个因素对贫困状况产生了重要的影响:修匀收入的效应、人们防备外部环境不确定性的心理、人们为将来投资而进行储蓄的行为、家庭对子女教育和医疗服务的特别需要;研究者还对三种贫困类型进行了比较分析,发现预测的金融资产和预测的收入以及教育和医疗的特殊需要都对不同类型的贫困户的消费行为起到重要的作用。[②]

---

① 高翔、王可:《基于水贫困指数地理探测器的丝绸之路经济带甘肃段水贫困时空格局及驱动分析》,载《兰州大学学报(自然科学版)》2019 年第 3 期。
② 李实、John Knight:《中国城市中的三种贫困类型》,载《经济研究》2002 年第 10 期。

(二)权力过程与城市贫困的群体承压

在大卫·哈维(David Harvey)看来,资本参与空间生产将导致城市贫困。但是在一些城市扩张过程中,哈维的判断未必正确。由于紧凑型城市的特征,中国城市的中心城区一直是人口密度最高、公共服务最优的区域,也大多是地产资本的最优选择区域。中国城市空间的塌陷有时来自特定的权力过程。有研究表明,特定的城市政策有可能形成城市空间的衰落。以北京为例,产业调整就在二环、三环附近一度形成空间衰落,这些区域具体包括 20 世纪 50—70 年代的"大院文化"所遗留的军区和企事业单位的职工宿舍等,70—90 年代部分外迁或不景气的工厂的家属区,80 年代以来被纳入城市辖域的"农转居"所形成的"城中村"、因开发建设停工甩项和征地未建以及各种原因所形成的小角落里的破旧房屋等。[①]

城市政府的权力过程不仅仅停留在产业政策的调整上,一些城市更新政策中的旧城保护行为也可能使特定群体陷入贫困区域。这些旧城保护范围既包括特定历史街区中的危旧房屋,也包括一些危改区域。由于历史保护的需要,这些危旧小区的基本生活设施改造缓慢,从而影响这些区域居民的生活质量。值得关注的是,一些城市政府在解决城市贫困时,极易把城市贫困的社会空间理解为地理空间,从而试图通过对城市特定区域居住群体的搬迁或空间改造、提升来解决贫困问题。但是一些城市为保护旧城而采取的"绅士化"城市更新已经表明,这些政策实施的结果往往导致更多的、原居民无法支付的"高尚"社区的出现,获得补贴的原居民被动迁到远郊区,从而实现了贫困的"转移"而非贫困的解决。

(三)城市运行的多维干预与贫困分布

"城市变得越来越复杂,用核心和边缘,贫穷与富裕,黑人与白人等简单的分类只能管窥蠡测。因此,城市政策中最重要的是分析这些差

---

① 张高攀:《城市"贫困聚居"现象分析及其对策探讨——以北京市为例》,载《城市规划》2006 年第 1 期。

异,看看它们在何处具有效益,在何处则只是代表缺点的集中。同样重要的是要认识到经济、社会和文化差异是持久的,如果要以某种形式重新考虑和维持社区和社会正义的观念,就要想办法纾解这种紧张状态。"① 特朗里依然立足城市生存与经济收入的关系,把贫困分为初级贫困(primary poverty)与次级贫困(secondary poverty)。初级贫困的直接原因与家庭主要收入者有关,薪水减少,家庭负担过重,以及意外、失业、疾病、衰老造成主要收入者失能甚至死亡,将直接导致家庭陷入贫困。② 特朗里发现,在众多的致贫原因中,这些原因是最为直接的。无疑,在特朗里这里,所谓的初级贫困就是需要以贫困线加以标识的、维系基本生存的绝对贫困。这一贫困二分法的优点在于,其分析了作为自然人的基本生存需要,既为社会人的出场提供了空间,也为贫困线的逐年提升提供了理由。

当下对于中国城市贫困的原因考察大多遵循这样一种基于个人效用的、功利主义的思维路径。但是研究表明,导致贫困的力量往往并不单一。有学者通过中国综合社会调查 2015 年度的数据,分析了公共服务供给、生计资本(物质资本、人力资本和社会资本)以及生计策略对相对贫困的影响,发现城市相对贫困的形成存在空间分异,而物质资本、人力资本对流动人口发挥了更为显著的致贫效应,城镇人口则在公共服务供给和生计策略对相对贫困的影响上呈现出显著性。③ 也就是说,在城市化的大背景下,一旦公共服务不再区分户籍人口与流动人口,那么城市贫困的空间分布将不再具有身份的差异,物质资本、人力资本和公共服务供给将共同影响城市贫困的广度与深度。

---

① 〔英〕加里·布里奇、索菲·沃森编:《城市概论》,陈剑锋等译,桂林:漓江出版社 2015 年版,第 536 页。
② B. Seebohm Rowntree, *Poverty: A Study of Town Life*, London: Macmillan & Co., 1901, pp. 119-120.
③ 许源源、徐圳:《公共服务供给、生计资本转换与相对贫困的形成——基于CGSS2015 数据的实证分析》,载《公共管理学报》2020 年第 4 期。

第二节　城市贫困的微观视角

城市化的进程往往意味着两个层次的逻辑展开:空间与人口。因此,城市贫困长期以来是人口学、城市地理学及城市经济学等学科的问题。由于西方城市化进程的先发特征,城市贫困长期以来就是西方社会普遍关心的社会问题。"直到 20 世纪 90 年代初,中国的贫困在很大程度上被视为一种农村现象,农村贫困人口一直是反贫困政策的重点。城市贫困人口较多,生活水平普遍较低。但是,扶贫仅限于以'三个数字'为特征的城市人口中的一小部分:没有劳动能力、没有储蓄和其他收入来源、没有亲属可以依靠。"[①]城市贫困的群体性特征,需要我们从微观的视角来观察,以便探究城市贫困的发生机理。

一、城市贫困与产业结构的调整

20 世纪 90 年代以来,随着经济社会改革的推进,劳动就业制度、住房制度、企业制度与社会保障制度等一系列改革使中国出现了新城市贫困阶层。"转型期出现的新城市贫困人口规模庞大,来源广泛,构成复杂,有劳动能力和劳动意愿的贫困人口占绝大比重,具有明显的结构性特征。这与传统的城市'三无'贫困人口有着本质的区别。"[②]在 2001 年国务院工作报告中,朱镕基总理提到"边缘群体",正式明确城市贫困的存在,其中数百万农村移民因为不算正式居民,被排除在正规就业和城市服务之外。[③]

---

① Athar Hussain, *Urban Poverty in China: Measurement, Patterns and Policies*, Geneva: International Labour Office, 2003, p. 1.
② 苏勤、林炳耀、刘玉亭:《面临新城市贫困我国城市发展与规划的对策研究》,载《人文地理》2003 年第 5 期。
③ Fulong Wu, Urban Poverty and Marginalization under Market Transition: The Case of Chinese Cities, *International Journal of Urban and Regional Research*, Vol. 28, No. 2, 2004, pp. 401-423.

(一) 城市贫困的研究范式

目前主要存在三种贫困研究的范式:将贫困原因归为社会因素的结构主义范式、将贫困看作维持社会正常运转必要条件的功能主义范式、将贫困看作能够自我维持与发展文化现象的贫困文化范式。① 从学科介入的角度而言,经济学家擅长从物质层面的匮乏来理解城市贫困,并从经济增长、不平等和人口三个维度,把城市贫困划分为绝对贫困和相对贫困两种类型。绝对贫困是指低于个人或家庭能维持最低生活水平的收入线,概括地说是指人们获得的物质生活资料和服务满足不了基本生存的需要;相对贫困则把任何社会成员中一定比例的人口看作是贫困的,具体指那些在一定社会经济发展水平下,收入虽能达到或维持基本生存的需要,但相比较而言仍处于较低生活水准的人群。② 两种类型的城市贫困事实上提供了不同的解决方案:从绝对贫困的视角来看,这是一种基于个体生存的紧急问题;从相对贫困的视角来看,则是一种基于群体发展的提升方案。

(二) 个体贫困的城市溢出

在空间中穿梭的人口成为城市变迁的感知者和承压者,贫困作为城市社会变迁的结果,逐步溢出了个体性遭遇,最终成为普遍性的城市问题。空间与人口的双重视角同样为城市贫困的研究提供了良好的交叉视角。在20世纪90年代,西方社会科学实现了空间转向,地理空间与社会空间开始结合,社会空间的极化现象很快就成为城市研究的重点内容。随着社会政策研究的推进,社会学中的分层理论被纳入对城市贫困现象的剖析,城市不平等逐渐从城市贫困的表象中被发掘出来,城市贫困的界定逐步从收入贫困扩展到能力贫困、权利贫困、底层阶级和社会排斥。③ 一些城市贫困的研究直接指向了特定的制度。有学者直接指出,中国城市贫困是制度转型的产物,"旧制度的基础,特别是与

---

① 王倩:《城市反贫困:政策比较与中国关怀》,载《理论与改革》2020年第3期。
② 刘玉亭等:《国外城市贫困问题研究》,载《现代城市研究》2003年第1期。
③ 薛东前、马蓓蓓等:《空间视角下的城市贫困:格局、耦合与感知》,北京:科学出版社2017年版,第2页。

就业有关的社会福利,正被市场转型所侵蚀,而建立在'公民身份'基础上的新制度尚未建立。在市场转型过程中被边缘化的社会群体(非正规和失业的居民、下岗工人和农村移民)陷入了由工作单位提供福利的制度与新的城市劳动力市场之间的鸿沟"[1]。

因此,从城市化的总体规律看,城市是人口膨胀、产业调整、经济关系与制度变迁的叠加结果。从空间的角度来看,城市贫困体现为特定空间的闭锁与排斥;从人口的城市生存出发,贫困体现为机会的剥夺。城市贫困研究因此顺着地理空间与社会政策这两个维度逐步展开。当城市贫困终于随着空间转换从一个地理学的话题演变为一个社会政策问题时,政治学的研究就必不可少了。如果将贫困放在更为广阔的视野中加以考察,我们可以发现,城市贫困首先有一个历史演变的过程,在不同历史阶段,城市贫困都表现出一定的差异性;同时,在时间恒定的前提下,城市贫困在特定的空间便表现出一定的相似性,而后者为贫困治理提供了现实前提。

二、城市贫困的个体发生与空间重组

从人类繁衍的角度考量,战胜贫困与获得生存密不可分。城市作为人类社会最伟大的创造,在有限的地理空间中积聚了大量的人口。当然,城市在形成与发展的同时伴随着诸多否定与批判,贫困就是其中的一种。在城市贫困尤其是特大城市的演化中,不同国家、不同城市、不同人群都不时承担着不同类型的贫困压力,而自然灾害、社会变迁、产业调整等都可以是贫困形成的差异性机制。

(一) 城市贫困的历时性变迁

"城,以盛民也。"[2]作为人口积聚的载体,城市是历史与社会的双重产物。如果把城市放到更加广阔的人类历史中来看,城市社会大多存

---

[1] Fulong Wu, Urban Poverty and Marginalization under Market Transition: The Case of Chinese Cities, *International Journal of Urban and Regional Research*, Vol. 28, No. 2, 2004, pp. 401-423.
[2] [汉]许慎、[清]段玉裁注:《说文解字注》,上海:上海古籍出版社1988年版,第688页。

在阶层的分离,那些城市下层往往与贫困为伍。中国"商周时期,城市中主要居住者是统治阶级及为他们服务的军队、奴隶及部分手工业工匠"①,因此,城市社会学家用分层理论来分析城市贫困自然就不难理解。需要强调的是,中国长期以来是一个农业国家,根据"士农工商"的等级划分,活跃在城市的商人地位最低,这意味着中国古代城市的繁荣与否并不仅仅取决于资本力量的强弱。秦帝国在长期的征战中,一度毁灭了众多城市,论证了政治力量在毁灭城市方面的重要作用。但是从城市的繁荣角度来看,资本一定是不可替代的。7世纪中叶以后,随着穆斯林在地中海的推进,地中海的商业逐渐衰落,到9世纪,一度是高卢最富庶的普罗旺斯最为贫困。②

在秦统一国家之后,帝国对城市工商业的控制虽然一度打击了商人阶层和商业活动,但是从中国总体历史上看,资本力量促成的城市繁荣一定还与政治稳定密切相关。有唐一朝,日益繁荣的经济吸引了更多的人口进入城市,宋朝以后大都市数量增加迅速,北宋开封人口一度达到75万至100万人之多,每年铸造铜钱200万到300万之多,最多时达到500万,为唐朝的20倍。③ 城市化的进程伴随着大规模的人口流动,这种流动既是空间性的,也是阶层性的。越来越多的人口通过阶层流动获得在城市居住与生活的资格,也有一些人口被快速发展的城市所抛弃,成为城市社会的底层。由于中国城市贫民的生活通常不为正史所载,乱世贫民的生活往往仅仅出现在文学作品之中,诸如"朱门酒肉臭,路有冻死骨",因而我们无法看到中国历史上城市贫民生活的全貌。同样,"长期以来,西方国家一直将城市看作是一个社会融合的空间。但另一方面,城市也是一架强大的机器,造成了种族和宗教团体、社会活动和宗教信仰、不同阶层的个人和社会群体之间的割裂、疏离与

---

① 何一民:《中国城市史》,武汉:武汉大学出版社2012年版,第122页。
② 〔比利时〕亨利·皮雷纳:《中世纪的城市》,陈国樑译,北京:商务印书馆1985年版,第18页。
③ 〔日〕斯波义信:《中国都市史》,布和译,北京:北京大学出版社2013年版,第25页。

分异"①。因此,富裕还是贫困,同城市的空间融合与分离有着密切的相关性。这种相关性伴随着城市规划的历史,也伴随着城市生活的全过程。

(二)城市贫困的个体体验

资本主义在全球的发展以前所未有的速度催生了城市的扩张,欧美发达国家最早迈过了城市国家的门槛。进入21世纪后,城市人口已经占据全球总人口一半以上。"在西方较为富裕的国家,城市已经度过了工业化时代喧嚣嘈杂的末期,现在变得更加富裕、健康和迷人。在较为贫穷的国家或地区,城市正在急剧地扩张,因为城市的人口密度为人们从贫困走向繁荣提供了更为便捷的途径。"②在可以预见的时间里,在世界范围内,尤其是在发展中国家,越来越多的人口将进入城市居住,居民总体的生活质量和生活水平也会逐渐提升。

城市是由人组成的,城市贫困将导致个体命运的深刻改变。在不同的国家,城市贫困的体现各有不同,在一些发达国家体现为日常生活的人不敷出。在2013年的美国,70%的穷困租房家庭在居住开销上花费了一半的收入,其中53%的家庭用去了一半的收入,还有一些家庭的居住成本完全超过了家庭收入,其中只有11%的家庭获得了租金补助,5%的家庭获得水电费补助。③ 在更多不发达国家,城市贫困则体现在基本生存上。那些遍布市郊的贫民区,随处可见的街头乞讨者、流浪者,以及被城市成本无情挤出居所的失业者,成为随处可见的城市现象。

对于个体来说,贫困不仅仅是一种社会现象,还是一种标签。国际反贫困专家马克·罗伯特·兰克(Mark Robert Rank)曾这样指出:"我们的辩论话题被福利依赖、下层社会、犯罪行为、私生子、街上游手好闲

---

① 〔意〕伯纳德·萨奇尼:《富人与穷人:现代西方城市规划的三个传统》,所萌译,载《国际城市规划》2009年第2期。
② 〔美〕爱德华·格莱泽:《城市的胜利:城市如何让我们变得更加富有、智慧、绿色、健康和幸福》,刘润泉译,上海:上海社会科学院出版社2012年版,第2页。
③ 〔美〕马修·德斯蒙德:《扫地出门:美国城市的贫穷与暴利》,胡䜣谆、郑焕升译,桂林:广西师范大学出版社2018年版,第13页。

的流浪者所主导。'贫穷'和'不平等'两个词,已经被许多负面的行为和特征所取代……但我认为它们误导了我们。在很多方面,它们是贫困和不平等的结果而不是原因。"①人们在讨论平等的城市生活时,并不意味着对平均主义分配的推崇,在美国,平等很少被认为是"每个美国人都得到相同的结果。相反,它意味着每个人应该有平等的机会"②。正是机会平等构成了城市生活的价值,但是事实上,当专栏作家芭芭拉·艾伦瑞克(Barbara Ehrenreich)博士化身底层服务员后发现,穷人努力工作也难以支持基本的生活,事实上,根本没有什么神奇的理财方法能让穷人维持生活。如果穷人无法支付公寓两个月的租金,就必须租一个廉价酒店的房间,就必须吃快餐店的快餐;如果没钱办保险,就无法获得处方药和基本医疗。③ 贫困剥夺的不仅仅是起码的生存条件,更是城市生活的机会。

(三)城市贫困的空间重组

工业革命带来了城市的快速发展,也带来了城市空间的重组。便捷的交通促进了城市的蔓延,越来越多的城市也改变了原先的城市空间与人口集聚的互构形态。"城市是人员和公司之间物理距离的消失。它们代表了接近性、人口密度和亲近性……在 20 世纪中期,交通方式的进步削弱了把工厂设置在人口密集的城市地区的好处,许多城市出现了衰落,如纽约。"④随着城市污染、社会安全等问题的暴露,越来越多的城市开始"底特律化"。同时,人口沿着公路线分散居住,并在郊区形成一个又一个的富裕区域甚至新的城镇。在城市之中,也随处可见彼此隔离的富人社区与贫困社区。

对于城市贫困的成因,不同的学者有不同的解答。一种典型的文

---

① 〔美〕马克·罗伯特·兰克:《国富民穷:美国贫困何以影响我们每个人》,屈腾龙、朱丹译,重庆:重庆大学出版社 2014 年版,第 10 页。
② 同上书,第 112 页。
③ 〔美〕芭芭拉·艾伦瑞克:《我在底层的生活》,林家瑄译,北京:北京联合出版公司 2014 年版,第 33 页。
④ 〔美〕爱德华·格莱泽:《城市的胜利:城市如何让我们变得更加富有、智慧、绿色、健康和幸福》,刘润泉译,上海:上海社会科学院出版社 2012 年版,第 6 页。

化人类学观点认为,"欧洲大陆由许多单一民族和种族的国家所构成。在很多情况下,这种同质性是中央政府为建立民族认同而努力的结果。由于这种同质性的存在,欧洲很少受贫穷困扰。同时直至20世纪末,同质性一直促进了不同社会群体间的福利分配"①。埃尔斯沃思·亨廷顿(Ellsworth Huntington)则认为气候才是城市分层的重要原因,他认为康涅狄格州的纽黑文市拥有世界上最清爽宜人的气候,自此以下,境况逐渐下降,有色人种所在地区则接近于最底层或处于最底层。② 无论是种族还是气候,事实上都无法掩盖资本在城市隔离中的作用。为了捍卫自身安全,一些城市通过建设封闭社区走向新的空间隔离。"在整个20世纪(尤其是下半叶),北美和拉丁美洲的城市化采取了不同的模式。在很多情况下,如北美的郊区或是北美和南美的封闭社区,这种模式已变为一种实行隔离、排斥甚至是社会异化的尝试,这种情况同样也存在于欧洲。"③在中国,贫困社区的空间分布是隐蔽的,一项研究发现,南京城市户籍人口的贫困地域已经产生了明显分异,可划分为隐蔽型、安置型和复合型三种类型贫困人口聚居区;而总体上看,南京城市户籍贫困空间重构也经历了从显性到隐性的转向。④ 推而广之,在世界范围内,越来越多的富人区正在形成,一些"高尚"社区通过提高租金或禁止修建廉价公寓等方式排斥低收入人群,无论后者的肤色如何。

第三节 贫困与城市性的消解

从雅典到佛罗伦萨,城市有一个历史变迁的过程。与古典城市不同,11世纪以来的城市复兴建立在商业繁荣之上,并表现为市民社会的

---

① 〔意〕伯纳德·萨奇尼:《富人与穷人:现代西方城市规划的三个传统》,所萌译,载《国际城市规划》2009年第2期。
② 〔美〕戴维·S.兰德斯:《国富国穷》,门洪华等译,北京:新华出版社2010年版,第3页。
③ 〔意〕伯纳德·萨奇尼:《富人与穷人:现代西方城市规划的三个传统》,所萌译,载《国际城市规划》2009年第2期。
④ 徐昀等:《南京城市户籍贫困人口的时空分异格局》,载《地理研究》2019年第12期。

崛起与封建王国的衰退。国家、资本与社会的关系权变说明城市不仅仅是某一种力量的结果。从地理空间到社会空间,城市最终体现为人类生活的场所,城市生活则体现为城市性的实现过程。从正义之城、胜利之城到人民之城,城市逐渐形成了自身的内在属性和外部特征,这种内在的、自我纠正的属性形成了"城市性"。[①] 对于整体来说,城市并不体现为一种无区分的简单一致的空间形态;对于个体来说,城市并不表现为一种远离疾苦的生活想象。作为对城市性的背离,绝对贫困与相对贫困一道,伴随着城市发展的全过程。

一、城市贫困的双重演绎

按照亚里士多德的判断,既然人们进入城市是为了更好的生活,那么城市一定意味着对落后乡村生活的超越。然而即使从最朴素的经验主义角度观测,这样的城市也不存在,城市从来就不必然是落后生活的清除者,在城市之中,仍然存在着饥饿、疾病,以及居无定所与衣不遮体的人群。从方法论的角度,阿马蒂亚·森等人讨论了经济学对于不平等的两种测量方法:通过收入变量进行统计上的分析测量以描述客观意义上的不平等;从社会规范的角度提出不平等的测量指标。[②] 森的分类其实从两个方面分析了贫困的演化路径:经济学的演绎和社会学的演绎。

(一) 城市贫困的经济学演绎

应该看到的是,贫困的概念充满争议。森承认,贫困的度量可以分为两个步骤:贫困的识别和贫困人口的特征的加总。[③] 一般认为,贫困意味着物质的匮乏,森也没有回避这一共识。在他看来,把基本或最低必需品作为识别贫困的标准无疑是有意义的。有趣的是,森认为之所

---

① 姚尚建:《"人民"的城市及其指向——城市性概念的初步检讨》,载《浙江学刊》2021年第1期。
② 〔印度〕阿马蒂亚·森、〔美〕詹姆斯·福斯特:《论经济不平等(增订版)》,王利文、于占杰译,北京:中国人民大学出版社2015年版,第4页。
③ 〔印度〕阿马蒂亚·森:《贫困与饥荒——论权利与剥夺》,王宇、王文玉译,北京:商务印书馆2001年版,第18页。

以可以部分接受这种生物学的方法,是因为其揭示了贫困的核心问题——饥饿。这一核心问题使得贫困研究始终不能摆脱人的生物性需求。诚然,随着社会的发展,一系列社会问题掩盖了这一核心命题的演绎,然而只要贫困出现,饥饿作为潜在的核心问题必然浮现。

贫困形成的原因可能包括社会政策的缺失、家庭内部环境的变化、自然环境的影响、市场经济收入分配的不均等。[①] 这些自然、制度乃至家庭环境的变化都可能引发贫困。虽然社会经济的发展使绝对贫困逐步进入相对贫困的讨论框架,但是物质的匮乏是最为直观的贫困现象。从饥饿这一生物性框架出发,为了避免绝望、死亡,人们不惜破坏既有的社会秩序,陷入最为原始的食物争夺,这种争夺会溢出国家的边界,继而从一个地区的生物性话题演变为全球的社会性问题。

(二)城市贫困的社会学演绎

在对贫困的概念进行分析时,森在《贫困与饥荒——论权利与剥夺》中引用了马丁·雷恩(Martin Rein)的观点:"决不能让人们贫困到被迫犯罪或危害社会的地步。按照这种贫困观,贫困不仅是穷人的不幸和苦难,更为重要的是,它还导致了社会不安并增加了社会成本。之所以存在贫困问题,是因为低收入者会为高收入者带来麻烦。"[②]在回顾了贫困概念及其研究的生态学方法、不平等方法之后,森认为,这些方法都有不足,相对贫困的提法不过是绝对贫困方法的补充,而不平等与贫困是截然不同的概念。

作为经济学家,森的分析框架无法简单地把不平等与贫困联系起来。森认识到,从饥饿到饥荒是一种社会化演绎的结果。森在其后的《论经济不平等》中部分修正并阐释了他对于不平等的理解,即福利经济学并不关心诸如收入分配的判断,它一般关心竞争性均衡和帕累托

---

① 李正东等:《贫困何以生产:城市低保家庭的贫困状况研究》,北京:中国社会出版社 2018 年版,第 7 页。
② [印度]阿马蒂亚·森:《贫困与饥荒——论权利与剥夺》,王宇、王文玉译,北京:商务印书馆 2001 年版,第 16 页。

最优之间的关系。① 因此,森承认,脱离了分配方案的、以帕累托最优为基础的现代福利经济学,事实上并不适合研究不平等问题。

(三) 城市贫困的多维演绎

如果说经济学的视角解释了绝对贫困,那么社会学的视角则分析了相对贫困。从人类史的角度来看,贫困是属人的现象,只要人类存在,贫困就不会消失。② 城市是人类聚居之处所,贫困也必然长期存在,并深化我们对于城市治理的理解。自阿马蒂亚·森以后,学术界对于贫困的理解日益多元,人文地理学、政治学等学科相继介入这一主题的研究,从绝对贫困到相对贫困,从物质匮乏到能力不足,城市贫困的研究迅速推进,并逐渐深入到了城市社会的空间规划、行动选择、政策网络甚至意识形态层面。

针对贫困问题,目前起码有三种研究方法:从不平等的社会政策入手加以分析的结构解释、从行为规范和价值观切入研究的文化路径、从社会排斥入手进行的基础过程分析。③ 这些研究都是相互交织的。仅仅以城市贫民窟为例,在世界范围内,贫民窟的问题早已溢出了地理空间的限制。"当城市理论家使用隔离和郊区化讨论中产阶级、白人及其行为对住房市场产生的隔离性的力量时,这些驱动性因素也包括引导这些行为的政治经济力量,与郊区化过程同时进行的还有一个其他居民区的边缘化和贫民区化过程。"④因此,从街区破败到贫困文化,从种族歧视到社会排斥,城市贫困的研究日益深入。

作为世界上人口规模最大的后发国家,直至 20 世纪 90 年代初期,中国的贫困问题一直被看作一种农村现象。1992 年世界银行研究报告《中国减少贫困战略》估算,中国 1980 年农村贫困人口的比例高达

---

① 〔印度〕阿马蒂亚·森、〔美〕詹姆斯·福斯特:《论经济不平等(增订版)》,王利文、于占杰译,北京:中国人民大学出版社 2015 年版,第 4 页。
② 李正东等:《贫困何以生产:城市低保家庭的贫困状况研究》,北京:中国社会出版社 2018 年版,第 3 页。
③ 同上书,第 3—4 页。
④ 〔英〕艾伦·哈丁、泰尔·布劳克兰德:《城市理论——对 21 世纪权力、城市和城市主义的批判性介绍》,王岩译,北京:社会科学文献出版社 2016 年版,第 142—143 页。

28%,约 2 亿人;城市贫困人口的比例为 2%左右,约 400 万人。① 改革开放尤其是进入 21 世纪以来,中国的城市化取得了重大成就。随着城市化进程的推进,中国的城市贫困日益成为学界普遍关注的问题,而贫困的演绎也在不同的城市有所体现。

二、贫困生产对于城市性的否定

在《作为一种生活方式的都市性》一书中,路易斯·沃斯清晰指出了城市出现的新的特征,即个人、社会和组织的特征源自城市的规模、密度和社会异质性,同时,"他把城市描绘成一个不舒适的、异化的和存在社会性断裂的所在"②。事实上,这种描绘不过指向城市发展的两种场景:繁荣与贫困的机制共生、胜利与衰败的路径契合。2019 年,习近平总书记考察上海时,提出"人民城市人民建,人民城市为人民"的重要理念。2020 年,习近平总书记在中央全面依法治国工作会议上强调,全面依法治国最广泛、最深厚的基础是人民,必须坚持为了人民、依靠人民。要把体现人民利益、反映人民愿望、维护人民权益、增进人民福祉落实到全面依法治国各领域全过程。③ 在当代中国城市发展的视野,城市性被赋予了新的内容——人民性。就城市性的"人民性"内核而言,贫困形成了对城市性的背离,这种背离通过社会秩序、社会结构与社会运行的瓦解而完成。

(一) 城市匿名、货币作用对社会秩序的背离

进入城市之后,人的流动改变了基于熟人认知的社会秩序。齐美尔用陌生人来形容城市生活中人们之间的距离感:"在小城市里人人都几乎认识他所遇到的每一个人,而且跟每一个人都有积极的关系。在大城市里,如果跟如此众多的人的不断表面接触中都要像小城市里的人那样作出内心反应,那么他除非要会分身术,否则将陷于完全不可设

---

① 周伟林等编著:《城市社会问题经济学》,上海:复旦大学出版社 2009 年版,第 337 页。
② 〔英〕艾伦·哈丁、泰尔加·布劳克兰德:《城市理论——对 21 世纪权力、城市和城市主义的批判性介绍》,王岩译,北京:社会科学文献出版社 2016 年版,第 25 页。
③ 习近平:《习近平谈治国理政(第四卷)》,北京:外文出版社 2022 年版,第 288—289 页。

想的心理状态。这种心理状态,或者说我们面对在短暂的接触中瞬息即逝的大城市生活特点所拥有的怀疑权利,迫使我们矜持起来,于是,我们跟多年的老邻居往往也互不相见,互不认识,往往让小城市里的人认为我们冷漠,毫无感情。"①

大城市中的陌生人构成现代城市中的社会主体,也注定了这些陌生人构建的城市有其内在的结构性危机。当基于熟人社会的网络遭遇城市制度、货币等压力时,个体必须单独予以防卫,就如同其对陌生人的防范一样。齐美尔注意到了货币的力量,他看到,货币使个人从集体中脱离出来,又根据货币的交换逻辑重新组合起来。"货币不但使个体更为独立不羁地脱离了与整个群体的关系,它还使这种明确的聚合内容及其成员与群体的关系经历了一番全新的分化过程。中世纪的行业协会囊括了一个人全部的生活:裁缝行会绝不单单只是有兴趣做衣服的人的单纯联合,而是聚合了技术的、社会的、宗教的、政治的以及其他诸多方面的生活共同体。"②

资本使个体完成了独立,但是这种现代性的特征也有可能被资本反噬。沃斯看到,企业是没有灵魂的,建立在这一基础上的城市秩序一定会受到资本的深刻影响。"城市人际关系的割裂与功利性在制度上表现为在各种职业中极大发展的专业分工。如果没有职业规范和职业道德的制约,金钱关系带来的掠夺关系将妨碍社会秩序的有效运行。"③齐美尔认为,资本控制下的社会秩序本质上是一种鼓励互相占有的秩序。对于城市来说,这种力量推进了大城市的成长;对于个体来说,一旦个体陷入贫困,就很难通过社会秩序完成自我救济。这一判断在另外一个角度也适用于中国的城市贫困分析。研究发现,国有企事业单位职工比重的提高有利于降低中心城区的贫困发生率,其中,大型国有

---

① 〔德〕G.齐美尔:《桥与门——齐美尔随笔集》,涯鸿等译,上海:上海三联书店1991年版,第267页。
② 〔德〕西美尔:《货币哲学》,陈戎女等译,北京:华夏出版社2018年版,第351页。
③ Louis Wirth, Urbanism as a Way of Life, *American Journal of Sociology*, Vol. 44, No. 1, 1938, pp. 1-24. 此处译文参阅〔美〕路易斯·沃斯、赵宝海、魏霞:《作为一种生活方式的都市生活》,载《都市文化研究》2007年第1期。

企业、国家机关、党群组织、事业单位职工由于工作岗位和福利相对稳定,陷入贫困的可能性较低,因而国有企事业单位职工比重越高的城区,贫困发生率越低。① 也就是说,特定的经济社会结构在一定时期有助于抵制资本对于城市秩序的破坏。

(二)城市的不平等运行以及社会结构的系统性危机

即使国家结构可以在短期内化解资本对于社会结构的侵蚀,但是从城市史的角度来看,国家的角色仍然可能形成新的不平等。沃斯认为,城市性可以从三个相互关联的视角加以考察:"(1)作为包括人口、技术与社会生态秩序的实体结构;(2)作为一种包含某种特殊的社会结构、一系列社会制度和一种典型的社会关系模式的社会组织系统;(3)作为一套态度和观念和众多以典型的集体行为方式出现并受制于社会控制的特殊机制的个性。"②在这一框架中,从个体到群体,从系统到观念,城市人口是社会运行的核心变量。同时,在城市运行中,一旦人口之间出现了差异或者严重的贫困现象,那么这一运行结构、运行系统及其个性就会受到影响。

卢梭认为,人类社会的不平等经过了三个阶段:法律和个人财产权的建立、行政官的设置、合法权力的专制化。三个阶段分别认可了富人与穷人的地位、强者与弱者的地位、主人与奴隶的地位。③ 同样,中世纪以来的欧洲城市的复兴论证了这三个阶段的历史事实:资本促进了城市的独立,而城市权力又一度落入了寡头手中,主仆、师徒关系形成了行会的基本结构。在国家的掩护下,以自由名义崛起的城市资本逐步抽离了市民的自由选择,统一后的封建国家逐步收回了自治市的特许状。更重要的是,当国家拥抱市民社会、城市行业工会式微之后,普通

---

① 袁媛、古叶恒、肖扬:《中国城市的"中心-外围"贫困格局及影响因素》,载《人文地理》2017年第5期。
② Louis Wirth, Urbanism as a Way of Life, *American Journal of Sociology*, Vol. 44, No. 1, 1938, pp. 1-24. 此处译文参阅〔美〕路易斯·沃斯、赵宝海、魏霞:《作为一种生活方式的都市生活》,载《都市文化研究》2007年第1期。
③ 〔法〕卢梭:《论人与人之间不平等的起因和基础》,李平沤译,北京:商务印书馆2015年版,第116页。

市民尤其是底层市民将不得不依赖国家的力量,城市社会的弹性将逐渐丧失。人文地理学进一步从贫困空间的角度解释了城市的增长与贫困的蔓延。研究表明,2008—2013年,中国城市贫困的分布存在波动,2013年,在经济更为发达的东部城市,中心贫困增长型城市占比(41.7%)明显高于中部(21.5%)和西部(39.05%)。① 越是经济发达的区域,由于房价等因素的约束,相对贫困的个体越无力改变自身的居住与生活条件,也就越有可能形成相对贫困与中心塌陷。

（三）城市贫困的深化与家庭抗逆能力的匮乏

从卢梭的逻辑出发,在城市中,财产权的确立是社会秩序的前提,那么考察城市贫困仍然需要从城市个体的财产入手。在城市系统中,个体拥有两种组织的身份,一种是城市部门的雇员,另一种是城市家庭的成员,因此在分析城市贫困的时候,需要在这两个层次进行。从家庭收入差距的角度来看,2000年的法国数据表明,法国10%的家庭月收入低于790欧元,另外10%的家庭月收入高于4090欧元,最富有的5%家庭月收入在5100欧元以上。② 研究还表明,从20世纪70年代到90年代,美国家庭收入不平等加大的近一半原因是同一家庭收入关联性的加大,即高收入者更偏好与同样的高收入者结婚。③ 因此,工资收入与家庭收入密切关联,低收入的家庭一定涉及较低工资与较低的退休金,乃至较低的社会保障。

低收入的雇员进入了低收入的家庭,一群低收入家庭组成了低收入的街区,低收入的街区意味着低质量的城市服务。世界经验表明,一旦个体陷入贫困,家庭也迅速陷入贫困,那么他们只能寻找更为廉价的住房。一旦贫困街区形成,城市贫困就会启动内部循环并且程度逐渐加深。关于不平等的经济学试图揭示贫困的代际继承,即为何父母资

---

① 袁媛、古叶恒、肖扬:《中国城市的"中心-外围"贫困格局及影响因素》,载《人文地理》2017年第5期。
② 〔法〕托马斯·皮凯蒂:《不平等经济学(第七版)》,赵永生译,北京:中国人民大学出版社2016年版,第14页。
③ 同上书,第28页。

本的匮乏会剥夺下一代按才能投资的可能性。[①] 政治学关心的是,资本何以具备剥夺新一代城市居民居住城市的权利的能力？按照卢梭的逻辑,一旦国家权力也深度依赖资本,那么国家解决城市贫困的政策工具也将遭遇资本的阻截,难以实现城市收入的二次分配；从城市性的资本属性的角度来看,一旦城市过度依赖资本,那么城市在诸如繁荣、发展等方面的表现就会有所限制。

三、城市性的扭曲：不平等与贫困的转移

立足城市性的内在逻辑,中世纪意大利的城市之所以成为现代城市史的起源,正在于其克服了对国家的单一依赖。克服了国家属性的城市性融入了社会自治的内容：古典国家的城市毁灭,近代贸易驱动的城市崛起,寡头政治在中世纪的城市逐步形成,并再次被国家吞噬。但是重新进入国家的城市已经不同于古典城邦,在国家的框架之内,在资本之外,建立在商业新传统之上的契约精神开始进入社会力量之中,形成了足以抵抗国家与资本的第三种力量,也正是三种力量的此消彼长形成了内在的纠偏机制。但是在特定时期的特定城市,这种纠偏机制并不能始终发挥作用,城市贫困就是这种纠偏机制被扭曲的部分结果。

(一) 城市的资本属性对于纠偏机制的扭曲

1898年埃比尼泽·霍华德(Ebenezer Howard)的《明日：一条通向真正改革的和平道路》出版,1902年再版更名为《明日的田园城市》,新版删减了"无贫民窟无烟尘的城市"等图解,而在1985年第六版中又恢复了"无贫民窟无烟尘的城市"等内容。今天,我们已无从考察这些变化背后的真正意图,但是一种可能合理的解释是,这种变迁与城市普遍存在的贫困问题密切相关。

回到霍华德的时代,城市贫困现象已经成为严重的社会问题,并日益激发众多学者的反思。恩格斯描写过这一时期的城市贫困现象："一

[①] 〔法〕托马斯·皮凯蒂：《不平等经济学(第七版)》,赵永生译,北京：中国人民大学出版社2016年版,第78页。

个老的文明国家像这样从工场手工业和小生产向大工业过渡,并且这个过渡还由于情况极其顺利而加速的时期,多半也就是'住房短缺'的时期。一方面,大批农村工人突然被吸引到发展为工业中心的大城市里来;另一方面,这些老城市的布局已经不适合新的大工业的条件和与此相应的交通;街道在加宽,新的街道在开辟,铁路穿过市内。正当工人成群涌入城市的时候,工人住房却在大批拆除。于是就突然出现了工人以及以工人为主顾的小商人和小手工业者的住房短缺。"①因此,城市一方面需要大量的产业工人,另一方面却通过城市建设来驱赶产业工人。

对于恩格斯提出的工人住房短缺等困难,经济学家阿尔弗雷德·马歇尔(Alfred Marshall)在《伦敦贫民的住房》中提出了这样的解决方案:"把大批伦敦居民迁往农村是经济合理的。这对迁出的人和留下的人都有好处。……15万以上的服装制造业工人绝大多数收入极低,而且违反一切经济常规,在地租很高的地方工作。"②通过霍华德的引用,我们不难看出阿尔弗雷德·马歇尔在1884年发表的这篇文章中典型的土地经济学思维路径,即把地租看作调整城乡结构的支点。这一观点的悖论在于,如果大量的工厂搬迁到低租价的郊区土地,那么郊区很快就会实现城市化,发生在伦敦、曼彻斯特的住房困难同样会出现在未来的工厂区,因此这种仅仅把城市视为经济中心的思路事实上无助于城市纠偏机制的运行。

在今天的中国城市化进程中,一些城市过度依赖土地财政,盲目推进去工业化路径,从而把所谓低端的制造业驱赶出中心城市。殊不知,这些工厂的年轻人才是城市的真正主人,当年轻人远离中心城区后,城市的活力日益下降。而活力下降的中心城区由于维系了高昂的地租而陷入无法更新的困境,一些居住"千万豪宅"却仅能维持基本生活的城市居民成为城市政府需要直面的群体。

---

① 《马克思恩格斯选集》第3卷,北京:人民出版社2012年版,第179—180页。
② 转引自〔英〕埃比尼泽·霍华德:《明日的田园城市》,金经元译,北京:商务印书馆2000年版,第27页。

（二）城市的政治属性对于纠偏机制的扭曲

城市史早已证明，城市发展无法离开国家的作用，今天的城市归根到底是国家的城市。地方政府的城市权力隶属于国家权力，城市治理也必须服从国家治理。放眼西方城市史，自治市的建立得益于国家的权力让渡。

除了历史上对于城市自治的剥夺，政治对于城市机制的扭曲还体现在城市行政区划的调整上。1962—1974 年，瑞典的城市从 2498 个锐减到 278 个；1956—1967 年，挪威的城市由 744 个减少到 433 个。弗兰克·森施托克（Frank Sengstock）把美国城市合并类型划分为立法主导、公众主导、城市主导、司法主导、半立法或行政主导等[①]，也就是说，在城市合并中，州议会、州司法机关、城市政府等都不同程度行使了政治权力。在中国，城市存在行政级别的差异，其中县为最低一级。由于全国普遍实行市管县体制，城市合并往往取决于县级以上城市的合并意愿，同时由于县以上的行政区划调整是中央事权，因此在地方政治意图之后，城市合并必然涉及国家的政治意图。1985—2018 年末，中国发生超过 360 例撤县（市）设区，涉及逾三分之二地级行政区与十分之一的县级行政区。[②]

政治权力不仅仅影响着城市的地理尺度，甚至影响着城市的具体形象。芒福德曾尖锐批判巴洛克城市的结构性缺陷："把城市的生活内容从属于城市的外表形式，这是典型的巴洛克思想方法。但是，它造成的经济上的耗费几乎与社会损失一样高昂。"[③]取悦权力的城市心甘情愿地毁掉了自己的自治结构，城市运行机制也将自觉服从国家的权力需要而非自身的规律，并继续压缩自身的纠偏能力。

（三）城市性纠偏机制的技术边界

芒福德曾用巨型机器形容国家："当我使用'机器体系'这个词时，

[①] 杨宇泽、叶林：《发达国家城市合并的理论研究述评》，载《公共管理与政策评论》2020 年第 3 期。
[②] 同上。
[③] 〔美〕刘易斯·芒福德：《城市发展史——起源、演变和前景》，宋俊岭、倪文彦译，北京：中国建筑工业出版社 2005 年版，第 409 页。

那是作为一种缩写,指整个技术综合体,或技术体系。这涵盖了工业取得的或新技术所隐含的所有的知识、技能、技巧等,它包括各种形式的工具、仪器、设备、使用设施等,当然也包括通常意义下的机器。"① 对于城市来说,城市运行同样是知识、技能、技巧的适用过程。城市是国家机器运行的组成部分,而日益扩大的城市规模,也深刻影响着国家机器的运行质量。

事实上,城市机器的运行背后,是多种要素的介入。早在工业革命时期,权力与资本等要素的结盟,就深刻影响着城市的运行,其中尤以奥斯曼的巴黎为甚。"现代大城市的扩展,使城内某些地区特别是市中心的地皮价值人为地、往往是大幅度地提高起来。原先建筑在这些地皮上的房屋,不但没有这样提高价值,反而降低了价值,因为这种房屋同改变了的环境已经不相称;它们被拆除,改建成别的房屋。市中心的工人住房首先就遇到这种情形,因为这些住房的房租,甚至在住户挤得极满的时候,也决不能超出或者最多也只能极缓慢地超出一定的最高额。"② 地皮价值的增加,给城市资本家带来了收益,也给城市贫困的治理增加了难度。直至今天,一些城市政治家仍然沿袭奥斯曼市长的政策思路,把城市贫民搬迁出中心城区,从而实现贫困的迁移而非贫困的治理。

城市尺度与城市机器密切相关。在世界范围内,大规模城市合并的效果需要评估。在城市化进程中,越来越多的自治市合并为大城市,大城市组合为大都市区。在多中心主义者看来,城市乃至行政机构的合并提升了效率,也减少了公众选择的机会。从治理规模看,合并后的城市不仅要解决自身的问题,还要解决原来属于其他城市的问题,如果这些问题无法消解,那么当独立的城市纠偏机制失灵后,拥有审批权的政府机构将不得不吞下城市无度合并的恶果;从治理能力看,这种组合既意味着治理尺度的扩张,也意味着城市机器的重组和城市弹性的逐步消失。曾经屡见报端的"赶农民上楼"现象就充分说明,城市扩张是

---

① 〔美〕刘易斯·芒福德:《技术与文明》,陈允明等译,北京:中国建筑工业出版社2009年版,第13页。
② 《马克思恩格斯选集》第3卷,北京:人民出版社2012年版,第193页。

一个系统过程,无度的市民化既剥夺了农民乡村生活的机会,也给城市社会保障政策带来了压力。在中国,城市治理乃至巨型城市治理同样需要借助于技术工具的更新,一旦城市扩张超过了城市治理的技术限度,就可能引发一些城市问题甚至社会危机。

本章小结

在科特金看来,城市化走到今天遭遇了道德危机。"现在西方国家所面对的基本问题,也是南亚和南亚较发达地区将面临的问题是:城市性质的多样化。在这些区域内,城市通常是相对安全的,而且即使按照历史标准,把其郊区也包括进来,它们仍然可以称得上是非常繁荣的。但是,这些城市日益缺少一个对神圣地点、市政属性和道德秩序的共同认知。"[①]同样,当我们在讨论社会自由、国家秩序、地理空间时,这种散点般的论述同样没有解释城市的演变机制,更遑论城市的本质或城市性的发掘。因此,如果说西方国家城市史中存在一种神圣的规定性,那么在今天,这种规定性一定就是"人民性"。在西方城市正在努力克服城市排斥、空间隔离时,快速发展的中国城市化进程同样需要时刻警惕"非人"城市化趋势,需要时刻警惕国家权力与资本对于城市社会的俘获。同时,城市发展中的人民性概念的价值在于,它不仅系统回答了斯科特和斯托珀尔关于城市独特性的根本追问,回应了柏拉图对于理想城市的逻辑思考,更在于其成为中国本土城市性的基本内核。

城市贫困同时伴随着全球城市化进程。在 20 世纪 80 年代之前,城市贫困研究非常少,但是到了 90 年代,可能受到美国大都市区扩张与发展中国家的城市化影响,城市贫困的研究迅速增多。[②] 国际上尤其是北美高校对于城市贫困的研究集中体现在以下五个方面:第一,政策导向研究,即揭示和评估联合国和世界银行倡导的缓解城市贫困的政

[①] 〔美〕乔尔·科特金:《全球城市史(典藏版)》,王旭等译,北京:社会科学文献出版社 2014 年版,前言,第 2—3 页。
[②] Anastasia Panori, Luca Mora, and Alasdair Reid, Five Decades of Research on Urban Poverty: Main Research Communities, Core Knowledge Producers, and Emerging Thematic Areas, *Journal of Cleaner Production*, Vol. 237, 2019.

策措施;第二,在北美各大学的共同努力下,城市贫困研究聚焦于城市贫困与日益增长的收入不平等之间的相互作用;第三,北美、欧洲和亚太地区大学合作的研究表明,中国城市贫困人口的增加使中国成为一个值得研究的个案;第四,城市贫困中的青年行为与心理健康问题,也是北美高校推动的一个研究领域;第五,在撒哈拉以南非洲地区和亚洲贫民窟地区的城市贫困和健康方面,非洲研究机构和北美大学之间也形成了有力合作。①

随着特大城市的出现,城市问题开始成为显性社会问题;而不同学科的介入丰富了城市贫困的研究。一种比较普遍的观点认为,贫困是一种不平等的社会现象。"自打贫穷一出现,我们就产生了某种以约定俗成的方式来贬低穷人的冲动。穷人频繁地出现在社会理论及文学作品中,他们被描述得有时懒惰,有时上进;有时高尚,有时鬼祟;有时愤怒,有时顺从;有时无助,有时自强。"②行为主义研究指向了贫困个体,指向了群体责任,但是在城市贫困的研究中,这种指向可能会模糊制度主义的分析框架,模糊资本力量在城市贫困空间分布中的作用,从而稀释城市贫困的结构性原因,并无助于城市贫困的系统性解决。

一段时期以来,中国城市处于优先发展的地位,在国家强有力的制度安排下,中国的城市化呈现整体推进的状态,更多的特大城市成为人口流向的目的地。在特大城市的形成过程中,虽然中国也存在诸多的非正式居住和非正式就业,但是中国这一世界人口大国的城市化始终没有出现困扰西方的大规模的贫民窟现象,这得益于中国强有力的国家力量,得益于长期实施的贫困治理,正是农村扶贫与城市保障组成的源头上的二维治理,遏制了人口流动背后的贫困的转移。但是我们也要看到,基于身份的贫困治理存在不足,这种身份政治扭曲了自由选择的权利。国家只有在尊重公民城市选择权的前提下,只有在化解城市化进程中的权利差距的条件下,城市减贫才能拥有最终方案。

---

① Anastasia Panori, Luca Mora, and Alasdair Reid, Five Decades of Research on Urban Poverty: Main Research Communities, Core Knowledge Producers, and Emerging Thematic Areas, *Journal of Cleaner Production*, Vol. 237, 2019.
② 〔印度〕阿比吉特·班纳吉、〔法〕埃斯特·迪弗洛:《贫穷的本质——我们为什么摆脱不了贫穷(修订版)》,景芳译,北京:中信出版社 2018 年版,前言。

第三章
城市贫困的深化：空间生产与安全焦虑

城市是人类的重大发明，城市生活是人类社会生活的重要形态。奥斯瓦尔德·斯宾格勒指出："世界历史就是城市人的历史。民族、政府、政治和宗教，所有这些都依赖于人类生存的基本形态——城市。"① 城市从两个方面展开了人类生活：自然空间与社会空间。城市化进程尤其是特大城市的形成是自然空间与社会空间重构的结果，也是国家政策与生活选择的互动结果，因此城市在改善人类生活质量方面负有责任。同时，贫困问题乃至背后的不平等与城市化如影随形，如果说提供更为安全、繁荣、神圣的公共生活是城市发展的内在之意，那么城市贫困的发生及其深化就是对这一城市核心价值的持续性摧毁。

第一节 城市贫困的空间生产与机会筛选

从一般意义上看，城市化体现为城市地理与人口的规模性扩张，在这一扩张中，土地、人口产业都成为城市的重要资源。城市化重新分配了资源，一些人在这一过程中陷入贫困，正如阿马蒂亚·森所认为的那样，一个人能够获得的所有商品的集合，构成了这个人的所有物的"交换权利"(exchange entitlement)，而决定这一权利的因素包括合适的工

---

① 〔美〕罗伯特·E.帕克等：《城市——有关城市环境中人类行为研究的建议》，杭苏红译，北京：商务印书馆2020年版，第7页。

作、收入与支出、劳动力及资产的价值、生活的成本、社会福利与税务。①森的判断事实上开启了两个维度的思考:贫困的空间生产与职业分布。进一步讲,城市贫困将从空间再生产与城市再控制入手,影响城市居民的地位升降和机会得失。

一、城市的地理性扩张

在世界范围内,在众多的城市生长中,一些城市大都会区建立起来,城市建成区面积也日益增长。城市面积的扩张也带来对于城市类型的思考。以特大城市为例,由于对于特大城市的分类并无通行标准,一些研究主张把城市建成区面积也纳入分类标准之中,如大城市(城市用地200平方千米以上)、中等城市(城市用地面积50—200平方千米)、小城市(城市用地50平方千米以下)。② 这一提法丰富了城市分类的标准,弥补了仅仅依靠人口进行分类的不足。

(一)城市地理扩张的主要形式

城市化进程是人口、产业、空间等要素的集合。联合国区域发展中心将人口在百万以上的城市定义为特大城市,这与中国现有的官方分类稍有不同,而二者的相似之处在于都把超大规模人口视为特大城市的重要标志。当然城市规模的扩张不仅意味着人口规模的增长,而且意味着地理空间的生长和城市边界的持续性突破。

第一,基于产业增长的单一城市地理扩张。人文地理学关注城市化对于土地性质变更的深刻影响。"城市化是农业人口转化为非农业人口,农村地域转变为城市地域,农业用地转化为非农业用地,在宏观上就是城市用地规模的扩展过程,在微观上就是不同类型、不同性质的农业用地(荒山、荒地、滩地)转化为城市建设用地的过程。"③但是在这

---

① 〔印度〕阿马蒂亚·森:《贫困与饥荒——论权利与剥夺》,王宇、王文玉译,北京:商务印书馆2001年版,第8页。
② 谈明洪、吕昌河:《以建成区面积表征的中国城市规模分布》,载《地理学报》2003年第2期。
③ 朱英明、姚士谋、李玉见:《我国城市化进程中的城市空间演化研究》,载《地理学与国土研究》2000年第2期。

种土地性指标变更的背后,是城市经济学的出场。城市是区域性的经济中心,城市增长受到经济增长的深刻影响。大城市规模大、职能全,便于生产的连续和协作,便于流通和管理,经济效益高。追求高效益是大城市人口膨胀的重要原因。①

工业化驱动了城市化,城市大多是区域经济中心或工业中心,也正是在这一意义上,城市经济学把城市视为经济实体。同时,城市经济繁荣建立在地区经济分工中,建立在完整紧凑的产业链之上。在美国,工业化催生了郊区的发展,"随着生产规模的扩大以及流水线、标准化大生产的出现,制造业对空间的需求越来越大。再加上铁路带来的通达性,许多制造业在19世纪后半叶来到郊区选址。在东部,它们为了扩大生产规模而从中心城市迁往郊区,或者作为新兴产业为了靠近资源和能源产地而诞生在郊区;在西部,它们往往直接在郊区建立大规模的分厂"②。在中国,这一过程推迟了近一个世纪。改革开放启动了中国大规模工业化、城市化的进程,城市政府为了产业链的完整,大多偏好在城市辖区建立开发区或其他功能区。值得关注的是,由于产业工人的聚集或其他经济要素的汇聚,城市经济实体的规模增长必然导致城市空间规模的扩张;同时,一些城市把功能区逐步外迁,一些工业园区逐步完成了从生产到生活功能的转换,并成为城市建成区的一部分。

第二,基于城市功能延伸的地理兼并。城市功能的延伸促进了郊区的发展。二战以后,美国所有的城市增长都采用低密度的郊区形态,1950—1990年,美国522个城市的人口密度下降了50%,即从5873人/平方英里下降到2937人/平方英里。③ 1970—1997年,德国金融中心法兰克福中心城市人口向城市郊区转移,其地理范围延伸了30—50

---

① 贾秀嵩:《世界特大城市的发展、抑制与演化》,载《河北师范大学学报(社会科学版)》1987年第3期。
② 王宇翔:《第二次世界大战前美国制造业的郊区化——兼论美国郊区化与城市化的关系》,载《美国研究》2020年第1期。
③ 〔美〕戴维·鲁斯克:《没有郊区的城市》,王英、郑德高译,上海:上海人民出版社2011年版,第10页。

英里，就业机会也随之转移到郊区。① 在中国，这种密度降低几乎不存在，由于中心城区集中了政治、经济乃至公共服务资源，近半个世纪以来，中国人口仍然热衷于在大城市、在中心城区置业，而收入低下的城市居民往往居住在郊区，并承受着漫长的通勤压力。

其实西方城市的郊区化趋势从 19 世纪就开始萌芽。以美国为例，从 19 世纪中叶开始，随着生产规模的扩大、生产技术的进步和生产流程的优化，工厂对空间的需求越来越大，再加上重工业对资源、能源的需求，使得美国制造业产生了向郊区发展的动力。1879—1954 年间，美国郊区制造业的发展速度和新增制造业就业岗位的绝对数量都超过了中心城市。在 19 世纪末 20 世纪初美国城市兼并郊区的过程中，制造业郊区化的部分成果被城市化吸收，从而在 1920 年促进了美国城市化的基本实现。② 城市向郊区快速扩张，大量没有法人地位的郊区土地被纳入城市区域。在中国，由于地方政府制度的完备性，类似美国的城市兼并较为罕见，因此快速城市化的进程以另外一种形式完成空间的扩张——合并。

第三，基于城市功能互补的地理合并。美国的城市扩张带来另外一种土地的扩张——合并。美国的市县合并主要有两类：一类是政治合并（political consolidation），指的是两个或更多的全能型政府并为一个，通常是县和县中最大城市的政府合并；还有一类是功能合并（functional consolidation），指的是两个或更多的市县政府将其服务功能中的一个或多个加以合并。③ 1805 年新奥尔良市和奥尔良县的合并是美国历史上第一次合并案，在此之后，市县合并时有发生。从规模上看，美国大部分市县合并发生在 15 万—80 万人之间的中小型都市区，1960 年以来只有四项合并涉及 50 万以上人口的地区，20 世纪 90 年代

---

① 〔美〕乔尔·科特金：《全球城市史（典藏版）》，王旭等译，北京：社会科学文献出版社 2014 年版，第 218 页。
② 王宇翔：《第二次世界大战前美国制造业的郊区化——兼论美国郊区化与城市化的关系》，载《美国研究》2020 年第 1 期。
③ 侯爱敏：《美国市县合并的五个突出特征及其对我国区划调整的启示》，载《国际城市规划》2018 年第 6 期。

的合并更是仅涉及人口在 10 万以下的地区。[1]

在中国,行政区划的调整是特大城市形成的重要手段,甚至在一些规模较大的城市之间进行了合并。例如,2011 年安徽省地级巢湖市撤销,并分别并入合肥、芜湖、马鞍山市;2019 年山东省地级莱芜市撤销,辖区划归济南市。而在城市内部,撤县(县级市)设区更为常见,例如 2009 年,上海市南汇区并入浦东新区,使浦东辖区面积达到 1200 多平方千米。民政部公布的数据显示,在 2009—2019 年的十年间,中国共撤销 141 个县,同期增加市辖区 110 个。[2] 随着撤县建区的推进,一些重点城市边界一再突破,并产生了大量的特大城市。截至 2021 年的数据表明,"直辖市共发生撤县设区 53 例,18 个省会城市撤县设区 49 例,厦门、珠海、汕头三个经济特区 5 例,166 个其他地级市 257 例"[3]。

(二) 城市地理扩张的动力差异

有研究认为,中国城市的过度扩张是多方面因素综合作用的结果:一是贪大求全的心理,即不顾客观条件盲目扩大城市规模,片面追求经济总量;二是价格机制的扭曲,即在扭曲的价格形成机制下,特大城市的经济产出和效益被明显高估;三是大城市的偏向作用,即在大城市偏向和市场力量的共同作用下,处于较高行政等级的特大城市会形成强大的吸附力;四是撤县改区的影响,即通过撤县(市)改区使特大城市政府获取包括土地出让转让权益在内的更多权益;五是土地财政的刺激,即城市建设高度依赖土地财政,各特大城市都热衷于依靠卖地来增加地方财政收入、支撑城市开发建设。[4] 因此,从经济诉求到政治权力,多种因素支持了城市的规模性扩张,也揭示了城市背后的多种力量综合。

第一,城市地理扩张的行政干预。与西方城市的社会逻辑不同,中国的城市存在行政级别,这种行政权的存在意味着城市政府动用政治

---

[1] 侯爱敏:《美国市县合并的五个突出特征及其对我国区划调整的启示》,载《国际城市规划》2018 年第 6 期。
[2] 段树军:《收紧调整权限 给撤县设区热降温》,载《中国经济时报》2022 年 6 月 27 日。
[3] 曹舒、张肇廷:《迈向"无县时代"?——当代中国撤县设区的实践总结及反思》,载《开放时代》2022 年第 4 期。
[4] 魏后凯:《中国特大城市的过度扩张及其治理策略》,载《城市与环境研究》2015 年第 2 期。

资源能力的差异。有研究者指出,城市规模大小及增长与其行政等级的高低密切相关,随着行政等级的提高,城市人口和用地规模均呈现指数递增的趋势。从人口和用地规模增长来看,行政等级较高的城市增幅一般高于行政等级较低的城市。[①] 从行政区划的角度来看,由于撤县设市一度受阻,一些城市化程度比较高的县通过撤县设区融入城市区域,因此城市开发边界在很大程度上受到城市行政权的影响——撤县设区既是由于撤县设市一度受阻后的城市空间调整,也是地方政府对于中央行政权的适应性调整。

从全国地理空间管控的角度来看,城市规模是中央政府一直关注的政策焦点。2011年《国民经济和社会发展第十二个五年规划纲要》就提出:"合理确定城市开发边界,规范新城新区建设,提高建成区人口密度,调整优化建设用地结构,防止特大城市面积过度扩张。预防和治理'城市病'。"[②]2014年印发的《国家新型城镇化规划(2014—2020年)》也强调,严格控制城区人口500万以上的特大城市人口规模。[③] 随着中心城市在经济社会发展中地位的提升,以及人口涌向中心城市的客观事实,《国民经济和社会发展第十三个五年规划纲要》提出要"发展一批中心城市,强化区域服务功能。超大城市和特大城市要加快提高国际化水平,适当疏解中心城区非核心功能,强化与周边城镇高效通勤和一体发展,促进形成都市圈"[④]。在此基础上,《国民经济和社会发展第十四个五年规划和2035年远景目标纲要》进一步提出,"统筹兼顾经济、生活、生态、安全等多元需求,转变超大特大城市开发建设方式,加强超大特大城市治理中的风险防控,促进高质量、可持续发展。有序疏解中心城区一般性制造业、区域性物流基地、专业市场等功能和设施,以及过度集中的医疗和高等教育等公共服务资源,合理降低开发强度和人口

---

① 魏后凯:《中国城市行政等级与规模增长》,载《城市与环境研究》2014年第1期。
② 《中华人民共和国国民经济和社会发展第十二个五年规划纲要》,北京:人民出版社2011年版,第60页。
③ 《国家新型城镇化规划(2014—2020年)》,载《人民日报》2014年3月17日。
④ 《中华人民共和国国民经济和社会发展第十三个五年规划纲要》,北京:人民出版社2016年版,第80—81页。

密度"①。

从近15年来的三个"五年规划"不难看出,从严格控制到承认特大城市规模的不可避免,从城市边界限定到特大城市的治理提升,中央政府对于特大城市的发展作出了政策调整。近年来,提升省会城市首位度在许多地方得到政策响应。第七次全国人口普查数据显示,"2020年,全国27个省会城市共有人口23007.79万人,与2010年的18185.93万人相比,十年增加了4821.86万人,增幅达26.5%,增量占同期全国增量的比重达66.9%。同时,省会人口之和占全国人口的比重,从2010年的13.57%提升至16.3%,十年提升了2.73个百分点"②。在人口增长的同时,一些省提出集全省之力建设省会意味着更多的省会城市将成为特大城市,而这一过程离不开中央政府的首肯,离不开省级政府的权力行使。同样的逻辑,在市领导县体制下,市级政府对于县级政府有着优先权力,从而确保了市域扩张的顺利推行。

第二,城市空间扩张的经济动力。现代城市总是与经济发展有关,在经济地理学的视野中,产业与空间密切相关,而区域空间结构则是指各种经济活动在区域内的空间分布状态及空间组合形式。"区域空间结构是区域经济的一种重要结构,因为区域经济活动是在地理空间上进行的。一方面,各种经济活动的产生需要把分散在地理空间上的相关要素组织起来,形成特定的经济活动过程;另一方面,各种经济活动之间相互联系、相互配合,就需要考虑如何克服地理空间对经济活动的摩擦和约束,降低成本,提高经济效益。"③城市作为区域经济中心,经济运行的基本规律与城市空间也密切相关。而降低成本、提高经济效益同时成为城市发展的重要考量。

从经济地理学角度来看,"产业与空间相互关系的研究中,空间一

---

① 《中华人民共和国国民经济和社会发展第十四个五年规划和2035年远景目标纲要》,北京:人民出版社2021年版,第80页。
② 林小昭:《27个省会人口大数据:9城超千万,西安首位度提升最多》,载《第一财经日报》2021年7月23日。
③ 李芹芳、任召霞主编:《经济地理学》,武汉:武汉大学出版社2010年版,第155页。

般作为给定变量,产业被动寻求合适的空间区位"①。城市经济学认为产业与空间的相互依赖是一个动态的过程,这一过程内在决定了城市的空间规模:城市化规律表现为由城市"聚集效应"与"扩散效应"所决定的城市与其辐射区域之间在生产方式和生活方式各领域的互动关系,即城市经济具有规模经济递增的特点,但城市的规模不能也不可能无限扩大,随着城市的扩大,城市病会形成负的聚集效应,当负效应压倒正效应时即形成城市的扩张边界。②

2011年,在中国城市化率超过50%之后,城市数量快速增加,其中不仅包括各区域中心城市,也包括一些新市镇。基于城市数量的膨胀和城市作用的提升,2019年8月26日,中央财经委员会第五次会议指出,经济发展的空间结构正在发生深刻变化,中心城市和城市群正在成为承载发展要素的主要空间形式。2020年4月10日,中央财经委员会第七次会议指出,增强中心城市和城市群等经济发展优势区域的经济和人口承载能力,这是符合客观规律的。③

中心城市的地位提升刺激了部分城市的空间扩张,省会城市则首当其冲。"在2011年,没有一个省会城市的GDP占所在省份的比重超过50%,仅有4个省会城市的GDP占比超过35%;2021年,有两个省会城市的GDP占所在省份的比重超过50%,8个省会城市的GDP占比超过35%。"④与此同时,一些省会城市如南京早已进入无县时代,贵州省也提出支持贵阳市撤所辖县(市)改为市辖区。在世界范围内,经济要素也是全球城市空间扩张的重要基础,但是这种扩张未必体现为城市之间的合并,大都会区往往是全球中心城市的空间联结的主要方式。

第三,城市空间扩张的社会动力。在不同的制度背景下,城市与其

---

① 李佳洺等:《产业的区域空间效应及其作用机理》,载《城市规划学刊》2020年第1期。
② 余其刚、夏永祥:《城市化进程理论的一般探讨》,载《经济学动态》2001年第9期。
③ 习近平:《国家中长期经济社会发展战略若干重大问题》,载《求是》2020年第21期。
④ 陈洁、张杏:《省会城市首位度提升迎变局:严控撤县设区下,如何高质量扩容?》,载《21世纪经济报道》2022年4月11日。

他地区合并仍然是城市空间扩张的主要方式。瑞典在1952年全国城市合并后,又在1962—1974年实行第二轮城市合并,使瑞典的城市数量由2498个骤降到278个;芬兰在2007年通过了全国城市合并的临时法案,至2013年其城市数量已由464个缩减至320个。[①] 在中国,除了大陆,进入21世纪以来,台湾地区高雄、台中、台南等地也推行了县市合并。关于行政区划的诸多研究表明,城市合并往往涉及权力、利益博弈,城市居民在城市合并中几乎失语。一项针对日本市镇合并的研究表明,日本各地的合并都是政府、议会内部的"合并推进派"一手把持、高速进行的,有关合并的事宜很少公开对民众说明,也几乎看不到民众的参与,导致合并在很多方面忽视了全体民众的利益。[②]

  城市是人口的汇聚,城市合并必然涉及城市居民的生活、环境等,因此城市政府必须重视居民对于城市合并的意愿。对中国现有文件的检索显示,县级及以下政府往往会对辖区合并进行意见征询。例如,江西省南城县对社区撤并调整管辖管理服务范围的实施方案及其风险分析进行意见征询[③],贵阳市南明区中华南路街道办事处关于对醒狮路社区、汉湘街社区、市府路社区、公园南路社区、法院街社区合并调整面向社会广泛征求意见[④],湖南省澧县城头山镇对于行政村合并工作广泛征求意见。[⑤] 也就是说,在中国的城市合并中,意见征集是不充分的,已有的意见征集也大多立足社会风险控制而非公共服务提升进行的。换言

---

① 杨宇泽、叶林:《发达国家城市合并的理论研究述评》,载《公共管理与政策评论》2020年第3期。
② 姚传德:《日本的市镇合并及其问题》,载《城市问题》2008年第5期。
③ 《关于公开征求〈南城县城市社区撤并调整管辖管理服务范围的实施方案〉(送审稿)及〈南城县城市社区撤并调整管辖管理服务范围项目社会稳定风险分析公众参与公示〉意见的通知》,http://www.jxnc.gov.cn/dczj/dczj/idea/topic_3305.html,访问时间:2022年9月3日。
④ 《南明区中华南路街道办事处 关于对醒狮路社区、汉湘街社区、市府路社区、公园南路社区、法院街社区合并调整面向社会广泛征求意见的通告》,http://www.nanming.gov.cn/xzjd_0/zhnljdbsc/zfxxgk_5739283/fdzdgknr_5739286/shswgl_5835205/202208/t20220823_76212781.html,访问时间:2022年9月3日。
⑤ 《城头山镇广泛征求关于行政村合并工作的意见》,https://www.li-xian.gov.cn/xwzx/zjdt/content_55676,访问时间:2022年9月3日。

之,城市空间扩张中社会意愿的缺位,为城市社会治理带来了不利影响。

在国外城市合并的成效上,城市合并推进派也很少关注民众的感受。一些研究表明,对于广大居民来说,城市合并后,日常生活并无太大变化。有研究者面向加拿大安大略省三地的居民就其对于当地城市合并的满意度进行了大样本的电话调查,结果显示,对大多数居民而言,城市合并几乎无关痛痒,人们并不认为城市合并给他们的生活带来了什么明显的变化。同样,基于澳大利亚城市合并的效果调查也得出类似的结论。[①]

二、城市的社会收缩

城市研究离不开对空间的分析,这一空间不仅包括地理空间,更指向社会空间。从城市演化的规律来看,城市增长体现为城市地理空间的扩张,也体现为人口和产业的扩张,还体现为社会关系的重塑。国内外的研究表明,城市地理空间扩张一旦失去必要的产业和人口支持,就有可能暗藏社会性危机。在世界范围内的特大城市发展中,存在着与城市边界扩张相对的一条社会线索,那就是城市收缩(urban shrinkage)。"城市收缩是指由某些经济、政治、社会原因引起的城市人口规模缩减、部分区域空心化的现象。"[②]作为一种城市化的逆向表现,城市收缩纠正了城市将会无限扩张的迷思,在内部结构上形成了城市规模的检讨性机制。

(一)城市收缩的多重致因

从 20 世纪 50 年代开始,城市收缩首先出现在欧洲国家,并逐步席卷全球。城市收缩研究萌芽于 20 世纪 70 年代德国政府对局部人口流失问题的关注,而"收缩城市"(shrinking cities)的概念则最早由德国学者哈特穆特·霍塞尔曼(Hartmut Häußermann)和沃尔特·西贝尔

---

① 杨宇泽、叶林:《发达国家城市合并的理论研究述评》,载《公共管理与政策评论》2020 年第 3 期。
② 高新雨:《城市收缩问题研究进展》,载《经济学动态》2021 年第 3 期。

(Walter Siebel)于 1988 年提出,用来指代受去工业化、郊区化、老龄化以及政治体制转轨等因素影响而出现的城市人口流失乃至局部地区空心化的现象。① 1950—2000 年,全世界已有超过 350 座大城市出现人口收缩,因此无论是在数量、规模还是在持续时间上,城市收缩都已成为全球城市化进程中的结构性现象。② 在中国,随着城市化进程的快速推进,城市收缩也在不同区域有所呈现。

第一,产业衰退导致人口流失。城市化进程总是与产业发展、人口集聚相关,因此从人口与经济互动的角度来看,城市演化体现出地理空间对产业和人口的依赖。根据最为直观的数据,人口减少已经成为城市衰退的重要标识。研究者把人口流失与产业结构性调整联系起来,进而对城市收缩进行类型考察,例如有研究者对中国东北三省 34 个地级市进行识别测度,共识别出 22 个收缩城市,并从驱动因素出发把将这些城市收缩类型分为资源枯竭型、产业调整型和被动虹吸型。③

从世界范围来看,基于产业调整的城市收缩较为常见,也是城市人口流失的主要原因。20 世纪 70 年代起,汽车工业竞争对手的出现开始打击底特律的经济基础,导致大规模的实业和城市衰退,并使底特律于 2013 年 7 月 18 日申请破产保护,从而成为美国历史上最大的破产城市。在中国的一些资源型城市如鹤岗、玉门等,随着资源的枯竭,人口的流失也十分明显。

第二,国家权力导致城市人口密度降低。人口与经济的互动成为解释城市收缩的重要因素,与此同时,城市演化还深受城市政策的影响。正如前文所述,行政区划对城市扩张有重要作用,同样的道理,行政区划也影响着城市收缩。研究表明,在中国快速城市化的背景下,有相当数量的城市在人口规模下降的过程中,仍然延续建设用地不断增

---

① 周柯、齐秀琳:《后增长时代中国的城市收缩:识别与应对》,载《中州学刊》2020 年第 1 期。
② Tim Rieniets, Shrinking Cities: Causes and Effects of Urban Population Losses in the Twentieth Century, *Nature and Culture*, Vol. 4, No. 3, 2009, pp.231-254.
③ 和军、刘勇:《东北地区城市收缩的识别测度与原因分析》,载《长白学刊》2022 年第 4 期。

加的态势,进而呈现出人口流失与空间扩张的城市收缩悖论。①

国家权力导致城市收缩还体现为一些城市权力核心的转移,这一转移尤其体现在政治资源依赖性城市中,在中国中西部地区,一些城市严重依赖政治资源,一旦出现诸如政府搬迁、行政区划调整甚至城市撤并,城市人口将快速流失,从而形成政治性的城市收缩。2003年,拥有3.2万人口的宁夏陶乐县撤销,行政干部分流到各地,县域经济随之崩塌。同样的逻辑,众多中心城市本身或是省会,或是得到国家级、省级功能区的政策支持,因此这些区域性政治中心易主或者国家政策一旦撤销,必然影响这些城市的收缩进程。

第三,区域经济衰退导致城市收缩。世界城市化经验表明,在城市的演化中,资本的扩张形成了基于产业分工的城市工业区域,随着城市间交通条件的改善,城市逐渐形成都市区域,城市产业也形成区域性产业联盟。中国的城市带除了成都-重庆外,大多分布在东部沿海地区,这些地区产业互补性强,并已经形成世界性的都会区与产业带,这就意味着,和世界城市化进程的基本逻辑相似,一旦某个环节的城市产业出现脱节,就可能形成区域性的产业衰退和城市衰退。

区域经济导致的经济衰退,在中国的近一段时期表现得尤其突出。以东北三省为例,研究发现,从1953年到2020年,东北人口净迁移经历了人口大量净迁入、净迁入萎缩、人口波动净迁出、大量净迁出四个阶段。各阶段净迁移人口年龄结构特征可依次概括为:劳动年龄人口及随迁儿童大量净迁入、劳动年龄人口及儿童净迁出、老年人口净迁出和全年龄人口净迁出。② 区域经济衰退对人口流失的影响也冲击了一些行政地位较高的城市。以天津为例,2022年的全国人口普查数据显示,天津的常住人口为1363万人,相对于2021年来说,减少了10

---

① 杨东峰等:《人口流失与空间扩张:中国快速城市化进程中的城市收缩悖论》,载《现代城市研究》2015年第9期。
② 段成荣、盛丹阳:《1953年以来东北三省人口跨省迁移研究——基于普查存活比法》,载《人口学刊》2022年第4期。

万人。①

（二）基于社会选择的城市收缩

与城市增长一样，城市收缩也是城市化进程中的正常现象。由于经济社会发展的阶段不同，不同的国家有着不同的城市收缩机制。在欧洲，城市收缩的主要原因有移民、去工业化、人口老龄化、人口数量减少等；在日本，城市收缩的主要原因是老龄化；在美国，城市收缩主要出现在"铁锈地带"，以及由于郊区化而出现衰退的中心城区。② 同时，城市收缩毕竟是人的行为选择，因此城市收缩归根到底是一种社会行为，是城市化到一定阶段后形成的社会性后果。

第一，城市收缩是一种社会行为。总体上看，城市化是地理空间、产业规模与人口数量的增长，而城市收缩则体现为产业要素和人口数量的流失，当下对于城市收缩的理解也多从这两种角度出发。但是这一理解路径存在不足，城市是以人为核心的空间与经济发展过程，离开了这一核心来片面解释城市的扩张与收缩，将无法认识城市背后的社会变迁。城市是人的行为结果，自然条件、生活环境、社会网络都成为影响城市人口流动的因素。

有研究者总结了中国城镇化发展过程中的两种收缩现象：一是城市的虹吸和极化效应导致资源和人口向城市集中，乡村空心化、老龄化日渐严重；二是城市发展不平衡，在城市内部和城市之间出现了价值和吸纳力高低差异的"黏性空间"和"流动空间"，造成一些城市或区域的扩张建立在其他城市或区域收缩的基础之上。③ 从城乡关系到城市内部关系，作为一种社会行为，人口大流动给城市治理带来了压力，并导致社会收缩。所谓社会收缩，"指人类聚落中人口持续流失，由此引发相应地区经济、社会、环境和文化在空间上的衰退这一过程"④。

---

① 国家统计局：《中国统计年鉴 2023》，北京：中国统计出版社 2023 年版，第 34 页。
② 罗小龙：《城市收缩的机制与类型》，载《城市规划》2018 年第 3 期。
③ 章昌平等：《收缩的挑战：扩张型社会的终结还是调适的开始？》，载《公共管理学报》2018 年第 4 期。
④ 同上。

因此，城市是以人为核心的空间重置，城市收缩本质上是城市人口的收缩。把产业视为人口流动的驱动力的经济学逻辑并不能完全解释人口的流动规律。诸多的样本揭示，人口的流动是分层次的，产业衰退可以挤掉一些人口，挤掉的人口又强化了产业衰退，但是对于非经济部门来说，一些人的流动未必与经济收入有关，而是为了改善工作环境或获得更优的公共服务。

第二，城市收缩是城市扩张的社会性后果。从不同学科出发，城市收缩涉及以下几个基本观点：其一，收缩过程中，城市以人力资本(高素质人才、青壮年劳动力)、发展资金、工厂企业等为主要表征的相关发展要素外流且呈现出城市发展能力受限的情况；其二，要素外流是城市自身发展能力及其与关联区域相互作用、进行区际博弈的结果，属于市场经济行为；其三，城市收缩不仅意味着城市发展能力受限，更是城市居民幸福指数、社会公平公正、城市运行资金和城市(建设用地、住房等)资源利用效率等提升的"拦路虎"。从这一意义上看，城市收缩是一个融合经济学、地理学和城乡规划学的综合性科学问题。①

从实务界的角度来看，城市收缩是一个重要的经济问题。"由于人口流出直接会造成本地住房需求的减少和房价下滑的压力，而房价下跌与地方政府债务问题紧密相连。所以，中国的城市收缩问题不光是一种地理学现象，也是经济问题、财政问题和公共管理问题。"②更重要的是，城市收缩是城市扩张的社会代价。在国外，为了对抗城市衰退及随之而来的城市安全压力，提升自身社区质量，资本介入了越来越多的社区营造，而资本介入城市空间生产往往形成了一些绅士化社区或称中产阶级化社区。以城市更新的名义，这些由资本堆砌起来的社区阻断了低收入人群的进路。一些社区通过不发达的交通设置，使依赖公交系统的人望而却步；一些社区甚至对租房者也设置了收入门槛，从而维持资产阶级的空间优势。那些无法实现交通自由、住房自由的低收

---

① 孙平军：《城市收缩：内涵·中国化·研究框架》，载《地理科学进展》2022年第8期。
② 郭靖、倪鹏飞、彭旭辉：《城市收缩与地方政府债务风险》，载《中国行政管理》2022年第1期。

入群体被迫居住在破旧的内城;即使同在内城之中,一些绅士化社区的扩张也在迫使低收入人群远离。

在中国,这种情况正好相反。近年来,绅士化社区也在中国的一些城市出现,一些发达区域的中心城市通过积分落户等政策,与相邻城市形成了默契,迫使一些人远离这些都会区,从而形成了区域性的城市排斥。[①] 无论是贫困人口居住在内城还是搬迁到郊区,只要这种居住行为是被迫实施的,就都体现为一种社会性收缩。

第三,城市收缩是城市扩张的社会性反思。有研究者把中国社会收缩的主要动因总结为:(1)自然要素类,如资源枯竭、环境污染、气候变化等;(2)市场规律类,如经济发展不平衡、城乡收入剪刀差、经济发展周期变化、通道效应、虹吸效应等;(3)政策作用类,如生育政策、政治决策、住房供给政策、功能疏解、户籍制度、土地财政等;(4)利益相关者行为不当类,如经济增长方式粗放、过度开发、盲目扩张等;(5)城市规划类,如城市功能单一、千城一面、卫星城效应等。[②] 因此不难看出,在中国城市化快速推进的过程中,资源禀赋、政策实施、利益失衡、空间功能等都会导致人口的流失。

城市空间演化是指随着城市经济和城市人口的发展,城市建设用地规模逐步扩展,用地结构逐步变化,使城市表现出作为经济发展的载体功能,成为居民生产生活的优雅环境。[③] 城市化进程必然表现为城市地理空间的扩张和人口的增长,但是对于特定城市来说,城市收缩是对城市化进程的背离。城市化进程并不必然体现为人口向特定城市的涌入,它还受到一定外部因素的影响。一些研究拓展了社会收缩的动因,并且发现与西方国家相比,中国的城市收缩机制与行政级别、产业密度甚至交通网络都密切相关,有学者对 654 个城市 2000—2010 年间人口

---

① 刘铭秋:《城市更新中的社会排斥及其治理研究》,华东政法大学 2021 年博士学位论文。
② 章昌平等:《收缩的挑战:扩张型社会的终结还是调适的开始?》,载《公共管理学报》2018 年第 4 期。
③ 朱英明、姚士谋、李玉见:《我国城市化进程中的城市空间演化研究》,载《地理学与国土研究》2000 年第 2 期。

密度化的影响因素进行研究,发现城市行政级别、经济密度、客运密度与城市人口密度变化有比较显著的正相关,而行政区域面积、教育资源密度等与城市人口密度变化负相关。① 因此,无论是从经济角度还是从政治角度,已有研究大多都把城市收缩定义为人口的规模性减少,这一定义的不足之处在于仍然把人口视为城市的组成部分或者资源,而不是城市的主体。城市人口收缩意味着在城市地理空间无法实现社会空间扩张一致时,社会以社会空间收缩抵制资源的流失,从而形成城市扩张的社会性反思。

三、城市贫困的空间生产:增长、挤压与排斥

在城市研究中,社会空间视角存在以下明显优势:首先,空间是地理和物质维度的,是城市发展的基本生产资料;其次,空间是符号性的,可以用来区分城市功能、生存方式及阶层;最后,空间是生产性的,是多种因素共同作用下地理、物质和人的行为互构的过程与结果。② 在特大城市的扩张过程中,社会空间也在进行一个再生产的过程,这一过程总体上是一个无形空间重构的过程。

(一) 城市贫困嵌入空间生产

城市不平等的空间分配存在着城市社会学与古典经济学的理论争鸣,因为后者仅仅把城市视为市场力量彼此作用的结果。20 世纪 60 年代,学者们不再把城市内部的空间不平等视为筛选与分类的自然结果,而将之视为资本主义发展的结果,包括支持资本主义体系的父权制与政府。③ 也就是说,资本主义体系中的父权制度与政府体系制造了城市的不平等,而这一不平等往往是通过资本参与空间生产加以实现的。在大卫·哈维看来,资本参与西方城市空间的再生产经过了三次循环:投入生产过程、投入基础设施和环境建设、投入科技教育和福利卫生。

---

① 龙瀛、吴康、王江浩:《中国收缩城市及其研究框架》,载《现代城市研究》2015 年第 9 期。
② 林顺利:《城市贫困的社会空间研究》,北京:人民出版社 2015 年版,自序第 3 页。
③ 〔英〕艾伦·哈丁、泰尔加·布劳克兰德:《城市理论——对 21 世纪权力、城市和城市主义的批判性介绍》,王岩译,北京:社会科学文献出版社 2016 年版,第 120—121 页。

其中资本在第二级循环中的投入对城市发展和变化具有决定性影响，地理位置、资源、土地以及建立于其上的建筑物等空间要素可以不断地为资本创造价值。当城市中心商业区可建面积逐渐饱和时，资本便会向郊区迅速转移，这就导致了城市中心区的衰落。①

资本参与空间生产促进了资本的城市化而非权利的城市化，这一理论批判源自资产阶级工业革命对无产者的掠夺。由于不能忍受工业化导致的城市贫困，埃比尼泽·霍华德从城乡关系的角度设计了"社会城市"，在这一乌托邦式的田园城市中，人口、道路、面积都被严格控制，在芒福德看来，让人民重新返回土地是解决城市问题的一种选择：一切人口向城市集中的原因都可以归结于"引力"，因此如果可以提供大于城市的"引力"，"就能看到在解脱酗酒、过度的劳累、无休止的烦恼和难忍的贫困等问题方面有着光明的前景"②。但是在马克思主义城市理论看来，这种城乡关系的调整没有抓住城市贫困的本质，在哈维那里，资本的逐利性使得城市不停向郊区蔓延，而被抛弃的中心城区不良的社区环境可能限制低收入家庭的生存机会，特别是贫困社区有限的经济机会和低质量的公共服务(比如教育)是贫困加剧的主要原因。

不同于社会学家对于贫困人口的阶级分析、经济学家对于贫困人口的职业调查，城市地理学家较多关注城市贫困人口的空间分布与演化机制。总体上看，城市户籍贫困人口呈下降趋势。以南京市为例，2017 年贫困人口数量为 2006 年的 53.2%，"尤其在 2011—2017 年，贫困人口减少的速度明显快于 2006—2011 年时段，年均减少率达 7.6%。城市户籍人口的贫困发生率也相应呈现下降的趋势，2006 年、2011 年和 2017 年发生率分别为 1.4%、1.1% 和 0.7%"③。但是这一数据可能与同一时期快速城市化的进程有关。在 2011 年之后，中国的城市人口

---

① 冀福俊：《资本的空间生产与中国城镇化道路研究》，武汉：武汉大学出版社 2017 年版，第 34 页。
② 〔英〕埃比尼泽·霍华德：《明日的田园城市》，金经元译，北京：商务印书馆 2000 年版，第 5 页。
③ 徐旳等：《南京城市户籍贫困人口的时空分异格局》，载《地理研究》2019 年第 12 期。

大量增加。2016年,南京市户籍人口为663万人,人口自然增长率为6.51‰;①2017年,南京市户籍人口为680.67万人;2018年,这一数字为696.94万人。②即使经过新冠疫情的冲击,南京市的户籍人口数量仍在稳步增长,截至2023年底,南京市户籍人口高达741.81万人,比2022年增加24496人。③不难看出,虽然特大城市的户籍制度对社保年限、学历等要求较为严格,但是南京市的户籍人口每年仍然稳定增长。通过户籍筛选过的新增人口往往不在贫困人口之列,也就是说,户籍贫困人口的比例被稀释了。

(二)城市贫困的空间挤压

在一般的理解中,贫困总是伴随着生活必需品的匮乏,学术界关注的贫困问题大多与饥饿以及基本的生活设施有关,但是在亚当·斯密看来,这种必需品并不是一个固定的物品:"所谓必需品,不但是维持生活上必要不可少的商品,且是按照一国习俗,少了它,体面人固不待说,就是最低阶级人民,亦觉有伤体面的那一切商品。"④这一判断说明,所谓贫穷,本身有一个变化的尺度,贫困总体上来说是相对的。基思·佩恩进而论述了这种相对贫困的产生过程,他分析了为什么人们拿到更多薪水反而不满足:"当你爬上一级阶梯,你的比较对象就发生了变化。"⑤因此"贫穷与富有并不仅仅跟金钱的绝对数量有关,在高度发达的国家里,穷人并不是真的在挨饿,问题的关键是相对地位"⑥。

从物质匮乏的生理需求到体面生活的心理需求的转变,反映了人

---

① 国家统计局城市社会经济调查司编:《中国城市统计年鉴—2017》,北京:中国统计出版社2017年版,第14页。
② http://data.stats.gov.cn/search.htm？s=2019南京户籍人口,访问时间:2019年12月31日。
③ 《2022—2023年全市人口与卫生有关统计指标(一)》,http://wjw.nanjing.gov.cn/njswshjhsywyh/202406/t20240624_4697056.html,访问时间:2024年7月3日。
④ 〔英〕亚当·斯密:《国富论(下)》,郭大力、王亚男译,南京:译林出版社2011年版,第403页。
⑤ 〔美〕基思·佩恩:《断裂的阶梯——不平等如何影响你的人生》,李大白译,北京:中信出版社2019年版,第31页。
⑥ 同上。

们生活需求层次的提升,也反映了不平等与贫困现象的互动性。在城市社区生活中,城市贫困的需求层次分析的背后,往往体现为空间的挤压及其社会后果。在美国,随着一些不能缴纳租金的租户被驱逐出原先租住的房屋,"许多家庭的下一站就是收容所、废弃的房屋,甚至有人会流落街头。抑郁和疾病随之而来;一个个家庭被迫搬至危险的治安死角,住进条件更差的房子;街坊邻里的根基被连根拔起,社区轰然瓦解;年幼的孩子们成为无辜的受害者"①。

因此,城市空间对于贫困人口的挤压不是福利的剥夺,而是城市生存最基本的居住权和空间共有权的剥夺。强调城市贫困的相对性就是要求我们的研究摆脱简单的物质层面的、基本生存的思考,摆脱基于简单感知的政策分析,因为这种分析框架给贫困的治理造成了阻碍。一种极端的政策假设可以是,降低人们的需求感知,并制造相对封闭的福利假象,从而麻痹人们对于更好的福利的主张——即使这种更好的福利的主张是基于基本生存的。

(三) 城市贫困的空间蔓延与区域排斥

"从理论上来说,规模较大的城市集聚效应越强,越能够成为城市体系的中心城市。但是,对于什么是大城市,在经济学意义上是没有明确界线的。"②但是经济学提供了城市地理空间扩张的最直接答案。在经济学的视野中,城市归根到底是资金、资源的空间集聚过程。追求资金、资源增长的经济学对于城市扩张中的人的忽视使城市发展难以持续。空间的社会学转向解释了城市空间变迁背后的人的因素,弥补了经济学把人视为资源的不足。

资本并不是城市扩张的被动结果。在现代城市扩张过程中,资本扮演了支持性角色。大卫·哈维揭示了资本对于社会秩序的干预作用:"生产、交换、沟通和消费组织的加速变化需要人口方面具有相当大

---

① 〔美〕马修·德斯蒙德:《扫地出门:美国城市的贫穷与暴利》,胡䜣谆、郑焕升译,桂林:广西师范大学出版社2018年版,第11页。
② 陆铭:《空间的力量:地理、政治与城市发展(第二版)》,上海:格致出版社2017年版,第34页。

的适应性,需要个人必须准备好改变他们的技能、地理位置、消费习惯等。这意味着人群中必然存在着流动机会。然而就流动性而言,一个完全开放的社会无疑会产生相当的不稳定性。为了赋予社会一定的稳定性,并且在这个社会里社会变化又是必需的,那么就必需找到一些系统化的方法将流动机会组织起来。"[1]同样,在资本进入城市空间后,城市的人口流动就必然建立在资本渠道之上。在城市扩张中,越来越多的低收入人口集中到特定区域。在西方国家,这些区域可能是中心区域;在东方国家,远郊区往往是低收入人群的聚居之处。

四、机会筛选与城市贫困的空间固化

从空间生产、空间挤压到空间排斥,城市贫困日益完成个体感知到群体承压的转变。在一些低收入社区,城市贫困被合法化了;而在一些所谓高档社区,城市贫困仍然是异质性的存在。作为严重的社会问题,城市贫困还从机会筛选入手,形成空间的固化。在政治学的范畴中,城市空间的固化意味着机会的剥夺,意味着城市居民城市控制能力的丧失。

(一) 城市贫困的职业分布与控制机制

从基本的物质条件匮乏到体面生活乃至未来的丧失,贯穿着人类贫困境遇的主轴。在阿马蒂亚·森看来,对食物的所有权是讨论饥荒的起点,交换的权利则与分配机制相关。阿马蒂亚·森注意到,在20世纪40年代爆发的孟加拉国的饥荒悲剧中,由于实施收入补贴的分配制度,加尔各答等城市地区避免了粮食价格的上涨,而饥民主要是从农村涌入的。[2] 从职业构成来看,受灾最轻的是农民,工匠、城市工人等则是受灾最严重的。[3] 因此,城市贫困中的分配制度成为阿马蒂亚·森权

---

[1] 〔英〕大卫·哈维:《资本的城市化:资本主义城市化的历史与理论研究》,董慧译,苏州:苏州大学出版社 2017 年版,第 115 页。
[2] 〔印度〕阿马蒂亚·森:《贫困与饥荒——论权利与剥夺》,王宇、王文玉译,北京:商务印书馆 2001 年版,第 84 页。
[3] 同上书,第 84、92 页。

利论辩的主战场。

虽然意识到权利很难确定,但阿马蒂亚·森还是使用了权利分析框架解开了佩恩对于主观不平等的感知之结。在阿马蒂亚·森看来,不平等是真实存在的阶级差别,很多案例确实说明,饥荒主要是由食物消费水平突然的大规模下降而非粮食减少引起的①,但是饥荒并不必然导致对所有阶层的损害,因为不同阶层的人对于粮食控制的能力是不同的,那些生活在社会底层或从事边缘性职业的人容易受到饥荒的冲击。20世纪70年代的埃塞俄比亚贫困群体大概可以分为八种类型:牧民、被驱逐的农场人员与农业工人、佃农、小农、城市中的男性临时工、服务业中的妇女、编织者与其他工匠、职业乞丐等。② 在其他一些地区,渔业、运输业和农业工人贫困率最高。③

在经济落后国家,大量涌入城市的人口未必能从事理想的职业。在尼日利亚拉各斯这座非洲最大的城市,没有地下污水系统,在人口拥挤的贫民区,市政府的垃圾车辆很少光顾,因此到处堆满了垃圾。在埃及开罗,垃圾被堆放到一个离市区约25千米的山坳里,由于很多无处谋生的居民以处理垃圾为生,这些山坳逐渐成为垃圾村。④ 数十年过去了,在今天的人口大国埃及,首都开罗聚集了超过2000万的人口。与人口迅速增长对应的是,开罗仍然没有建立必要的垃圾处理体系。这些20世纪40年代就来到开罗的贫穷基督教徒群体人口越来越多,他们每天挨家挨户上门收垃圾,然后带回家回收处理,几十年过去,回收垃圾成了他们世世代代的家族事业,这些人因此被称作扎布林人。从小住在这里的居民内埃姆说,社区里42%的人都患有疾病,甚至失去了生命。⑤

---

① [印度]阿马蒂亚·森:《贫困与饥荒——论权利与剥夺》,王宇、王文玉译,北京:商务印书馆2001年版,第55页。
② 同上书,第127页。
③ 同上书,第73页。
④ 李澍等编:《功过是非》,北京:中国农业出版社1995年版,第361—362、369页。
⑤ 《埃及开罗|一座无奈生活在垃圾堆里面的城市》,https://www.sohu.com/a/216027866_276904,访问时间:2023年2月10日。

事实上,在很多国家的低收入区域,垃圾分类已经成为他们主要的职业。据统计,在中国,21世纪初期全国668座城市中有拾荒者230多万人。① 以同时期的北京为例,北京一年的垃圾约为400万吨,北京市政府一年为处理这些垃圾耗费的资金约为8亿元。通过10万拾荒者的劳动,北京一年减少了100万—200万吨垃圾。② 广州市供销合作总社2005年9月的数据显示,广州市约有10万人从事再生资源回收利用工作,每年回收的再生资源产值超过100亿元。③

(二) 城市贫困对于政治机会的筛选

正义的社会是机会平等的社会。研究者指出,机会平等的含义至少应包括生存与发展机会起点的平等、机会实现过程的平等、承认并尊重社会成员在发展潜力方面的"自然"差异及由此带来的机会拥有方面的某些"不平等",影响机会平等的主要因素有个人的天赋、家庭、教育、职业等。④ 与乡村相比,城市更接近商业社会的平等主义法则。如果说中国的城市贫困隐藏在城市化的宏大叙事之中,体现为城市公共生活的争取,那么在城市化进程接近完成的一些国家,这种贫困已经体现为公共生活的机会丧失。

在快速城市化的过程中,往往会产生大量的贫民窟。贫民窟在我国城市大量存在,在一些城市的城乡接合部或者繁华市区内,形成了聚集外来农民工进行生产、生活的特定场域,如北京的浙江村、安徽村、四川村,广州的冼村、瑶台村、三元里村等老乡村、城中村和城乡接合部。⑤ 一些积极的观点认为,城市贫民窟可以解决农民落脚城市的困难,降低城市生活成本。但是由于城市贫困的弥散,一些特定的群体无法实现城市生活阶梯的上升。在包括北京在内的城市,从居住空间到就业机

---

① 张登国:《城市拾荒者的透视与思考》,载《河北青年管理干部学院学报》2007年第2期。
② 郭江平:《对拾荒群体若干问题的思考》,载《南通师范学院学报(哲学社会科学版)》2004年第3期。
③ 董文茂:《拾荒者:边缘化的回收终端》,载《环境》2006年第5期。
④ 吴忠民:《论机会平等》,载《江海学刊》2001年第1期。
⑤ 李锦顺、陈慧:《多维视野中的农村社会研究》,兰州:甘肃人民出版社2007年版,第321页。

会,众多的诸如"浙江村"等低收入区正在被清除。由于部分公民权利与户籍相关联,这些低收入区的外来居民往往没有城市户籍,因此很难改变这些区域被清理的命运。

同样,在波士顿的街角,一心进取的多克退出了地方性竞选,在多克的回答中,阻力并不是来自多达32名的竞争对手,而是贫困。"我和小伙子们在詹宁斯的自助餐厅时,有一个人走到我面前,想让我买一张什么票。我尴尬极了,所以只好拒绝了……作为一位政治家,我应该参加宴会,出席会议,可是我不能去,因为我没有钱。"①没有钱就无法进入城市政治生活,就无法像富裕的市民一样争取更多的城市控制权,而控制权的丧失意味着政治层面上的城市不平等。"如果我们对不平等的回应由我们对地位的需要所形塑,那么不平等就不单单是我们有多少钱的问题,也是我们与他人比较各逢所处位置的问题。"②相对贫困在这里已经超越物质的匮乏,体现为相对政治距离的拉大。

(三)城市贫困的空间固化与人口流动的权利限制

城市空间贫困产生了大量的低收入区域或贫民窟,为了解决城市空间贫困,许多国家也采取了积极的措施。2004年10月,时任印度总理辛格在孟买所在的马哈拉施特拉邦参加活动时,提出了"把孟买变为一个新上海"的口号。2004年5月当选总理后,辛格就在新德里专门召开了高层会议,研究了改造孟买的系列可行性方案。从2004年12月到2005年3月,超过9万间棚屋被拆,引发居民强烈的抗议。③而拆迁贫民窟并没有使贫困者离开孟买,他们只是被驱赶到了环境更恶劣的地方营造新的贫民窟。2005年2月,马哈拉施特拉邦政府不得不决定只拆迁2000年以后随意搭建的贫民窟。④阿根廷贫民窟改造的做法则

---

① 〔美〕威廉·富特·怀特:《街角社会:一个意大利人贫民区的社会结构》,黄育馥译,北京:商务印书馆1994年版,第57页。
② 〔美〕基思·佩恩:《断裂的阶梯——不平等如何影响你的人生》,李大白译,北京:中信出版社2019年版,第27页。
③ 王瀛:《孟买追求成为"世界级城市"》,载《人类居住》2008年第1期。
④ 李锦顺、陈慧:《多维视野中的农村社会研究》,兰州:甘肃人民出版社2007年版,第324页。

是在原址上拆除重建。一般是"先建后拆",贫困家庭不用搬迁到周转房,待新房建好后直接迁入,腾出的旧房所在地再拆再建,依次循环。与此同时,阿根廷贫民窟改造的另一个重点是对居住环境和基础设施的改造,即针对过去自发形成的贫民窟垃圾遍地、危房较多等问题,改造后的新居住区的道路、卫生和基础设施情况都有较大幅度改善。①

从直观的现象进行判断,贫困仅仅停留在职业与空间分布上,那么反贫困就意味着创造纵向的阶层流动机会与横向的空间流动机制。在列斐伏尔的"进入城市的权利"分析框架中,直观的"权利"实现就是"进入城市"空间并获得职业流动机会。"由于典型的贫困者所拥有的只是劳动力,即使有土地,数量也非常少,因而其权利关系中的绝大多数是与其劳动力有关的权利。"②如果持有的权利已经存在严重的不平等,那么人口流动也无法削弱这种不平等的发展。粮食应该按照市场机制运行,权利也是如此。"从权利角度来看,市场机制促使粮食从遭受饥荒的地区向其他地方流动并不是什么不可理解的事情。市场需求所反映的不是生物学上的需求或心理学上的欲望,而是建立在权利关系之上的选择。如果一个人没有什么东西可以用于交换,他就不能要求得太多。"③

因此,权利的持有是权利交换的前提,这一前提还需要建立在空间开放的基础之上。在 20 世纪早期美国的一些城市郊区中,高尚社区的居民需要遵守严格的、长期的限制性条款,这些条款包括所有社区的建筑必须是独栋而非多户公用,也规定地产不得租售给非洲裔或亚裔人口。在开发商那里,这些"社区是为有钱人设计的。地皮的价格,加上最低的房屋花费,让普通人难以企及。另外,它是为房主、而不是为租户设计的,通常只有后者才不得不在如何使用他人房屋和土地的问题

---

① 张红樱、张诗雨:《国外城市治理变革与经验》,北京:中国言实出版社 2012 年版,第 99 页。
② 〔印〕阿马蒂亚·森:《贫困与饥荒——论权利与剥夺》,王宇、王文玉译,北京:商务印书馆 2001 年版,第 179 页。
③ 同上书,第 197 页。

上忍受许多必须遵守的限制"①。在一段时期里,这些严格的限制性条款甚至是开发商重要的广告内容。这种建立在法律和资本之上的绅士化的社区至今也在一些后发国家蔓延,因此,从阶层、职业到空间,贫困现象是一种生理感知,是一种社会现象,更是一种权利不平等的政治结果。在权利的论辩中,不合理的分配制度干扰了权利的实现,并为减贫过程中的政府角色提供了正当性辩护。

第二节 城市的安全变迁与贫困代价

城市系统的复杂性和城市空间的社会学转向意味着我们需要立足社会生活来讨论城市发展。"城市发展不能只考虑规模经济效益,必须把生态和安全放在更加突出的位置,统筹城市布局的经济需要、生活需要、生态需要、安全需要。"②在城市扩张中,越来越多的低收入人群流动到特定区域。在一些研究中,低收入区域的大规模形成意味着城市发展的失败,意味着城市安全感的削弱,但是也有研究批评了这种论断,认为在安全供给上,城市相较于农村反而具有"规模效应":"与人们的想法不同,城市历来犯罪率较低,比农村更为安全,只是因为其紧凑特性需要更密集的警务和社区监控。"③两个方面的争论意味着城市的空间扩张需要治理体系的配套,一旦空间扩张超出了城市治理能力所及,城市贫困就会成为潜在的安全压力。

一、城市增长的安全变迁

城市造成了低收入者还是低收入者改变了城市,这一争论需要从

---

① 〔美〕罗伯特·M.福格尔森:《布尔乔亚的恶梦——1870—1930年的美国城市郊区》,朱歌姝译,上海:上海人民出版社2007年版,第23页。
② 习近平:《国家中长期经济社会发展战略若干重大问题》,载《求是》2020年第21期。
③ 〔美〕戴维·古德菲尔德主编:《美国城市史百科全书》,陈恒等译,上海:上海三联书店2018年版,第167页。

城市定义上来加以理解。对于城市的定义,不同的学科有不同的理解。总体上,社会学家偏向于把城市定义为社会共同体,地理学家则重点关注城市的空间布局。而在加里·布里奇(Gary Bridge)看来,城市不单单是物质或生活空间,还是想象和再现的空间:"自从有了城市,反城市想象就很有说服力地出现在文学、艺术和政治语境中。城市被想象成失范、异化、腐败、不健康、不道德、混乱、污染、拥挤的场所,是对社会秩序的威胁。在这些想象里,城市居民需要加以遏制与控制,如果任其自然,城市将成为犯罪和潜在革命之地。"①无论是人口还是地理空间,城市的扩张与城市的问题如影随形,把城市问题与社会安全捆绑在一起的思考则更具冲击力。

(一) 城市安全的类型及其工具性解读

城市增长与安全相关,但是对于城市带来何种安全困境,学术界却有不同的解读。国内学者认为,在城市发展早期阶段,城市安全主要聚集治安,现阶段的城市安全是指基于城市管理组织机构、志愿者群体以及全体城市社会成员共同的意志和努力所建立起来的一种安全机制。②应该说,这一定义从工具性的维度解读了城市安全的进展,并形成一种日趋开放的学术立场。基于这样的思路,有学者进一步指出,城市安全包括城市生产安全、城市经济安全、城市食品安全、城市社会安全、城市生态安全和城市交通安全等六个方面。③ 也有学者把影响城市安全的事件总结为七个方面:自然灾害、城市火灾、地下事故、交通事故、刑事案件、战争和其他灾害。④

无论是六种还是七种分类,都说明了城市安全发生的具体领域。沿着这样的思路划分,研究者还把城市安全推进到城市水安全、城市网络安全等领域。有学者以 1993—2018 年中国知网(CNKI)全文数据库

---

① 〔英〕加里·布里奇、索菲·沃森:《城市概论》,陈剑峰等译,桂林:漓江出版社 2015 年版,第 16 页。
② 李萌、彭启民:《中国城市安全评论(第一卷)》,北京:金城出版社 2014 年版,第 4 页。
③ 邹德慈:《城市安全:挑战与对策》,载《城市规划》2008 年第 11 期。
④ 郭汝、唐红:《我国城市安全研究进展及趋势探讨》,载《城市发展研究》2013 年第 11 期。

为研究数据来源,在核心期刊和中文社会科学引文索引(CSSCI)期刊范围内,以"城市安全"或"城市应急"为主题词进行检索,统计发现,应急管理、突发事件、公共安全、城市灾害、应急避难场所、智慧城市、城市应急联动系统、城市规划、危机管理等词十分活跃,是城市安全研究领域的热点主题。其中,城市安全与应急管理是城市安全领域的核心研究主题。① 这一研究说明,国内城市安全的研究往往与城市应急管理相连,是管理主义在城市发展中的具体体现。

（二）城市扩张与安全的逻辑捆绑

城市的增长同时伴随着各种各样的严厉批评,尤其是当城市扩张导致了环境污染、交通拥挤、公共安全等问题时,城市就必然成为人们关心的焦点话题。20 世纪初期,国际现代建筑协会(CIAM)认为,正是机器时代失控的、无序的发展造成了城市的混乱。② 国内也有研究认为,交通工具的增多是一个需要解决的交通问题。据公安部统计,2023 年全国机动车保有量达 4.35 亿辆,其中汽车 3.36 亿辆;机动车驾驶人达 5.23 亿人,其中汽车驾驶人 4.86 亿人;全国有 94 个城市的汽车保有量超过百万辆,其中 43 个城市超 200 万辆,25 个城市超 300 万辆,成都、北京、重庆、上海、苏州等 5 个城市超过 500 万辆。③

从世界范围来看,城市的扩张确实带来了系统的复杂性。"1982 年至 2000 年间,纽约城市人口增长约 10%,城市交通运输的里程也增长了约 45%。20 年前,平均每天的'高峰时段'约 3 小时 24 分钟;而如今,高峰时长每天有七至八小时,翻了一倍都不止。"④在建筑规划学家

---

① 王义保、杨婷惠:《城市安全研究知识图谱的可视化分析》,载《城市发展研究》2019 年第 3 期。
② J. L. Sert, *Can Our Cities Survive?*: *An ABC of Urban Problems*, *Their Analysis*, *Their Solutions*, Cambridge: Harvard University Press, London: H. Milford, Oxford University Press, 1947, p.246.
③ 《全国机动车保有量达 4.35 亿辆 驾驶人达 5.23 亿人 新能源汽车保有量超过 2000 万辆》,https://www.gov.cn/lianbo/bumen/202401/content_6925362.htm,访问时间:2024 年 7 月 3 日。
④ 〔美〕凯特·阿歇尔:《纽约:一座超级城市是如何运转的》,潘文捷译,海口:南海出版公司 2018 年版,第 3 页。

道萨迪亚斯(Doxiadis)看来,城市尤其是大城市的到来是不可避免的,迅速扩张的城市是人类的噩梦,包括城乡在内的所有人类聚居都出现了危机。"从经济角度来看,许多居民无法在聚居中获得他们的基本需求,他们或是无家可归(如在加尔各答这一类城市),或是住在质量极其低劣的房子里,全球的许多城市和所有乡村都是如此。从社会学的观点来看,'人'在城市中已经被遗忘了,许多小镇和乡村中的居民也逐步产生了被遗弃之感。"①

从交通等城市问题的出现到人的遗忘,城市似乎日益体现为一个异端,但是从严肃的学术反思中,简单地把城市扩张与社会安全捆绑在一起并不公正。"城市增长并不是完全依靠人的需要推动的,或者说,城市增长并不完全依靠我们所说的人的期待所推动,实际上,城市增长还受到迫不得已的需要的影响。"②城市人口膨胀、交通拥堵和公共安全,是人类社会的现代性后果,但是城市本身也是现代性的产物,也就是说,如果没有人口和交通工具,就无法形成城市,因此以人口膨胀和交通问题来批评城市的意义,起码在逻辑上是不完善的。

(三)城市运行及其安全管控

城市扩张是人类社会的产物,同时是一种总体性的评价,正如前文所分析的,在很多区域,由于资源转型、人口流失等因素,城市收缩也在同时发生。如果城市膨胀导致了城市治安等一系列问题,那么我们是否可以认为收缩的城市更安全?事实上,即使从狭义的治安的角度,立足人均治安案件的发生率,与中小城市或乡村相比,大城市也是安全的,无论是东京还是香港,虽然人口众多,空间拥挤狭小,但是这些城市却因为管理有序、社会安全而著名。因此,学者对于"收缩城市"的批评往往不是立足具体的城市个案,而是立足于全国性的区域发展。如有

---

① C. A. Doxiadis and J. G. Papaioannou, *Ecumenopolis: The Inevitable City of the Future*, New York: Norton, 1975, p. 5. 转引自吴良镛:《人居环境科学导论》,北京:中国建筑工业出版社 2001 年版,第 223 页。
② 〔美〕维托尔德·雷布琴斯基:《嬗变的大都市——关于城市的一些观念》,叶齐茂、倪晓晖译,北京:商务印书馆 2016 年版,第 171 页。

学者指出,"从国家发展的角度来看,'城市收缩'有利有弊:一些地区由于自然、社会条件较差,'城市收缩'将优化人口和产业布局,具有正面意义;但对地级以上中心城市而言,'城市收缩'将不利于全国区域协调发展,不利于国家形成全面开放的新格局,并加剧一线城市的'大城市病'"①。

也就是说,研究者承认中国人口流动的乡—城轨迹,但是不希望形成大规模跨区域性人口流动,因为这将打破国家空间布局,使国家中西部地区发展失去必要的人力支持。但是从城市角度来看,即使人口短期暴增给一线城市带来巨大运行压力,城市人口累积的意义也是不言而喻。从秩序控制的角度来看,针对城市规模导致的城市治安压力,城市政府往往通过更加精细化的管理手段加以化解。如早在 2012 年,大连市建设各类治安监控摄像头 6000 余个,社会单位自建食品监控系统摄像头 10 万余个。② 2018 年,上海市金山区则提出要实现"全域覆盖、全网共享、全时可用、全程可控"的总目标,届时,重点公共区域、重点行业和领域的重要部位视频监控覆盖率将达到 100%,公共安全视频监控覆盖密度将达每平方千米 15 个以上。③ 据估算,截至 2020 年,全球摄像头数量达 280 亿个,日夜俯视着城市和社会,构成人类社会的最大物联网。④

二、城市规划的美学构想与空间安全

城市复兴以来,现代城市应该是什么样的,不同的研究视角往往有着不同的理论背景。在维托尔德·雷布琴斯基看来,美国的城市先后受到三个宏伟构想的支配:查尔斯·马尔福德·鲁宾逊(Charles Mulford Robinson)的"城市美化运动"、埃比尼泽·霍华德的田园城市

---

① 刘治彦:《"收缩城市"的缘由与警示》,载《人民论坛》2018 年第 24 期。
② 李萌、彭启民:《中国城市安全评论(第一卷)》,北京:金城出版社 2014 年版,第 145 页。
③ 《金山区投入 2.7 亿元建设"雪亮工程",明年实现重点公共区域视频监控 100%》,https://www.jfdaily.com/news/detail?id=71339,访问时间:2024 年 7 月 2 日。
④ 杨建军:《数字治理的法治进路》,载《比较法研究》2023 年第 5 期。

理论与勒·柯布西耶(Le Corbusier)的公园里的高楼形象。① 这种城市美学的兴起,深刻影响着城市的空间布局,也引发了对于城市治理的多维思考。

(一)城市构想中的空间美学与经济指向

无论是鲁宾逊、霍华德还是柯布西耶,他们心中理想的城市必须是审美的。鲁宾逊的公共艺术思想主导了美国一段时期的城市规划与建筑思想。"美国几乎没有哪个城市会没有鲁宾逊城市理想中的至少一个具体项目:宏伟的博物馆或火车站、公园或带状公园、具有纪念意义的城市广场。实际上,如果没有 1900—1930 年的'城市美化'的成就,大部分美国城市基本上会消失。"② 霍华德从城乡关系上考察了城市,他认为,城市无须拥挤不堪,道路无须宽敞,那些带有乡村风情的低密度的田园城市完全可以成为一种新的城市选择。霍华德也深刻影响了兼建筑学家、画家和雕刻家于一身的勒·柯布西耶对于绿色城市的理解,虽然霍华德遭遇了勒·柯布西耶的批评,但是在后者那里,城市还是被设计成公园中的高大建筑群的集合。

将建筑美学导入城市规划,解决了城市纵向和横向的空间分布问题,遏制了城市蔓延的自由主义冲动,但是这种理想化的城市规划,仍然无法回避简·雅各布斯的城市生活批判。她尖锐地说道:"无论强调什么,还是撇开什么,霍华德都是从个人的角度而不是城市规划的角度来发表意见。但事实上所有的现代城市规划理论都是从这种愚蠢的东西改编过来的,或用它来修饰自己。"③ 在雅各布斯那里,城市必须是安全的空间,互相守望的安全的城市并不需要借助看起来十分美好的景观与高楼来佐证。雅各布斯也不关心城市规模的遏制,她仅仅关心城市发展背后的活力与效率。而城市的繁荣事实上建立在企业的繁荣基

---

① 〔美〕维托尔德·雷布琴斯基:《嬗变的大都市——关于城市的一些观念》,叶齐茂、倪晓晖译,北京:商务印书馆 2016 年版,第 14 页。
② 同上书,第 25—26 页。
③ 〔加拿大〕简·雅各布斯:《美国大城市的死与生》,金衡山译,南京:译林出版社 2005 年版,第 19 页。

础之上。在雅各布斯看来,企业的繁荣需要同时符合以下四个条件:人们各方面的初级需求必须混合在一起,小而短的街区,不同年代、不同类型、不同大小、不同新旧程度的房子密集交错,人口高度集中。①

(二) 城市建设中的开放空间与安全指向

在城市空间的塑造方面,雅各布斯与霍华德的分歧并不严重,两人之间的尖刻批评本身与证伪启发了人们对于城市空间的思考。例如,雅各布斯对于城市公园和郊区化城市的批判,以及在纽约长大的、对中央公园具有深刻记忆的霍华德对于雅各布斯的不满,最终都指向了关于城市安全的讨论,即多大的城市才是安全的。雅各布斯从女性的视角批评任何无视家庭和责任的城市方案,正如她对柯布西耶的批评那样:"勒·柯布西耶不仅仅是在规划一个具体的环境,他也是在为一个乌托邦社会作出规划。勒·柯布西耶的乌托邦为实现他称之为最大的个人自由提供了条件,但是这样的条件似乎不是指能有更多行动的自由,而是远离了责任的自由。在他的辐射城市里,很可能没有人会为家人照料屋子,没有人会需要按自己的想法去奋斗,没有人会被责任所羁绊。"②

20世纪中叶科学主义与行为主义的理论争鸣,标志着社会科学重新聚焦个体,无论是国家还是社会组织,如果其中的制度安排不是为了人的生活,就无法支持社会科学本身的价值。城市是人类社会的重大创造,但是人类生活本身又存在内在的逻辑。城市不过是人类聚居场所而已,在雅各布斯看来,"一个成功的城市地区的基本原则是人们在街上身处陌生人之间时必须能感到人身安全,必须不会潜意识感觉受到陌生人的威胁"③。因此,雅各布斯把街道与社区视为城市的核心部分和全部意义,这种女性的独到视角使一个充满感性的、具有生活关怀的城市体验者,能够对充满理想主义色彩的城市规划者展开激烈的批

---

① 〔美〕简·雅各布斯:《城市经济》,项婷婷译,北京:中信出版社2007年版,第77页。
② 〔加拿大〕简·雅各布斯:《美国大城市的死与生》,金衡山译,南京:译林出版社2005年版,第22页。
③ 同上书,第30页。

评。我们无须关注雅各布斯的激烈措辞,只要关注这种措辞背后的城市特性就会为雅各布斯所折服。在城市规划中,雅各布斯是一个孤独的批评者,但正是由于雅各布斯的坚持,城市规划没有被视为规划师的特权,没有被视为冷冰冰的建筑体。雅各布斯与霍华德的分歧在于对城市空间的理解:在一个充满陌生人的城市中,人们何以寻求城市的庇护?

(三)城市暴力与利益游击

在契约论看来,从"一切人反对一切人"的原初状态到国家的形成,从草原、陆地到海洋,人类社会史同时是一部战争史,是一部利益争夺史。作为无法控制的"利维坦",国家遏制了冲突的边界,也通过国家边界重新梳理了族群乃至个体的利益表达。但是国家本身无法消除利益纷争,只是变更了利益表达的管道与边界。也就是说,在国家间冲突之外,人们的利益表达多在国家之内进行。

城市的崛起压缩了空间。在一国之内,人们的不满与利益冲突被压缩在国家法律之下,在城市之中,这种不满与冲突被压缩在更加有限的地理空间中。"对于当代城市面临的安全问题,西方学者初步将其分为四类:犯罪治安类安全问题、自然灾害类安全问题、技术灾害类安全问题和恐怖袭击类安全问题。"[①]伴随着人类全部历史的利益冲突,社会暴力对于国家乃至城市的伤害远超过其他安全问题。在城市中,社会暴力将无差别地出现在大街小巷之中,它们与自然灾害、技术灾害等公共安全问题彼此交融,深刻影响着城市的安全。

在城市史中,社会抗争发生在街区、公园等公共空间。这种"城市游击"式的社会暴力一扫雅各布斯与芒福德等人的争论。众多城市暴力的事件一再证明,当社会充满不满时,暴力的蔓延就会溢出私人的、社区的空间,从街区向中央公园甚至市政厅进发。只有当我们认识到社会暴力呈现出蔓延和流动性时,我们才会理解城市规划学者对城市暴力并不应该承担主要责任。20世纪50年代,汽车等现代交通工具的

[①] 李萌、彭启民:《中国城市安全评论(第一卷)》,北京:金城出版社2014年版,第4页。

普遍使用形成了城市的蔓延,也形成了城市安全的扩散。试图在城市内部解决社会暴力的地方性努力被迫让位于区域性安全机制的联动。

(四)城市安全治理的多重逻辑与角色悖论

安全是城市的重要内容,城市安全同时体现为国家安全、社会安全与市场安全。在城市工作的三大环节(即城市规划、城市建设与城市治理)中,任何一个都可能形成城市安全的问题。雅各布斯对于熟人街区的怀恋,可能正如芒福德所批评的那样,是"直觉和怀旧情感的混合,成熟的判断和学校女生所犯低级错误的混合"①。城市规划更多地承担着城市更新的责任,在提供更好的城市空间和公共生活方面,芒福德等城市规划学者与雅各布斯的观点并不矛盾。

城市是充满社会性的,这样的判断贯穿着城市尤其是自治市的历史,但是与其说这一判断完全基于历史真实,倒不如说更多是基于人们的想象。在中国,城市长期以来都是国家的权力节点;在西方国家,中世纪的城市自复兴以来,就不可避免地伴随着家族政治和国家政治。在民族国家建立后,城市纳入国家政治体系之中,城市的安全困境顺理成章地被理解为国家安全困境,提供安全类公共物品就成为国家的重要责任。"随着现代规制政府和福利国家的建立,运用公权力保护公民的健康与安全成为福利国家的政府之存在目的。为追求此目的,一个旨在应付风险社会中各种风险冲击、在各种风险争论中做出决策、追求风险社会中新型公共利益的现代风险治理框架应运而生。"②在国家的视野中,城市只有大小不同,并无治理的差异,国家通过权力行使维系国家内部秩序的一致性,并把城市的诉求视为并无二致的地方性表达。

在城市史尤其是中世纪以来的城市变迁中,市场日益发挥着重要的作用,市场和社会一起,成为城市发展中的重要力量。在市场完成中世纪城市复兴的任务时,在现代市场制度完善之后,城市治理始终面临

---

① 〔美〕维托尔德·雷布琴斯基:《嬗变的大都市——关于城市的一些观念》,叶齐茂、倪晓晖译,北京:商务印书馆2016年版,第63页。
② 黄泽萱:《现代风险治理框架下的民意困局及其出路探讨——兼评张小燕等人诉江苏省环保厅环评行政许可案》,载《清华法学》2018年第5期。

着国家治理与社会治理的双重任务。国家的边界到底在哪里,社会治理从何处起步,从来就是现代政治学思辨的逻辑起点,这种思辨在城市治理中尤其明显。

三、驱逐、犯罪与城市贫困的安全代价

城市安全是社会安全,这种安全的获得并不仅仅依赖技术控制。从前文的分析不难看出,在特大城市的空间扩张中,对于城市安全的讨论被简单化了。城市犯罪仅仅是城市安全感丧失的表象,在这种表象的背后,是城市给人们带来的"无数次的失望,无数次的发明和无数次的创造既没有减轻最需要休息的那些人的劳累,又没有为穷人带来富足"①。作为拥有长久农业传统的后发工业国家,中国的城市化进程同样面临贫困治理的任务。与西方城市贫困的表现不同,中国的城市贫困有着叠加性、蔓延性等特点,这也给城市安全带来了压力。

(一)城市贫困、驱逐与犯罪的动机

1869年,亨利·乔治(Henry George)来到纽约,在这座城市,他看到了富足与奢靡,也看到了贫穷与堕落:"贫困与苦难以及由此而产生的罪恶与犯罪,到处清楚地随着村镇发展成城市以及由不断发展带来的生产和交换方法的改进而得到的好处而增加。"②基本上在同一时期,社会学家威廉·富特·怀特(William Foote Whyte)在波士顿观察着一群意大利后裔的城市生活:"丹尼在读完8年级以后离开了学校,到一家工厂工作……在失业未找到新工作期间,哪儿有劳资纠纷他就到哪儿去工作,给哪儿干都行——'不管是谁,只要给我钱。'丹尼身强力壮,在劳资冲突中很有打架的经验,但是他并不喜欢这个工作。他是为了从中挣到钱才去打架的。"③当城市生活无法正当使用劳动力时,劳动力

---

① 〔美〕亨利·乔治:《进步与贫困》,吴良健、王翼龙译,北京:商务印书馆1995年版,第13页。
② 同上书,第16页。
③ 〔美〕威廉·富特·怀特:《街角社会:一个意大利人贫民区的社会结构》,黄育馥译,北京:商务印书馆1994年版,第23页。

就可能成为一种争取城市生活的异己力量。

同样,亨利·乔治对于城市与进步的怀疑并没有随着时间的推移而减弱,20世纪70年代以后,失业开始成为美国城市严重的社会问题,居住、娱乐、治理城市等问题则依次展开。马修·德斯蒙德(Matthew Desmond)观察着那些交不起房租而在寒冷的季节搬家的穷人,他们被这个城市反复"驱逐"而居无定所。更让人咋舌的是,这种"驱逐"是合法展开的。在20世纪初期,房东驱逐房客往往容易引起众怒,但是到了"21世纪的今天,治安官之下有一个个小组,他们的工作就是执行驱逐和发布止赎令"①。20世纪70年代以后,越来越多的中产阶级搬离内城区,从而改变了美国城市社区的格局。到了80年代,黑人聚居区也发生了变化。随着黑人中产阶级的搬离,"在聚居区中居住的,几乎都是城市黑人社区中最贫穷的那一部分人,他们是美国职业体系主流之外的家庭和个体的异质性群体"②。

作为人口大国,中国的城市化进程也一度伴随着人口控制的任务,这一任务在特大城市尤其突出。近年来,针对所谓的外来低端劳动力在上海、北京等超大城市呈现出规模大、增长快、管理无序、挤占城市公共服务与公共空间、影响城市形象等负面问题,上海、北京等城市采取了"以业控人""以房控人""以企控人""以证控人"等措施和手段。③ 这种以驱赶为基本手段的人口控制事实上剥夺了非正式就业、非正式居住的正当性,并形成城市政府与人口的张力,给城市安全运行增添了隐患。

(二) 中国城市贫困的阶段特征

长期以来,中国城市史有着鲜明的国家主义色彩,因此,城市的贫困通常意味着国家治理的失败。鸦片战争以后,中国的一些城市被迫

---

① 〔美〕马修·德斯蒙德:《扫地出门:美国城市的贫穷与暴利》,胡䜣谆、郑焕升译,桂林:广西师范大学出版社2018年版,第11页。
② 〔美〕威廉·朱利叶斯·威尔逊:《真正的穷人——内城区、底层阶级和公共政策》,成伯清、鲍磊、张戌凡译,上海:上海人民出版社2007年版,第10页。
③ 胡琪:《对我国超大城市低端劳动力调控的反思》,载《科学发展》2015年第10期。

开放,从而导致了一些城市的快速膨胀。1843年上海开埠时,登记在册的外国人只有26人。① 1848年,大量失去工作的水手、农民和手工业者进入上海。19世纪40年代末至50年代初,最先受到外国商品冲击的8万广东人和6万福建人进入上海。太平天国运动期间,更多的难民进入上海并形成庞大的游民阶层。1900年,上海市人口达到100万;1910年达到128万。② 人口的增长导致众多的社会问题,而贫困成为这个城市社会发育不良的重要诱因。在近代上海,由于混乱的管理体制和法外治权,根本就无法有效消除城市贫困。

20世纪50年代后,中国逐步走上城乡二元体制。由于城市优先的发展原则,中国的农村发展较为缓慢,农村的贫困发生率也远远高于城市。近年来,由于精准扶贫的政策推进,中国彻底消灭了绝对贫困,并使农村人口的生活质量有了整体性提升;在城市,以低保政策为主要工具的反贫困进程也在同步推进。由于农村贫困人口基数较大,因此城市贫困人口比率下降速度快于农村贫困人口比率,如2017年,城市低保人口为1261.0万人,2018年为1007.0万人,城市贫困人口下降20.14%;同年的农村低保人口分别为4045.2万人和3519.1万人,农村贫困人口下降13%。③ 但是在同时期特困人口方面,数字表现却有差异。截至2018年底,全国共有农村特困人员455.0万人,比上年减少2.6%,全年支出农村特困人员救助供养资金306.9亿元;与此同时,全国共有城市特困人员27.7万人,比上年增长9.1%,全年支出城市特困人员救助供养资金29.5亿元。④ 也就是说,农村绝对贫困人口逐渐减少,而城市绝对贫困人口逐渐增加。

(三)中国城市贫困的安全代价

城市化伴随着大规模的城乡人口流动,从表面上看,人口大规模流

---

① 阙政:《上海:外国人竞逐的东方奇迹》,载《新民周刊》2023年第43期。
② 苏智良、陈丽菲:《近代上海黑社会研究》,杭州:浙江人民出版社1991年版,第61、74页。
③ http://data.stats.gov.cn/search.htm?s=低保,访问时间:2019年12月31日。
④ 《2018年民政事业发展统计公报》,https://www.mca.gov.cn/images3/www2017/file/201908/1565920301578.pdf,访问时间:2024年6月26日。

动还会带来一定的社会安全问题。解放初期,上海每天流动人口为10万,到了1988年,这个数字为209万。1988年外来人口犯罪比1987年增加了102.7%。① 在中国传统的城乡人口管理中,户籍是控制人口流动的重要政策工具,但是20世纪70年代后期启动的改革开放与工业化发展,导致大量的农村人口进入城市,通过户籍制度限制人口流动日益困难;户籍制度不能随着城市化进程进行改革,势必加重城市安全压力。

同时,中国的城市发展面临产业转型等任务。20世纪90年代,一些工业城市出现了工人失业潮,一些在农村生活困难的人口也在此时开始进入城市。由于就业机会的匮乏与严格的户籍制度,流动人口的城市生存非常困难,从而形成贫困问题在城市的集中呈现。1998年开始,城市下岗工人犯罪成为社会关注的一个重要问题。有研究者基于1990—2011年中国省级面板数据,对国有企业下岗职工人数与犯罪率之间的关系进行了因果识别。研究发现,下岗职工人数越多的省份,其后经历的犯罪率越高。② 例如,在传统工业大省山东,就存在相同甚至更为突出的问题。2000年末全国国有企业下岗职工为657万人,比上年末增加4.7万人。③ 2001年,山东省除了领取失业保险金的20多万失业人员外,同期该省在企业再就业服务中心的下岗职工为13.3万。④ 与此相对应的是,1998年,山东省下岗工人犯罪计442人,占当年全部生效判决罪犯的1.61%,到2000年,这一数据则上升到27.3%。⑤ 进入21世纪之后,随着经济社会的发展和集中治理,中国城乡贫困人口的比例有明显下降,但是一份21世纪初的调查发现,中国监狱关押罪

---

① 苏智良、陈丽菲:《近代上海黑社会研究》,杭州:浙江人民出版社1991年版,第266页。
② 梁甄桥、李志、丁从明:《国有企业下岗潮与犯罪率的实证研究》,载《世界经济文汇》2018年第1期。
③ 国家统计局:《中华人民共和国2000年国民经济和社会发展统计公报》,载《中华人民共和国国务院公报》2001年第11号。
④ 《山东失业人数大于下岗职工数 失业保障压力大》,https://www.chinanews.com/2001-09-24/26/125377.html,访问时间:2024年7月5日。
⑤ 王立峰:《改革开放以来刑事犯罪情况整体分析——以山东省为个案》,载《战略与管理》2002年第5期。

犯中,60%左右家庭经济情况较差。①

因此,城市规模并不一定导致犯罪率上升,但是在犯罪经济学那里,失业率与犯罪之间的关系长期被重点关注。基于人口、产业的空间规模性聚集,更多的特大城市被制造出来,特大城市也承担着城市转型的安全代价。从现有特征看,中国的特大城市大多是传统的工业城市,城市产业调整及户籍等制度的转型势必深刻影响城市安全。近年来,随着世界经济形势的变化,中国的经济增速放缓,2022年5月,全国城镇调查失业率为5.9%,比4月下降0.2个百分点,但年轻人就业压力突出,5月份16—24岁失业率录得18.4%,创有历史数据以来最高。②这些都将给一段时期的中国城市治理尤其是特大城市安全治理带来压力。

同时,城市安全是城市化过程的社会安全,也是城市运行中的系统性国家安全,这就要求从国家与社会两个权力结构运行情况进行分析。在国家控制力衰退的前提下,大规模的人口流动尤其是贫困人口涌入城市也会导致一些城市问题。一项针对20世纪初北京犯罪情况的调查发现,若将犯罪者分为赤贫、无资产、稍有资产和有资产的话,则无资产者的犯罪人数遥居第一位;若以职业论犯罪的话,人数最多的是无职业者;犯人大多数是无资产与赤贫的人,三分之一的人口在犯罪之前过的是贫困的生活。③ 这一研究直到今天也有价值,一项针对中国某直辖市的研究表明,2005年和2014年,该市外来人口犯罪占全市犯罪人口的比重分别为48.71%和41.62%,该市B区检察机关批准逮捕和提起公诉的外来人口犯罪分别占全区全部犯罪人口的66.74%和59.51%,其中无业人员占B市犯罪人员的比重达到51.36%。④

---

① 刘飞:《贫富差距造成的穷人犯罪与富人犯罪特点、成因及对策》,载《湖南省犯罪学研究会第八次学术研讨会优秀论文集》,2008年。
② 《5月份年轻人失业率创历史新高》,载《重庆商报》2022年6月16日。
③ 王娟:《民国初期北京的犯罪与贫困关系研究》,载《北京理工大学学报(社会科学版)》2011年第6期。
④ 冯向军、冉一妣:《检察视阈下外来人口犯罪的实证分析——以2005年至2014年T市B区检察机关审理的案件为样本》,载《天津法学》2016年第2期。

第三节　贫困的深化与城市安全的焦虑

城市是人的共同体,城市安全归根到底是社会安全,是人的安全。一个个深陷贫困的个体不符合城市运行的目的性,也不会给城市带来安全。党的二十大报告指出,中国式现代化是"人口规模巨大的现代化"。要在中国实现人口大规模进入现代社会,就需要同步解决城市贫困与乡村贫困问题。需要看到的是,这一反贫困过程建立在大规模城市化背景之下,建立在不论身份、区域、城乡的公共服务均等化的政策目标之下,因此对于农业人口接近半数的农业大国来说,使农村居民摆脱土地束缚和身份束缚,使城市居民免于贫困,将成为未来一段时间国家治理的重要任务。

一、作为反贫困主场的城市及其承载力

安全是城市发展的基本保障,贫困则威胁着这一城市运行的保障。由于大规模的人口聚集,城市日益成为社会问题的汇聚点。在社会发展中,城市日益成为贫困治理的主战场。贫困治理的场域变化,使我们更有机会反思城市的任务与承载力这一较为普遍的话题。

(一)人口的持续流动与作为贫困治理主战场的城市

城市化是农业人口大规模涌向城市的过程。在中国城市化的进程中,摆脱土地对农业人口的束缚成为这一人口流动的制度前提。2023年,中央一号文件提出要探索宅基地"三权分置"有效实现形式,深化农村集体经营性建设用地入市试点,探索建立兼顾国家、农村集体经济组织和农民利益的土地增值收益有效调节机制。[①] 这一接力 2018 年农村土地所有权、承包权、经营权"三权分置"的制度改革进一步把农民从土

[①] 《中共中央国务院关于做好二〇二三年全面推进乡村振兴重点工作的意见》,载《人民日报》2023 年 2 月 14 日第 2 版。

地束缚上解放出来,土地不再是农民市民化的障碍,正相反,包括宅基地在内的土地合法流转,为农民的财富积累和进入城市提供了基础。

从城市化的另一端——城市——来看,随着人口大规模向城市流动,尤其向特大城市流动,如何接纳人口成为城市治理的主要内容。中国的城市化面临人口增长与空间约束的张力,多年来,动辄数百万甚至千万人口的城市持续增加。与此同时,在绝对贫困消除之后,中国城市成为反贫困的主场。城市贫困治理既要防止城市居民贫困面的扩大,也要成为农村人口大规模返贫的阻拦器。

与中国城市化起步较晚同步,中国的城市贫困研究起步也较晚。研究者通过 20 世纪末到 21 世纪初近三十年的国内外城市贫困关键词分析,发现无论是国外还是国内,城市贫困研究初期的关注点都集中在社会学(如家庭结构、社会剥夺、社会排斥等)领域;此后,城市贫困的空间研究逐渐兴起,并最终转向多维贫困的研究。在城市贫困空间治理方面,国外研究中的关键词,内城(inner city)、时空动态(spatial dynamics)、居住隔离(residential segregation)等在 2003—2009 年期间成为热点,空间分析(spatial analysis)、多维贫困(multidimensional poverty)则是近几年的研究热点。[①] 从这些研究的关键词中可以发现,从物质匮乏到空间隔离,西方国家不同阶段的城市贫困现象在中国快速城市化过程中都有所体现,城市贫困正在从物质层面扩散到社会感知等心理层面,从而影响城市安全运行。

(二) 城市承载力:一个可能误用的语词

在城市政策层面,承载力是一个被经常提及的话题。早期的承载力研究与生态学的发展密切相关。18 世纪末,马尔萨斯的《人口原理》出版,他在该书中悲观地指出:"人口的增殖力无限大于土地为人类生产生活资料的能力。人口若不受到抑制,便会以几何比率增加,而生活资料却仅仅以算术比率增加。懂得一点算术的人都知道,同后者相比,

---

[①] 张景奇、邱婷婷、修春亮:《基于空间治理视角的城市贫困研究综述》,载《北京行政学院学报》2022 年第 1 期。

前者的力量多么巨大。"①马尔萨斯关于人口与粮食的分析被认为是承载力研究的起点。在马尔萨斯之后,承载力理论发展的另外一个里程碑是逻辑斯谛方程(logistic equation)的提出。1838 年,比利时数学家皮埃尔·弗朗索瓦·韦吕勒(Pierre François Verhulst)第一次用逻辑斯谛数学公式表达了马尔萨斯人口理论。② 1921 年,帕克(R. Parker)和伯吉斯(E. Burgess)在人类生态学杂志中提出了承载力的概念,即"某一特定环境条件下(主要指生存空间、营养物质、阳光等生态因子的组合)某种个体存在数量的最高极限"③。也有研究认为,承载力的概念始于 20 世纪 60 年代晚期至 70 年代早期,这一时期随着人口和经济增长,人类对自然环境的破坏日益加大,关于承载力的讨论逐渐引起广泛关注。④

承载力也对人类自身居所进行分析,从而进入了城市研究范畴。遵循"以水定人"之原则,城市承载力首先体现为生态资源尤其是水资源规定着城市人口的上限。水资源承载力的主要研究内容包括:(1)研究内陆河流域水资源循环迁移的规律;(2)确定合理生态需水量和经济需水,建立统一的生态经济良性发展的评价标准;(3)分析节水对生态经济系统的影响;(4)重视地表水和地下水的联合调度,注意水量平衡中的供水多样性和需水多样性;(5)合理核定与水有关的生态环境损失的价值;(6)考虑不同的管理方式以及不同的文化背景、体制和个人价值的选择对水资源承载力的影响。⑤

在这一分析框架下,城市承载力同样有一个动态平衡的过程,即城市的生态环境对于城市人口的容纳有重要作用,但是同时要考虑生态

---

① 〔英〕马尔萨斯:《人口原理》,朱泱、胡企林、朱和中译,北京:商务印书馆 1992 年版,第 7 页。
② 张林波:《城市生态承载力理论与方法研究——以深圳为例》,北京:中国环境科学出版社 2009 年版,第 11 页。
③ 郭秀锐、毛显强、冉圣宏:《国内环境承载力研究进展》,载《中国人口·资源与环境》2000 年第 S1 期。
④ 程国栋:《承载力概念的演变及西北水资源承载力的应用框架》,载《冰川冻土》2002 年第 4 期。
⑤ 同上。

环境对于城市社会系统的影响,以及城市管理水平、人口规模对于城市及区域经济的作用。2006年6月,《关于加强城市总体规划工作的意见》中强调,"要充分考虑国民经济和社会发展规划的要求,根据人口、资源情况和环境承载能力,合理确定城市规模和性质"①。在这一文件中,承载力被拓展到环境方面。城市规划部门对于城市承载力的理解启发了城市治理的研究,在此后的众多文献中,从生态出发的城市承载力逐步扩展到包括城市自然生态承载力、经济发展可持续能力、社会公共服务能力等在内的多种要素。②

(三)城市承载力的论域拓展

在传统的农业社会中,在思考自然环境与人的关系时,存在一种零和博弈的思维路径,认为由于自然资源的不可再生性,人类只有最大程度地节约资源才能生存。这一零和博弈思维的价值在于,人类如果不能寻求替代性资源,或者通过必要的管理手段减少资源依赖,那么人口对于资源的攫取就会产生严重的后果。

因此,承载力概念应用在人文活动及人文目标等有关领域的时候,就变成一个复杂的规范概念,这一概念深受生态系统的动态演替规律、人类价值取向、目标体制背景及管理措施等的影响。③ 然而,一些城市政府仅仅把城市承载力理解为人口压力,甚至推出控制人口的基本政策,这事实上就陷入了科学主义的单向迷思之中。20世纪80年代中期以来,上海、北京等城市长期面临巨大的人口压力,因此城市承载力成为控制人口的政策理由。其中,北京市人口调控政策强度总体呈上升趋势,并表现为三个阶段性特征:层级下移,基层调控的力度增大;调控政策手段已经基本摆脱依靠直接的行政管控措施为主,进入以间接手段为主、多手段并存的新阶段;人口调控措施从过去的"以证控人"为主

---

① 《国务院办公厅转发建设部关于加强城市总体规划工作意见的通知》,载《中华人民共和国国务院公报》2006年第14号。
② 何一民、郭明攀:《压力与挑战:拉萨城市化快速发展对综合承载力的影响》,载《四川大学学报(哲学社会科学版)》2022年第5期。
③ 程国栋:《承载力概念的演变及西北水资源承载力的应用框架》,载《冰川冻土》2002年第4期。

转变成"以业控人"为主,并表现为多措并举的新调控模式。①

在城市贫困治理的大背景下,城市承载力的人口视角有积极意义,这一视角承认城市化进程中的自然资源与公共服务供给的梯度性和阶段性特征。作为农业和人口大国,中国长期推行城乡二元制度,因此大量的农业人口进入城市有其道德正当性。但是由于城市就业机会的门槛限制,城市政府往往担心大量农业人口进入城市会给城市既有居住体系、就业体系甚至管理体系施压,甚至使城市陷入贫困并导致严重的城市安全困境。因此在城市政府看来,承载力表面上体现为资源和公共服务的承载力,但是从本源上看则体现为城市贫困的压力,体现为城市安全的防范能力。

二、城市贫困的防范与"外来者"控制

"二十亿农民站在工业文明的入口处:这就是在20世纪下半叶当今世界向社会科学提出的主要问题。长久以来,马尔萨斯的忧虑首次重新变得如此现实。在所有的大陆,人口都比生存的必需品增长得更快。"②1964年,法国社会学家亨利·孟德拉斯(Henri Mendras)呼应了马尔萨斯的忧虑,并把这一问题丢给了正在勃兴的城市化进程,丢给了大大小小的城市。在马尔萨斯式焦虑中,城市生活资料供给与日益增长的人口张力必然会成为城市发展面临的主要压力,也是城市可能陷入贫困的重要理由。在一些推行土地私有的发展中国家,存在着大量流入城市的破产农民。为了防止城市衰退,严格的人口控制一度成为中国城市反贫困的早期方案。

(一)从"流民"到"盲流":城市减压与人口的刚性约束

在世界范围内,人口流动都是常见的社会现象。历史学家把流民的历史与国家相联系,认为流民是人类进入阶级社会之后普遍存在的

---

① 童玉芬、阳圆、张欣欣:《我国特大城市人口调控政策的量化研究——以北京市为例》,载《人口与经济》2021年第1期。
② 〔法〕H.孟德拉斯:《农民的终结》,李培林译,北京:中国社会科学出版社1991年版,第1页。

一种人口现象和社会现象。约在公元前21世纪,中国建立起第一个奴隶制国家——夏朝,流民随之在中国大地上出现。流民呈现出三个特征:自发性与无序性;主体是农民;具有过渡性与暂时性。① 在中国流民史上,流民并不一定流向城市,由于古代城市经济的落后,以及自然环境、社会环境的恶化,流民多流向丰裕地区、安定地区,甚至远离故国。一旦战乱结束,城市经济趋向繁荣,就会有一批人流入城市。在唐朝,除了长安、洛阳、邯郸、临淄、成都等城市外,还有1000个以上的城镇;到了明嘉靖、万历年间,苏、松、嘉、湖四府有市76个、镇140个,计86万户,城镇居民大多来自农村流民。②

中华人民共和国成立之后,国家百废待兴,人口开始快速回升。这一时期人口流动加速,仅1954—1956年,迁移人口就达7700万。③ 1949年,全国城镇人口仅占全部人口的7.3%,到1978年,这一比例不过为11.8%。④ 长期的战乱使城乡经济凋敝,1949—1952年全国城镇待业人员年末人数分别达474.2万、437.6万、400.6万和376.6万,这些失业人员既包括工人,也包括店员、平民、学生、官吏、商人、知识分子,还包括进入城市谋生的乡村破产农民。⑤ 1953年元旦,《人民日报》社论指出:"工业化——这是我国人民百年来梦寐以求的理想,这是我国人民不再受帝国主义欺侮不再过穷困生活的基本保证,因此这是全国人民的最高利益。全国人民必须同心同德,为这个最高利益而积极奋斗。"⑥ 从社论中可以看出,工业化战略并非仅仅为了解决城市问题,而且是要同步解决中国长期以来的贫困问题。对于生活在城市中的个体来说,工人及其他人员面临共同的贫困命运,为摆脱这一现状,城市就需要发展工业,并以工业化驱动国家城乡、区域的经济发展。

---

① 江立华、孙洪涛:《中国流民史·古代卷》,合肥:安徽人民出版社2001年版,引言,第1—4页。
② 同上书,第234页。
③ 王俊祥、王洪春:《中国流民史·现代卷》,合肥:安徽人民出版社2001年版,第85页。
④ 陈甬军、陈爱民编著:《中国城市化:实证分析与对策研究》,厦门大学出版社2002年版,第108页。
⑤ 周肖:《1949—1957年间农民进城问题的历史考察》,载《江汉论坛》2016年第10期。
⑥ 《迎接一九五三年的伟大任务》,载《人民日报》1953年1月1日第1版。

确定城市优先、工业优先的发展原则之后,中国走上了计划经济体制的道路,以户籍制度为标志,取消市场对人口流动的调节,实行农村人口"计划入城"政策,将自发入城的农村人口划入"盲流",通过从"劝止"到"制止"的政策,限制农村人口流入城市。① 除了东北地区外,其他地区大量涌入城市的农民被劝返农村继续从事农业生产。1953 年 4 月17 日,周恩来总理签署《关于劝止农民盲目流入城市的指示》,要求今后县、区、乡政府对于要求进城找工作的农民,除有工矿企业或建筑公司正式文件证明其为预约工或合同工者外,均不得开给介绍证件;对于现已进城的农民,应动员还乡。② 值得注意的是,这一文件使用了"农民盲目入城"等表述,此后,农民进城从出口到入口都面临更加严格的限制。1958 年,《中华人民共和国户口登记条例》颁布,城乡二元体制形成。

"盲流"的产生与国家产业政策密切相关,在中华人民共和国成立初期,脆弱的工业体系及商业体系无法容纳更多的就业;同时由于坚持生产型城市的导向和重工业优先战略,城市无法吸纳众多的人口,严格的城市人口控制既是国家产业结构忽视就业的政策结果,也是这一时期国家城市政策的起点。因此,城市化并不仅仅受制于人们城市生活的意愿,也与特定的经济社会发展水平相关。1958—1960 年,国家推进工业化高速发展,1960 年的城市化率为 19.70%,比 1957 年高出 4.3个百分点,但是城市人口的增长仍然超过了城市的容量和承载力。1961 年起,国家动员部分人口离开城市,同时还撤销了一些城市,城市数量从一度 208 个减缩为 171 个。③

严格的人口控制保障了城市经济目标的快速达成,也防止了过多人口涌入城市造成社会贫困。与此同时,当农村无法供给必要的生活保障时,人口必然流向城市。在城市无法提供更多的就业机会与住房

---

① 谯珊:《从劝止到制止:20 世纪 50 年代的"盲流"政策》,载《兰州学刊》2017 年第 12 期。
② 周恩来:《中央人民政府政务院关于劝止农民盲目流入城市的指示》,载《山西政报》1953 年第 8 期。
③ 陈丰:《城市化进程中流动人口服务管理创新研究》,上海:华东理工大学出版社 2015 年版,第 37 页。

空间等条件时,城市贫困就较易发生,从城市反贫困的政策目标看,城市控制人口有一部分合理性。但是从城市经济学的角度看,马尔萨斯的研究存在不足,"盲流"一词的使用明显违背了人口流动与产业发展的基本规律。大量研究表明,人口的规模效应也能产生更多的就业机会,简单的国家控制无法改变这一经济和社会趋势。1978年改革开放启动,中国人口政策进入相互冲突的阶段:一方面,人口流动加快并促进了经济繁荣;另一方面,1982年国务院颁布《城市流浪乞讨人员收容遣送办法》,要求对家居农村流入城市乞讨的、城市居民中流浪街头乞讨的、其他露宿街头生活无着的人员予以收容、遣送。1984年10月,国务院发布《关于农民进入集镇落户问题的通知》,规定农民可以自理口粮进集镇落户,并同集镇居民一样享有同等权利,履行同等义务,自此,严格实行了26年的户籍制度开始松动。中国的城市化率继续提高,由1985年的23.71%提高到1991年的26.94%,增加了3.23个百分点。[①]城市化的闸门再次打开。

在诸如北京、上海这样的国家中心城市,虽然有严格的收容制度,但进入城市寻找工作的农村人口仍是日益增加。据记录,1987年北京全年收容6700人,1988年被收容人数已逾万人;而1988年上海流动人口抽样调查表明,市区700多万居民中,外来流动人口已经达到209万人。[②]在这一背景下,1984年,深圳率先推出暂住证制度,允许一些非城市户籍人口进入城市就业生活,应该说,这一制度的出台是对刚性的户籍制度的一种变通,在当时有着破冰意义。但是随着暂住证在全国的推广,"以证控人"制度以及后来的"以房控人""以业控人",事实上成为城市政府持续性的人口管控手段。1991年,国务院印发《关于收容遣送工作改革问题的意见》,将收容遣送的对象扩大到"三无"(无合法证件、无固定住所、无稳定收入)人员和"三证"(身份证、暂住证、务工证)

---

① 陈丰:《城市化进程中流动人口服务管理创新研究》,上海:华东理工大学出版社2015年版,第38页。
② 谷初:《都市"盲流"面面观》,载《社会》1990年第1期。

不全的流动人员。①

（二）从收容遣送到城市救助的制度演变

2003年3月，任职于广州某公司的孙志刚因为没有携带暂住证被送至收容遣送站并遭受殴打致死，"孙志刚事件"激发了对于收容遣送制度的不满。2003年6月，国务院常务会议通过《城市生活无着的流浪乞讨人员救助管理办法》，长期被诟病的"收容"制度转变为"救助"制度。该行政法规第一条明确了立法宗旨是为了对在城市生活无着的流浪、乞讨人员实行救助，保障其基本生活权益，完善社会救助制度。这一法规事实上承认了公民有在城乡之间自由迁徙的权利，城市政府有承担贫困群体应急救助的义务。《城市生活无着的流浪乞讨人员救助管理办法》第十一条规定，救助站应当劝导受助人员返回其住所地或者所在单位，不得限制受助人员离开救助站。救助站对受助的残疾人、未成年人、老年人应当给予照顾；对查明住址的，及时通知其亲属或者所在单位领回；对无家可归的，由其户籍所在地人民政府妥善安置。城市收容向救助的制度转变，一方面为更多的城市人口进入城市提供了可能，另一方面仍然强调贫困治理的属地责任。

通常认为，除了陷入贫困的可能外，城市外来人口存在着严重的犯罪风险，从而给城市稳定带来很大影响。研究调查部分支持了这一判断，对1999年天津外来人口犯罪情况的分析中发现，外来农村犯罪人口中初犯的占96.3%，再犯的占3.7%，说明大多数人过去没有犯罪记录，犯罪类型中，财产犯罪比重高达75%。②但是研究者借助1997—2013年中国30个省的面板数据和PMG模型探究外来人口比重与刑事犯罪率之间的因果关系，并考察了户籍制度在其中起到的作用，发现在过去的户籍制度下，外来人口比重的增加确实显著提高了刑事犯罪率，但这一变化主要是由外来人口中暂住人口的增加导致的，户籍迁入

---

① 高中华：《从收容遣送到救助管理——我国城市流浪乞讨人员救助制度的变迁》，载《当代中国史研究》2009年第6期。
② 程同顺、王焱：《从外来农村人口犯罪看城乡二元结构冲突——以天津市为例》，载《调研世界》2004年第8期。

人口的增加没有对犯罪率产生显著影响;此外,研究还发现,放松户籍管制、提高外来人口获得当地户口的概率(入户概率),可以有效地降低刑事犯罪率,而且当入户概率提高到一定程度之后,外来人口的增加将不再对犯罪率产生显著的影响。①

(三)"外来者"控制的政策放宽

在深圳暂住证实施近十年之后,1993年12月,《上海市蓝印户口管理暂行规定》(下文简称《规定》)出台。《规定》解释道,蓝印户口是指对在本市投资或被本市单位聘用的外省市来沪人员,具备规定的条件,经公安机关批准登记,并在户口凭证上加盖蓝色印章表示的户籍关系。对于境内外人士,《规定》明确了获得蓝印户口的投资、购房、就业门槛:外商和港、澳、台人士在上海市投资达到二十万美元、项目竣工投产或营业两年以上的,或外省市单位或个人在上海市投资达到一百万元人民币、项目竣工投产或开业或营业两年以上的;境外人士在本市购买的外销商品住宅,其建筑面积为一百平方米以上的;被上海市的国家机关、企业、事业单位、社会团体和个体工商户聘用,在上海市的固定单位连续工作三年以上,并具一定学历、技能基础的。1994年8月,《天津市蓝印户口管理暂行规定》出台,和上海相似,鼓励境内外人士通过投资、购房等获得蓝印户口。

从暂住证到蓝印户口,外来人口的控制方式逐渐灵活。但是蓝印户口的实施效果饱受质疑。2002年,上海不再办理蓝印户口,天津亦于2014年5月31日废止了《天津市蓝印户口管理暂行规定》。上海市在对"蓝印户口"进行反思时,认为这一规定对上海市招商引资、引进人才,尤其是推动房地产市场的繁荣、促进商品住宅的建设和发展,起到了积极作用;但同时存在两个方面的问题:一是蓝印户口的申办人员数量增长过快,与上海人口的综合调控要求不相适应;二是不利于上海市人才的柔性流动,以浦东新区为例,依托蓝印户口真正引进人才的比重

---

① 王同益:《外来人口、户籍制度与刑事犯罪》,载《人口研究》2016年第2期。

只占 10% 左右。① 基于对暂住证与蓝印户口的制度完善,2013 年上海市政府颁布了《上海市居住证管理办法》《上海市居住证积分管理试行办法》,居住证制度开始实施。居住证实施积分管理,积分指标体系包括年龄、教育背景、专业技术职称和技能等级、在上海市工作及缴纳职工社会保险年限等基础指标,并根据上海市经济社会发展状况和人口服务管理需要,设置加分指标、减分指标、一票否决指标。经过多次修改,上海市居住证的积分管理日趋完善。

上海市居住证这一人口管理的制度事实上借鉴了国际技术移民的制度,在制度推行初期,将居住证分为 A、B、C 三种类型,并赋予其差异性的城市权利。积分制则更为灵活,根据持证人的年龄、学历、职称、纳税、投资、社保等,将个人情况和贡献等转化为相应分值,积分达标准分值的持证人可获同住子女就地参加中高考等服务。② 因此,由于城市权利附着于城市户籍之上,对于上海市流动人口来说,积分制仍然以获得户籍为目标,这一制度对于所谓的低学历、低技能、低收入人口并不友好。积分制也不可能解决城市贫困问题,正相反,积分制仍然在贫困防范方面筑起围墙。

2013 年 11 月,《中共中央关于全面深化改革若干重大问题的决定》指出要"加快户籍制度改革,全面放开建制镇和小城市落户限制,有序放开中等城市落户限制,合理确定大城市落户条件,严格控制特大城市人口规模。稳步推进城镇基本公共服务常住人口全覆盖,把进城落户农民完全纳入城镇住房和社会保障体系,在农村参加的养老保险和医疗保险规范接入城镇社保体系"③。由此不难看出,与 20 世纪 50 年代末期的超速城市化不同,本轮城市化进程建立在中国工业体系初步完备的基础上;与 20 世纪 80 年代相比,除了少数超大特大城市,新一轮

---

① 《逐步实施"上海市居住证"制度 蓝印户口停止办理》,https://gaj.sh.gov.cn/shga/wzXxfbGj/detail? pa=34fe526bee6a862e,访问时间:2023 年 3 月 15 日。
② 谢宝富:《居住证积分制:户籍改革的又一个"补丁"?——上海居住证积分制的特征、问题及对策研究》,载《人口研究》2014 年第 1 期。
③ 《中共中央关于全面深化改革若干重大问题的决定》,载《人民日报》2013 年 11 月 16 日。

城市化几乎打开了中国所有城市的大门。

三、城市贫困的深化与城乡空间的权利张力

无论是蓝印户口还是居住证,以配置城市户籍资源为主要政策工具的人口控制,违背了城乡之间、区域之间的人口流动规律。研究认为,人口流向特大城市的趋势仍然没有停止,但是随着规模的扩大,城市聚集的边际利益会递减,不同城市人口规模最终会平衡在边际利益等于边际代价的水平上,而城市人口在控制之下依然呈现膨胀的趋势则表明,现有经济技术下的平衡点还未达到。① 同样,从城市反贫困的角度来看,只要存在城乡之间的收入差异和福利差异,低收入人口就一定会继续涌向城市,而强行将这些人口遣返,并不能解决他们的生活困境,并可能深化城市贫困,甚至付出严重的社会代价。

(一) 城市政府的"空间焦虑"与低文化程度、低技能人群控制

随着收容遣送制度的终结,大量农村人口进入城市务工,特大城市的人口压力持续扩大,而控制人口成为城市政府的重要工作。根据北上广此前公布的人口目标,到 2020 年,北京市城六区人口要比 2014 年下降 15% 左右,全市的人口调控目标是 2020 年人口要在 2300 万以内;广州市总体规划提出到 2020 年,市域常住人口控制在 1800 万人以内;上海则提出 2020 年前控制在 2500 万以内。②

研究者指出,低文化程度和低技能人群事实上包括在各类企业、机关事业单位、社会团体、自我雇佣组织中从事体力型劳动或劳务型工作为主的劳动者,如制造业中的蓝领普工,各类教育、卫生、金融等服务业中的保洁、快递、运输、绿化、护理人员等。③ 不难看出,这一对特定行业从业者污名化的分类方式无视城市运行中相互依赖的产业链,既漠视产业对于城市人口的吸纳能力,又背离世界城市运行的基本规律。由于这些群体大多来自农村,因此对其控制仍然将目标指向大量的农业

---

① 胡琪:《对我国超大城市低端劳动力调控的反思》,载《科学发展》2015 年第 10 期。
② 彭训文:《超大城市,咋调控人口》,载《人民日报海外版》2016 年 8 月 1 日。
③ 胡琪:《对我国超大城市低端劳动力调控的反思》,载《科学发展》2015 年第 10 期。

转移人口。

在对这一人群加以控制的理由中,城市拥挤是一个重要原因,然而研究者发现,如果从城市拥挤程度看,2011年,在全球221个人口超过200万的城市集聚体中,上海和北京的拥挤度(建成区人口密度)分别处于第114位和第139位,仅属中等偏下水平。① 日常生活经验已经告诉我们,城市空间拥挤与私人交通工具等有关,对于大多数无法拥有私人汽车的低收入人群来说,针对他们的数量控制并不公平。更为重要的是,严格的人口控制还导致大量的儿童在成长过程中与父母分离。根据2015年人口普查数据估算,城乡流动儿童已达3426万,农村留守儿童规模超过6877万,两者加起来占全国儿童的40%。② 大量的事实证明,那些留守儿童,尤其是曾有城市生活经验并在城乡之间的流动儿童,最终还会大量涌向城市,而家庭分离的社会代价最终仍将由城市来承担。

(二) 城市政府的"贫困焦虑"与贫困的深化

在城市政府的视野里,在城市资源有限的前提下,减少外来人口是一种典型的零和博弈思维,即除非能给城市带来效益增长,否则外来人口大多会损害城市的利益。积分制正是建立在这种零和博弈的思想之上,即通过积分,把高附加值人群吸纳进户籍保障之中,把低附加值人口挤出城市。城市人口控制扼杀了城市创新的生长空间,一些研究者也批评道,通过政策将外来人口"清理"出去,导致了这些地方常住人口出现增长放缓,但对超大城市来说,这不一定有好处,也不可持续。③ 在城市综合整治中,一些"低端产业"相继搬离特大城市,政策企业家希望这些产业的搬迁可以带走低文化程度、低技能人群,从而减轻城市反贫困的压力。

然而,传统城市人口、产业和空间的相连性遭遇了挑战。一项针对

---

① 胡琪:《对我国超大城市低端劳动力调控的反思》,载《科学发展》2015年第10期。
② 陈媛媛、傅伟:《特大城市人口调控政策、入学门槛与儿童留守》,载《经济学(季刊)》2023年第1期。
③ 彭训文:《超大城市,咋调控人口》,载《人民日报海外版》2016年8月1日。

2013年上海市"摩的"的调查就说明,一段时间以来,"随着上海经济转型和产业结构调整,大批劳动密集型企业被裁撤或外迁,相应的就业岗位随之减少,与此相反,根据常住人口的数据报告,外来人口的总体规模仍在不断上升。其实,这一城市发展悖论的秘密在于,面对正规就业岗位的逐步减少,部分失业和新增外来人口积极涌向非正规经济部门"[1]。2015年,上海市发布《关于进一步加强本市部分区域生态环境综合治理工作的实施意见》,对违法用地、违法建筑、违法经营、违法排污、违法居住等现象进行综合整治,做到安全隐患必须消除、违法无证建筑必须拆除、脏乱现象必须整治、违法经营必须取缔,即"五违四必"。"五违四必"整治了生态环境,进一步压缩非正式就业和非正式居住的空间。同样的综合整治也出现在北京等城市。而与之相对应的是,近几年的数据说明,这些城市的人口仍然在持续不断地增长,其中大量外来人口无法从事正式城市工作,无法享受城市福利,因此更容易深陷贫困。

(三)城市政府的"流动性焦虑"与权利冲突

现有的城市人口控制把城市人口分为固定人口与流动人口,前者纳入基于户籍的城市全部服务体系之中,后者则享受部分城市服务。从城市反贫困的视野来看,户籍人口与流动人口一样,都可能陷入贫困,但是由于户籍制度的存在,城市固定人口与外来人口又有差异。与1982年国务院颁布《城市流浪乞讨人员收容遣送办法》不同,2003年《城市生活无着的流浪乞讨人员救助管理办法实施细则》中界定的流浪乞讨者其实是"因自身无力解决食宿,无亲友投靠,又不享受城市最低生活保障或农村五保供养,正在城市流浪乞讨度日的人员"[2]。因此这里所说的城市流浪乞讨人员并不包括拥有户籍的城市居民,其中的一个隐藏逻辑是,流动人口是城市贫困治理的重点对象。

---

[1] 张友庭:《社区秩序的生成——上海"城中村"社区实践的经济社会分析》,上海:上海社会科学院出版社2014年版,第2页。
[2] 尹铎等:《广州城市流浪乞讨者的空间管治与日常生活实践》,载《地理科学》2019年第3期。

基于户籍的城市服务事实上形成了城乡居民的权利差距,把贫困分为就地贫困与流动贫困,并对流动人口进行紧急救助,是因为遣送是流动人口救助的后续政策,户籍人口则可以通过缓慢提升社会保障待遇以逐步解决贫困问题。因此在脱离户籍制度改革的讨论中,城市救助的这一临时救济手段并不必然激发长久性的反贫困政策,不足以撼动建立在城市户籍制度基础上的城市公共服务体系;更进一步讲,在城乡福利严重悬殊的前提下,城市救助制度不足以启动城市普惠式的公共服务。作为"外来者"的流动人口,仍然面临着融入城市的身份追问。

与此同时,基于流动性的贫困焦虑并不仅仅体现在外来人口身上,近年来"去工业化"政策的推进给一些外迁工厂的原职工以冲击,一些拥有户籍的固定居民由于家庭原因无法随着工厂外迁,因此同样面临着再就业的困难,同样存在陷入贫困的可能。

本章小结

自中世纪城市复兴以来,城市就意味着平等的公共生活,基于这样的观念,城市也向普通民众打开了大门。"被看作政治家或立法家的一门科学的政治经济学,提出两个不同的目标:第一,给人民提供充足的收入或生计,或者更确切地说,使人民能给自己提供这样的收入或生计;第二,给国家或社会提供充分的收入,使公务得以进行。总之,其目的在于富国裕民。"[1]这一判断揭示了公共治理的目标,也揭示了国家得以运行的秘密。根据斯密的判断,城市通过赋予城市居民以收入和生机的能力,才确保自身得以运行。

安全是城市发展的基本保障。作为城市安全的摧毁性机制,贫困始终形成城市运行的潜在威胁。"人类共同的非传统安全威胁是贫困问题。"[2]从空间与人口的角度看,城市贫困体现为城市扩张的地理性后

---

[1] 〔英〕亚当·斯密:《国民财富的性质和原因的研究(下卷)》,郭大力、王亚南译,北京:商务印书馆1974年版,第1页。
[2] 吕德文:《贫困是人类共同非传统安全威胁》,http://views.ce.cn/view/ent/202110/13/t20211013_36987940.shtml,访问时间:2022年8月25日。

果与社会性后果,因此城市安全与城市贫困有着相互交织的逻辑。也就是说,一旦城市分析离开了人的因素,城市安全就不再考虑人的安全;一旦承认城市安全事实上是关于人的安全,城市分析因此就成为一种社会分析。在中国四十余年的城市化进程中,大量人口与土地进入城市范围,这既符合城市化的基本规律,也契合人们追求更好社会的动机。城市治理因此同时包括了城市空间治理与人口治理两个部分。

张慰慈先生指出:"中世纪民治主义的失败,有两种主要原因:第一,一部分市民把持了城市的权利,对于那般新移入的人民,不给予他们同等的经济机会,所以他们在政治上也不能有同等的权利;第二,有几种较为发达的工业渐渐得到社会上的特殊地位,所以有几种特殊阶级就变成政治上的领袖。"[①]病理学视角把城市安全的影响要素指向了社会生活,指向了权利共同体,指向了不被筛选的个体。但无论是绝对贫困还是相对贫困,贫困干扰着这一共同体的平等形成。从城市安全的总体框架出发,立足更为广阔的地理空间就可以发现,把城市承载力的理解压缩在特定的城市有限空间和传统的农业思维里存在不足,对于人口流动的遏制也与城市化规律相冲突。在人口流动不可遏制的背景下,城市承载力的本质是人口与公共服务的张力,是城乡之间、区域之间的权利张力。在区域发展的不同时期,现代社会的人口流动也日趋多元,人口不限于从乡村到城市的单一流动,越来越多的人在城市间迁徙,从中西部地区向东部迁徙,甚至有一部分人口转向乡村,参与到乡村建设之中。因此无论是城市化还是逆城市化,中国的人口大多趋于从低福利地区向高福利地区迁徙,在这一背景下,填平福利洼地、缩小城乡差距对于缓解城市贫困及其安全焦虑有着积极意义。

2008年,温家宝总理宣布城乡社会救助体系基本建立。"这个体系概括起来可以这样表述:它是一个以城乡低保制度为基础,以农村五保供养制度、灾害紧急救济制度、医疗救助、流浪乞讨人员救助为主要内容,以住房救助、教育救助、司法援助制度相配套,以临时救助制度为补

---

① 张慰慈:《市政制度》,北京:北京出版社2019年版,第84—85页。

充,与慈善事业相衔接的一种制度。"①这一建立在低保制度基础上的救助体系,为城乡共同富裕提供了制度空间,但是不足以推进城乡社会保障的标准统一。由于事实上存在的城市和农村社会保障的差异,人们仍然努力进入城市;与此同时,由于城乡人口贫困线的差异,在农村已经脱贫的人口一旦进入城市,必将纳入城市绝对贫困的人口之列,成为城市贫困治理的对象。因此城市贫困治理将在一段时间内成为城市治理的重要内容。

城市反贫困催生更为深远的社会政策。邓小平强调,"社会主义的目的就是要全国人民共同富裕,不是两极分化。如果我们的政策导致两极分化,我们就失败了"②。党的二十大报告进一步提出,中国式现代化是全体人民共同富裕的现代化。共同富裕是中国特色社会主义的本质要求,也是一个长期的历史过程。③ 在中国城市化进程中,越来越多的城市将会建立起来,中国的社会问题将逐步演化为城市问题。"制定城市政策的目的主要在于确定城市体系的整体目标。这是国民和市民领导的责任。这些责任必须是未来导向型的。"④在城市未来的发展过程中,一个充满流动性的城市体系将不可避免,一个空间开放和权利平等的城市社会将成为社会主要形态。在这一背景下,我们需要正确理解城市承载力的动态性特征,充分发挥城市在凝聚产业和人口的合力、防范城市贫困的蔓延方面的作用,而这正是共同富裕指向城市、指向城乡的目的所在。

---

① 贾楠主编:《中国社会救助报告》,北京:中国时代经济出版社 2009 年版,第 1 页。
② 《邓小平文选(第三卷)》,北京:人民出版社 1993 年版,第 110—111 页。
③ 习近平:《高举中国特色社会主义伟大旗帜 为全面建设社会主义现代化国家而团结奋斗——在中国共产党第二十次全国代表大会上的报告》,北京:人民出版社 2022 年版,第 22 页。
④ 〔美〕布赖恩·贝利:《比较城市化——20 世纪的不同道路》,顾朝林等译,北京:商务印书馆 2017 年版,第 174 页。

第四章
城市数字化转型与新贫困的扩散

  2021年春,中国向全世界宣布,中华民族在几千年发展历史上首次整体消除绝对贫困,近亿农村赤贫人口摘掉了贫困的帽子,为中国的经济社会发展,尤其是城市化进程奠定了基础。农村整体贫困的解决减轻了城市发展的压力,中国城市无须像国外一些城市一样,面临破产农民的生存压力。同时,农村贫困的消除也把贫困治理的主阵地引入城市,引入相对贫困的治理之中。由于城乡生活水平的差异性和城乡社会保障水平的不平等,这些摆脱绝对贫困的农村人口一旦进入城市,仍然将成为城市贫困治理的对象。建立在不同社会保障制度之下的贫困治理存在着局限,更值得关注的是,伴随着第四次工业革命的到来,城市贫困治理又面临着新的挑战。

第一节　数字城市与人的自我数据化

  当今世界,信息技术正深嵌城市化进程,并日益助推城市的数字化转型。站在政策推动者的角度,数字城市是一种基于信息技术的城市系统。"数字城市的核心技术是遥感、地理信息系统、全球定位系统、空间决策支持、管理信息系统、虚拟现实以及宽带网络等技术,主体是数据、软件、硬件、模型和服务,本质是计算机信息系统。"① 也正是在这样的意义上,尼古拉斯·尼葛洛庞帝(Nicholas Negroponte)"计算不再只和计算机有关,它决定我们的生存"②这一耳熟能详的判断在今天成为现实。与此同时,城市数字化转型也重构了城市与人的关系,重构了城市发展与治理的基本逻辑。

一、数字城市及其代码化

城市运行涉及复杂系统的重构、风险的控制与服务的供给,因此站在权力行使者的角度,社会的清晰化与可计算性将带来治理成本的降低;从城市运行的角度,风险的及时化解构成城市运转的过程性保障;从服务供给的角度,更加精准的服务点位将提升城市运行的质量;从每一个城市个体的角度,更加便捷的城市将带来更加便利的工作与生活。然而,众所周知的是,数字城市建立在日益简化的代码之上,建立在计算机的技术进步之上,在计算机的世界里,由于二进制语汇的扩展,"越来越多的信息,如声音和影像,都被数字化了,被简化为同样的 1 和 0"③。

(一) 数字城市的社会代价

城市的代码化转向简化了社会问题,同时意味着城市政治的技术性转变,借用杰米·萨斯坎德(Jamie Susskind)的判断,城市政治将因三大发展而转变:日益强大的系统、日益综合的技术和日益量化的社会。④ 三大发展带来了不同的城市生活和不同的城市治理思路,追求更加透明、更加清晰、更加"科学"的治理方式支配着城市的运行甚至是"全息化"运行,"从用户画像、身体、位置、行为到情绪与心理、关系、评

---

① 《数字城市导论》编委会:《数字城市导论》,北京:中国建筑工业出版社 2001 年版,第 10 页。
② 〔美〕尼古拉·尼葛洛庞帝:《数字化生存》,胡泳、范海燕译,北京:电子工业出版社 2017 年版,前言,第 61 页。
③ 同上书,第 5 页。
④ 〔英〕杰米·萨斯坎德:《算法的力量:人类如何共同生存?》,北京:北京日报出版社 2022 年版,第 3 页。

价,人的多种维度,都有可能被数据化,甚至思维方式也在受到数据化的影响"[1]。因此今天城市中的每一个个体,均处于自动计算的场景之中。

城市数字化转型给城市治理带来了便利,也让城市社会付出了代价。从思想路线看,城市数字化应该是 20 世纪 80 年代新城市主义(new urbanism)和精明增长(smart growth)理论的社会学延续。新城市主义者认为街区、街道和建筑是城市生活的基本组成部分,因此新城市主义的指导原则包括提供可供选择的多个十字路口和可以缓行的交通方式、设置骑行者或行人舒适的街道、建筑物外墙与公共空间保持一致、建筑类型和谐统一、街道和建筑物后面设置停车位、适当的公共与私人空间界线、保护历史建筑等。[2] 20 世纪 90 年代,精明增长理论沿着新城市主义的路线,主张城乡政府在基础设施和开发管理的决定中,以最低的基础设施成本去创造最高的土地开发收益,使城市土地达到最高的使用密度。[3] 空间的硬约束对治理提出了更好的要求,作为城市数字化转型的理想形态,数字孪生技术将这些空间、建筑、车位和十字路口投射到城市虚拟系统中,并与城市物理世界双向映射、动态交互;而作为城市主体的人,由于其复杂性和动态性特征,在这一实时映射中却较为困难。

(二) 数字城市的技术依赖

在既有的文献中,数字城市是一个由 20 世纪末"数字地球"衍生而来的场景应用,是一种基于地理信息技术的城市变迁。在自然地理学看来,数字城市"是指在城市的生产、生活等活动中,利用数字技术、信息技术和网络技术,将城市的人口、资源、环境、经济、社会等要素,以数字化、网络化、智能化和可视化的方式加以展现。'数字城市'的本质是

---

[1] 彭兰:《"数据化生存":被量化、外化的人与人生》,载《苏州大学学报(哲学社会科学版)》2022 年第 2 期。
[2] 〔美〕雷·哈奇森主编:《城市研究关键词》,陈恒等译,北京:生活·读书·新知三联书店2022 年版,第 539 页。
[3] 〔加〕梁鹤年:《精明增长》,载《城市规划》2005 年第 10 期。

把城市的各种信息资源整合起来加以充分利用"①。因此信息技术的发展一定会持续推进数字城市的建设,也正是在这一意义上,全球定位系统、遥感和地理信息系统成为人们认识城市的重要工具。

信息技术的进步使城市日益清晰化、数据化;智能技术的推出则进一步深化了数字城市建设的基础。2015 年 7 月,国务院出台《关于积极推进"互联网＋"行动的指导意见》,这一文件指出,"互联网＋"是把互联网的创新成果与经济社会各领域深度融合,推动技术进步、效率提升和组织变革,提升实体经济创新力和生产力,形成更广泛的以互联网为基础设施和创新要素的经济社会发展新形态。② 也正是在这一文件中,"互联网＋人工智能"作为重点任务进入经济社会之中,并助推了智慧城市的发展。

"就人工智能的定义来看,它是一门融合了计算机科学、统计学、脑科学和社会科学的前沿综合性学科,它的目标是希望计算机拥有像人一样的智力,可以替代人类实现识别、认知、分类、预测、决策等多种能力……从技术演进角度看,大数据发展到人工智能是一个非常自然的迁移过程。"③如果说数字城市建立在城市日常数据之上,重在对城市进行多分辨率、多尺度的三维展现,那么智慧城市则更进一步把城市的日常运行与公共服务结合起来。也正是在这样的前提下,借助人工智能的技术进步,智慧城市建设着力于营建一个基于精致计算的自动化城市秩序。

二、城市"全息"运行的计算强制

在现代城市形成中,国家、资本和社会力量分别构成城市崛起的重要力量。在城市运行中,基于不同价值立场的城市主体不同程度介入了城市运行,从而构成城市系统的复杂性。对于城市决策者来说,充满

---

① 江绵康:《"数字城市"的理论与实践》,华东师范大学 2006 年博士学位论文,第 2 页。
② 《国务院关于积极推进"互联网＋"行动的指导意见》,载《经济日报》2015 年 7 月 5 日。
③ 魏真、张伟、聂静欢:《人工智能视角下的智慧城市设计与实践》,上海:上海科学技术出版社 2021 年版,前言,第 2 页。

复杂性的城市系统加重了城市运行的难度。为了促进城市治理的清晰化,借助于第三、第四次工业革命的成果,信息技术及智能计算先后进入城市过程,并日益以"全息"的方式维护城市秩序的数字控制。

(一) 城市运行的系统逻辑

基于国家的逻辑,城市仅仅是地方政府单位;但是基于城市形成的市场和社会逻辑,城市依赖空间、产业和人口的互相作用,必然存在众多具有差异性的个体、组织,城市运行也并不存在单一的运行逻辑,而是一个复杂的运行系统。复杂系统的描述必然涉及系统论的理论演变。与经典系统论主要研究系统的整体性问题不同,现代系统论主要研究整体与部分的关系问题。现代系统论认为,"整体虽然是系统的核心属性,但它并不等于系统自身,系统论也不孤立地考察系统的整体性,而是在其与部分、层次、结构、功能、环境的相互关系中来考察其整体性……人们只是把握了事物的整体性并不能达到把握事物系统的要求,而只有把整体与部分有机结合起来才能真正认识系统"[1]。

城市化的快速推进催生了类型迥异的城市。从权力分析的角度来看,在城市这个复杂系统中,作为地方政府的城市事实上已经跨越了省、地、县、乡四个行政等级,并根据行政等级获取不同的国家资源,因此行政权力的运行在城市系统中不可忽视;从资本和社会分析的角度来看,城市是产业与人口的空间集聚,资本和社会的意愿同样影响着城市的运行。

基于关系的角度,如果说在中国这一国家依附性的经济社会结构中,行政权力意味着高层次的结构,那么这一高层次在约束下层组织的同时,也无法摆脱下层组织的约束。正是在这一逻辑上,整体论者认为,"高层次系统存在的整体性和突现性,不能完全归结为它的组成部分的作用,因为它对于低层级的组分具有一种下向因果作用,也就是说,因果关系对于各层次是开放的"[2]。从更加细分的角度,一些研究认

---

[1] 常绍舜:《从经典系统论到现代系统论》,载《系统科学学报》2011年第3期。
[2] 范冬萍:《复杂系统的因果观和方法论——一种复杂整体论》,载《哲学研究》2008年第2期。

为,由于复杂社会建立在不同企业和人群高度分工的基础之上,因此日益增长的需求多样性和服务个性化,以及高度分散的社会的信息,都将增加城市运行的复杂性。① 约翰·米勒(John H. Miller)和斯科特·佩奇(Scott E. Page)进而区分了复合系统(complicated worlds)和复杂系统(complex worlds)。他们指出,复合系统的各个要素保持了一定独立性,复杂系统则源于各要素的依赖性,而社会系统天生就容易引起复杂性,无论是蜂群、人类还是机器人,都会陷入彼此联系的网络之中。②

(二) 城市"全息"的技术路线

系统的彼此依赖构成城市运行的基础,也意味着城市问题的弥散。系统论者发现,在具体的问题上,系统论有力所不逮之处,"在系统科学领域,系统论并不能有效解决具体的复杂系统问题,主要原因是未能解决系统悖论——不能针对具体系统给出具体的定量形式描述模型。深入研究发现:复杂系统不存在统一的原理及描述模型,只能针对特定类型的系统,寻求特定的原理及描述模型"③。约翰·霍兰(John Holland)进一步发现,世界上普遍存在一种神秘的、似是而非的"涌现"现象:"在生活的每一个地方,我们都面临着复杂适应系统中的涌现现象——蚁群、神经网络系统、人体免疫系统、因特网和全球经济系统等。在这些复杂系统中,整体的行为要比其各个部分的行为复杂得多。"④

因此,城市是一个复杂系统的运作过程,在快速城市化进程中,行政等级的更替、城市空间的变迁、产业与人口的持续流动,这些已知的、未知的、彼此联系的"涌现"现象,给城市运行带来多重变数。加入世界贸易组织之后,中国的城市化又融入了全球化进程,超越国家的国际企业、国际市场、国际社会组织以及国际政治机构,都在不同程度影响着

---

① 陆铭:《探求不确定中的确定——复杂社会的危机及应对》,载《探索与争鸣》2022 年第 9 期。
② 〔美〕约翰·H. 米勒、斯科特·E. 佩奇:《复杂适应系统——社会生活计算模型导论》,隆云滔译,上海:上海人民出版社 2012 年版,第 10—12 页。
③ 王迪兴:《准全息系统论与智能计算机》,北京:长征出版社 2004 年版,第 1 页。
④ 〔美〕约翰·霍兰:《涌现——从混沌到有序》,陈禹等译,上海:上海科学技术出版社 2006 年版,第 3 页。

中国的城市运行,一个可预测的甚至透明的城市运行日益成为城市运营者的迫切期待。借助于第三次工业革命的成就,在 20 世纪,激光和计算机的发明改变了人类生活。激光带来了全息技术,由光学原理可知,"光场的频率决定像体的色彩,振幅决定成像的亮暗程度,相位则对应成像的深度信息,就是人们所说的立体感"[1]。而全息照相术,正是以物理光学理论为基础,把物体上发出的光信号的全部信息,包括光波的振幅和相位信息全部记录下来,它反映的是物体的三维空间特性。[2] 全息技术进入社会科学领域后,启发了社会科学对于精细化、立体化的知识的渴望,甚至形成了全息生态学、全息数学、全息医学、全息经济学、全息人类学等交叉学科。

如果说全息技术记录了城市个体的全部信息,那么基于这些信息的政策计算就成为必需。1965 年,在 IBM 工作的罗曼(A. W. Lohmann)用计算机代替激光器制作了世界上第一张计算全息图[3],这一借助于计算机技术进行的光学模拟、光学计算以及光信息处理,催生了新的学科——计算全息(computational holography)。计算全息是建立在数字计算与现代光学基础上的,是对光学全息的技术性超越。进入 21 世纪以来,借助于第四次工业革命的成就及智能技术的发展,城市运行日益依赖信息的生产与利用,复杂的信息处理速度支配着城市运行的健康程度。因此对于城市的模糊运行来说,全息技术和智能技术的启发在于,科学技术的进步是否能够清晰识别城市中的每个组织及其行为,甚至精准预测霍兰所谓的涌现现象,通过智能计算、全息识别与系统掌控,来观测城市问题的原点,从而为城市运行提供保障性方案。

(三)城市秩序的计算强制

伴随着从信息革命到智能革命的技术变革,城市这一复杂性系统逐渐清晰起来,而"复杂系统研究中最有力的工具之一是一系列用以探

---

[1] 韩超:《计算全息与图像加密》,北京:中国纺织出版社 2021 年版,第 3 页。
[2] 龚勇清、何兴道:《激光全息与应用光电技术》,北京:高等教育出版社 2019 年版,第 79 页。
[3] 虞祖良、金国藩编著:《计算机制全息图》,北京:清华大学出版社 1984 年版,序。

索、开发更加广泛模型的计算技术。利用这些工具,任意数量的异质性主体都能在一个时空受限的动态环境中相互作用"①。也就是说,一个受控的城市运行系统在计算机技术上日益可行。同时,城市运行过程是一个有限空间众多要素的再聚合过程,是一个空间秩序重塑的过程。随着计算机技术进入城市运行,一个建立在物理空间的传统社会结构开始转型,一个基于计算的社会形态正在形成,以至于"在算法社会,治理主体既能够通过技术和权力手段追踪具体人群的行为轨迹,也能通过算法模型进行更有效的社会筛查和监控,这一切都是建立在数据和计算技术的基础之上"②。

　　研究者进一步认为,传统哲学对于实在世界归根到底是由物质、能量和信息所组成的判断存在不足。"当代科学的发展已经告诉我们,不仅实体性的物质不是基本的,而且其和能量均可以化归为更基本的要素——信息,即信息和信息变换(即计算)才是构成实在世界的'本原'。"③信息对于物质、能量的本原性规定为城市全息运行提供了可能,在城市运行中,计算全息技术致力于经过算法编码,把城市个体、物体、空间绘制成一张清晰的城市全息图。同时,在城市全息运行的时代,计算机必然意味着一种秩序的强制工具,一种对于复杂性的技术性规范。"计算机就像一个自动化的炉子,一旦输入这个菜谱或说明书,它就会按照规定做出美味佳肴来。"④从整体上看,城市运行是智能计算的过程,这种计算忽视城市间以及城市内部差异性的存在;从个体上看,无差别的计算机分类事实上提供了城市生活的有限选择,并将多样化的个体强制性地塞入一个个程序员编制的城市网络之中。

---

① 〔美〕约翰·H. 米勒、斯科特·E. 佩奇:《复杂适应系统——社会生活计算模型导论》,隆云滔译,上海:上海人民出版社 2012 年版,第 6 页。
② 阙天舒、方彪:《治理中的计算与计算式治理——国家治理现代化的治理技术和艺术》,载《理论与改革》2022 年第 5 期。
③ 郦全民:《计算社会科学的哲学透视》,载《河北学刊》2019 年第 5 期。
④ 〔美〕约翰·霍兰:《涌现——从混沌到有序》,陈禹等译,上海:上海科学技术出版社 2006 年版,第 19 页。

三、人的量化与城市自动化秩序的演进

城市系统的运行有高低层次之分,层次间的关系互动推进了城市这一复杂系统的演化。"复杂性科学的研究揭示,世界是层级结构和突现进化的。层级或层次是突现的结果,是突现形成一个序列的表现。主体之间的局域性相互作用通过自组织和适应性机制,产生了一种全局模式,即一个新的层次,表现出一种突现性质。"[1]在城市的模拟运行中,在追求自动化秩序过程中,全息技术日益被理解为一种代码化的处理技术;为了满足这一处理过程,越来越多的城市个体就需要进入一个被编码的过程。

(一) 作为机器的城市运行与人的量化

在城市运行中,科学计算的技术前提在于,追求城市运行的透明化,意味着城市各要素必须皆可量化,数据则构成量化的前提。杰米·萨斯坎德认为,四个要素促进了社会现象的数据化转换:越来越多的社会活动通过数字系统展开、存储数据成本的降低、算力的爆炸式增长、低成本的数据复制。[2] 随着城市数字化转型,社会现象的数据化转换意味着两个方面的内容:城市平台汇聚了越来越多的数据,为城市的透明运行提供了前提;与此同时,"相关主体可以通过'逆操作化',将复杂社会系统中的社会行为、公共事件和潮流现象乃至个体情况,借助算法等技术进行抽象化或符号化处理,变为具体可观察的数据"[3]。

数据与城市生活的互相转换,使城市生活以数据流的形态加以展开。社会行为、公共事件以及社会现象的背后是人的多样性活动,技术的抽象化处理建立在人的数据化基础之上。在万物皆可量化的城市中,作为观察主体的人异化为自身凝视的对象。在格奥尔格·卢卡奇

---

[1] 范冬萍:《复杂系统的因果观和方法论——一种复杂整体论》,载《哲学研究》2008年第2期。
[2] 〔英〕杰米·萨斯坎德:《算法的力量:人类如何共同生存?》,李大白译,北京:北京日报出版社2022年版,第34页。
[3] 阙天舒、方彪:《治理中的计算与计算式治理——国家治理现代化的治理技术和艺术》,载《理论与改革》2022年第5期。

(Georg Lukács)的物化世界里,这种凝视意味着两种意义上的主体的分离:"一方面,他们的机械化的局部劳动,即他们的劳动力同整个人格相对立的客体化……变成持续的和难以克服日常现实,以至于人格在这里也只能作为旁观者,无所作为地看着他自己的现存在成为孤立的分子,被加到异己的系统中去。另一方面,生产过程被机械地分成各个部分,也切断了那些在生产是'有机'时把劳动的各种个别主体结合成一个共同体的联系。"①

城市运行日益体现出机器运行的特征,这一特征也意味着借助于工业革命的成就,人们有多大意愿依赖机器,就有多大可能感染机器的负面性,诸如城市环境污染、城市交通、街区停电等对于人类社会生活的破坏将日益强化,并构成新的城市问题。在新技术革命驱动下,人的量化、异化与共同体的瓦解,构成了城市数字化运行的社会代价。更重要的是,在城市数字机器的运行初期,由于计算手段的有限性,城市对于机器秩序的追求必须简化人的社会角色,从而实现人的"量化"及其可计算性,这种追求"量化"的简单思维忽视了社会的复杂性,必然给城市运行带来更大的不确定性。

(二)代码化与作为变量的人

2003年12月中国物流信息新技术-物联网及产品电子代码(EPC)研讨会暨第一次物流信息新技术联席会议上确认,将EPC(Electronic Product Code)翻译成"产品电子代码",它的特点是强调适用于对每一件物品都进行编码的通用的编码方案,这种编码方案仅仅涉及对物品的标识,不涉及物品的任何特性。② 事实上,从城市运行可计算性的角度,人的量化仅仅构成城市机器运行的前提,是参与信息加工甚至被代码化的基础。因此城市数字运行的过程、城市信息加工的过程都将指向一个结果:城市个体与城市其他要素一样,被无差别地代码化了。有

---

① 〔匈〕卢卡奇:《历史与阶级意识——关于马克思主义辩证法的研究》,杜章智、任立、燕宏远译,北京:商务印书馆1992年版,第152页。
② 张成海、张铎编著:《物联网与产品电子代码(EPC)》,武汉:武汉大学出版社2010年版,第13页。

研究乐观地认为,"人类行为被数字表征,进而变为数据和信息之后,就再难以被单一中心所掌握、难以被物理空间所固定,而是变得更为分散、更为多元,也更为流动"①。但是,只要在数据生产中存在权力的不平等,那么一定是有权者在主导着这一数据生产过程。也就是说,在数字城市转型过程中,是城市运行者而非这些城市个体掌握着这些代码的密钥。

在人的代码化之后,城市运行自然就成为机器的自在行为,为了即时观察城市运行,一种更为大胆的假设——"数字孪生城市"应运而生。"基于数字孪生的智慧城市是指在信息系统中构建一个虚拟世界,通过信息收集、传输、处理等新一代信息技术实现与物理世界的同生共存,达到社会世界、物理世界和信息世界的有机融合和相互作用,并最终形成虚实结合、孪生互动的城市发展新形态。"②不难看出,数字孪生城市的基本理论框架存在一种技术化的处理过程,人的社会行为、社会关系甚至社会属性开始消失,取而代之的是一种机器行为、技术关系以及工具属性。

在马克思主义的理论视野里,存在两种类型的技术:一是作为物质人造物的技术,二是作为社会形态的技术。前者主要讨论人与自然的关系,后者则涉及人与人之间的社会关系。③ 国内学者则进一步解释,前者指科学技术在劳动过程中的应用,后者指劳动过程中出现的组织技术。④ 这一分类在城市数字化转型中值得审视:基于什么样的前提,人造的技术最终异化为人类自我束缚的工具?从分化与整合的双重路径,列斐伏尔解释了机器的力量形成:"机器不同于简单工具,也不同于车间里……被放置在一起的大套工具。机器从自然资源(最早是水,然后是蒸汽,再后来是电)中获取能量,并利用它完成一系列生产任务。

---

① 黄其松:《数字时代的国家理论》,载《中国社会科学》2022 年第 10 期。
② 范明月等:《智慧城市运营管控关键技术展望》,载《计算机系统应用》2022 年第 11 期。
③ R. Grundmann, *Marxism and Ecology*, Oxford: Clarendon Press, 1991, p.139.
④ 陈龙:《"数字控制"下的劳动秩序——外卖骑手的劳动控制研究》,载《社会学研究》2020 年第 6 期。

现在,工人不再操作工具,而是服务于机器……尽管劳动越发地被分化和隔离,机器却被整合成一种更加庞大、更加团结、更加统一,并且更具生产效益的整体……从一开始,机器就拥有了制造全新东西的潜力,也即生产过程自动化的潜力;因此,也就拥有了一种新的合理性,以及最终的,劳动自身的终结。"①

(三) 被机器切断的城市与人的联系

劳动者构成了社会的主体,社会是由一个个劳动者组成的关系体。涂尔干进一步把社会规范分为两种类型,"一种是与压制性制裁有关的规范,包括分散类型和组织类型;另一种是与恢复性制裁有关的规范。我们已经看到,前者表现出来的是从相似性中产生的团结条件,我们已经将它称作是机械团结;后者表现出来的是一种否定的团结,我们称之为有机团结"②。但是涂尔干不会想到会有这么一天,日益强大的、自动化的机器不仅终结了劳动,切断了劳动者与社会的联系,而且使字面意义的机械团结达到极致;涂尔干更不会想到,他所捍卫的,即分工不会把人们变成不完整的人的判断,也会遭遇挑战,他认为,"个人的人格非但没有由于专业化的发展而受到损害,反而随着分工的发展一同发展起来了"③。但是在新技术革命的背景下,以专业的名义,社会分工却出现在了机器与人之间。

在赫伯特·斯宾塞(Herbert Spencer)看来,社会结构不能被看作物质实体,在任何的物质意义上,社会有机体都不能形成一个"连续集结"(continuous mass)④。城市化进程是人口向城市流动的过程,在这一过程中,社会结构意味着权力、信任和契约重组。在涂尔干的阐述中,法律和道德在维系社会结构方面具有重要意义:"法律和道德就是

---

① 〔法〕亨利·列斐伏尔:《空间的生产》,刘怀玉等译,北京:商务印书馆 2021 年版,第 507 页。
② 〔法〕埃米尔·涂尔干:《社会分工论》,渠东译,北京:生活·读书·新知三联书店 2000 年版,第 356 页。
③ 同上书,第 361 页。
④ 〔英〕杰西·洛佩兹、约翰·斯科特:《社会结构》,允春喜译,长春:吉林人民出版社 2007 年版,第 18 页。

能够把我们自身和我们与社会联系起来的所有纽带,它能够将一群乌合之众变成一个具有凝聚力的团体。"①但是,日益强大并走向联合的机器进入了城市运行系统,一旦机器的"联合"替代了社会结构,那么机器社会的强制性势必影响城市社会的系统再造;在这样的城市机器运行中,众多失去主体性的人开始成为分散的信息甚至代码,成为城市机器的原料而非城市的主导者。

四、自我数据化中的自证清白与人的削弱

人的量化构成城市自动化秩序的前提,而人的量化也逐渐偏离人之所以为人的核心原则。"进入 21 世纪以来,人们越来越具体地生活在'数字状况'(digital condition)下。以指数级速度升级迭代的当代技术已深层次地介入人类共同体之结构,推动其走向数字化——'数字城市性'(digital urbanity)、'算法化社会性'(algorithmized sociality)、'大数据主义'(big-dataism),正在成为共同体的三个构成性要素。"②在城市运行中,三个要素不同程度地把大量人口驱赶到数字空间之中,并以自我数据化的形式让渡了自由和权利。

(一)代码治理中的自我数据化

在工业革命的驱动下,世界遍布生产性的城市,或者说,城市就是一座座巨大的工厂。与此同时,由于人口的彼此交往,城市社会活动充满了复杂性。列斐伏尔以"都市社会"这一概念揭示了都市现象的复杂化(complexification),他强调,"都市社会,连同其自身所独有的秩序与无序,是处于形成过程中的"③。新技术革命改变了原先的城市形态,日益全息而透明的城市治理需要更加充分的数据,而人,正是城市数据的主要供体。在城市数字化转型中,从无现金支付到打车软件,借助于移

---

① 〔法〕埃米尔·涂尔干:《社会分工论》,渠东译,北京:生活·读书·新知三联书店 2000 年版,第 356 页。
② 吴冠军:《健康码、数字人与余数生命——技术政治学与生命政治学的反思》,载《探索与争鸣》2020 年第 9 期。
③ 〔法〕亨利·列斐伏尔:《都市革命》,刘怀玉等译,北京:首都师范大学出版社 2018 年版,第 65—66 页。

动互联网技术,越来越多的第三方应用程序(App)被开发出来,这些App 与日益普及的智能手机紧密结合,满足了城市居民的复杂需求。但是这些 App 的使用大多存在一个前提,即每一个使用这些程序的居民必须扫码、注册、登录、允许访问私有空间等,也就是说,这些扫码的过程满足了这些软件窥视个人信息的需求,扫码过程因此成为一个自我数据化的过程。

新技术革命推动着"数字空间"的形成,伴随着数字空间逐渐成为一种新战场,基于数字技术的新型权力正在生成。① 自我数据化意味着城市个体收缩甚至部分失去了捍卫自身信息的能力,意味着基于数据的权力对于城市运行的操控。在自我数据化过程中,被称为私权的性别、身份、学历、健康、交往以及行为偏好都被众多的数字平台反复搜集并交叉印证,越来越多的数字平台掌握了海量的信息,掌握了基于数据的权力;与此相对,由于失去了对私权的捍卫,作为城市主体的市民日益透明。

(二) 代码治理中的自证清白及其缺陷

在马克思的理想里,未来的社会必然是自由人的联合体;在城市的历史中,现代城市的复兴源自权利的解放。从这一意义上,马克思主义者对于工业革命以及汇聚工人阶级的城市的歌颂便不难理解。但是,作为机器的数字技术并非没有社会边界,数字工具归根到底无法具备剥夺自由的道德正当性。沿着马克思的思维路径,列斐伏尔敏锐地发现了机器背后的权力:"我们能够为计算机提供某个特定问题的全部数据吗? 答案是否定的。因为机器只能使用以'是'与'否'为答案的问题构成的数据,计算机本身也只会对问题做出是与否的回应。此外,谁能够确保所有数据已经凑齐了呢? 谁将保证这个数据大全使用的合法性呢? 谁将证明'城市的语言'——在某种程度上它是一种语言——是与算法语言(ALGOL)、语言结构(SYNTOL),或公式变换语言(FORTRAN)、机器语言一致,并且这种翻译不是一种背叛呢? 这种机

---

① 黄其松:《数字时代的国家理论》,载《中国社会科学》2022 年第 10 期。

器难道没有冒着变成掌握在压迫集团与政治家手中的工具的风险吗？它不是已经成为那些掌权者以及服务于掌权者的人的武器了吗？"①

"自由不仅是发展的首要目的，也是发展的主要手段。"②在城市运行中，当城市主体需要主动扫码才能开启城市生活时，这种生活已经带有强制性的特征。从技术本身来看，编码本身并非中立，"软件的编码在某种程度上具有法律在社会中保证自由和限制行为方面的功能。在市场中，人们使用各种程序或者借由程序存取数据的过程均隐含着权利、限制和补偿等方面的合同或约定。从这个意义上讲，软件不仅仅在技术层面作为工具而存在，同时也在经济、社会和政治层面掌控着信息技术空间的游戏规则"③。

（三）人的削弱与数字压迫

当城市市民成为编码的对象，当城市管理者成为代码控制者，人类便启动了数字世界异化的过程。城市个体通过电子注册、让渡私权等方式上传信息，助长了技术暴力，也削弱了权利、自由作为人所以为人的核心价值。

从技术中立的角度，计算机技术无法实现自我纠正；从技术向善的角度，任何削弱人的技术背后都存在道德缺陷，而这种缺陷只能由人自身加以克服。在计算机程序的背后，是一系列源代码；同样，在城市数字化程序的背后，是一系列社会计算的源代码。这些人类开发的可读的计算机语言指令本身并不具备天然的封闭性，开放源代码也成为科学研究的一种新兴现象。与传统的科学研究模式相比较，开放源代码科学研究有两个显著差别：一是科研成果不是私有产权，而是面对所有人开放的共有产权；二是科学研究不是由某机构（个人）完成，而是通过网络进行开放式合作研究，参与合作的数目不受限制。④ 基于这一科学

---

① 〔法〕亨利·列斐伏尔：《都市革命》，刘怀玉等译，北京：首都师范大学出版社2018年版，第65—66页。
② 〔印度〕阿马蒂亚·森：《以自由看待发展》，任赜、于真译，北京：中国人民大学出版社2002年版，第7页。
③ 杨剑：《数字边疆的权力与财富》，上海：上海人民出版社2012年版，第250页。
④ 聂盛：《开放源代码科学研究模式的兴起及思考》，载《中国科技论坛》2009年第9期。

价值立场,在源代码的分类中,向来有自由软件与非自由软件之分;这一分类将启发数字压迫的解决方案,即在城市数字治理中,在涉及居民参与的公共领域部分,合作治理是否需要建立在必要的源代码开放之上。

第二节　数字城市的权利计算

虽然数字城市的愿景伴随着政策话语的积极推进,但是这一话语的背后,仍然体现了技术政治特征下管理主义的逻辑演变。产生于工业革命时期的管理学派再次进入城市,以"新基建"的政策入口进入城市规划;同时沿着公共管理的思维路径,基于企业治理变革的技术性路径逐步被应用到城市治理的日常场景中,从而逐步实现公民向用户的身份转化。数字化快速作用带来了公共生活的便捷,但也导致了中国十几亿人口率先大规模直面算法剥削、信息泄露、数据权利等具体问题。作为城市数字化转型的外部性后果,新型贫困将与传统城市贫困一道,深刻影响城市发展与治理的成效。

一、现代城市演变的动力切换:从工业化到数字化

在西方世界,中世纪以来的城市复兴依次体现为商业、工业的推动结果。1184年,意大利各自治市获得了建筑城墙的权力,商人获得了城市的庇护,"当商人成为城市自治机构的永久性成员以后,一个新时代便开始了,这个时代推动了陆上和水上各条重要通道的重新开通"[①]。正如芒福德所言,城市的容器功能一经恢复,就会很快发挥其磁体功能。中世纪以后的工商业因此成为城市持续扩张的动力。在中国,沿海开埠与近代工业化催生了城市化,1949年以后尤其是近四十年来,中

[①]　[美]刘易斯·芒福德:《城市发展史——起源、演变和前景》,宋俊岭、倪文彦译,北京:中国建筑工业出版社2005年版,第269页。

国城市化出现了先慢后快的趋势,并日益接近世界城市化平均水平。在这一过程中,既涌现了大量的世界性城市,也涌现了一些国家中心城市、区域中心城市及中小城市。

(一) 城市化、工业化和新型工业化的变奏

和中世纪西方城市的工商业并行路径相似,中国现代城市的大规模形成得益于晚清以来的贸易和工业化启动。借助于贸易力量,一些港口城市如上海等率先崛起后,一些传统的资源型城市迅速扩张。以唐山为例,19世纪后期开平煤矿正式投产,使唐山从一个18户人口的村庄迅速演变为一座约3万人口的城镇,1898年唐山设镇时,已经成为滦县、丰润县地区的经济中心。[①] 20世纪中叶,中国城市发展的工业性特征更加明显。1949—1952年,城市数量从136个增加到153个;1957年第一个五年计划结束后,城市数量已经达到176个,城市化水平达到15.4%。[②] 工业化对于城市化的促进作用在随后的国家发展中得到了持续体现,甚至在20世纪60年代启动的持续近二十年的三线建设,也客观上促成了门类比较齐全的工业体系和以大中城市为核心的八大新工业区,从而改变了工业体系和城市体系一度集中于东南沿海的情况。

工业化是城市化的先导,也是现代化的必经之路。在1949年后一段时期,中国工业化成就集中体现在重工业布局上,并在此基础上形成了全门类的工业体系。2004年,中国重工业比例甚至上升到67.6%,比上一个峰值的1960年还多了一个百分点,创造了1949年以来的最高纪录。[③] 长期以来的重工业依赖,造成了中国城市转型的困难。传统的机械工业、冶金工业、电气工业、化学工业等重工业结构对于资源、环境的负面影响,使中国的产业政策很快作出调整。党的十六大报告中明确提出坚持以信息化带动工业化,以工业化促进信息化,走出一条科

---

① 冯云琴:《工业化与城市化——唐山城市近代化进程研究》,天津:天津古籍出版社2010年版,第96页。
② 庄林德、张京祥编著:《中国城市发展与建设史》,南京:东南大学出版社2002年版,第228
③ 简新华、余江:《中国工业化与新型工业化道路》,济南:山东人民出版社2009年版,总论,第14页。

技含量高、经济效益好、资源消耗低、环境污染少、人力资源优势得到充分发挥的新型工业化路子。① 在这样的战略部署下,电子产业、信息产业等新兴产业得到了充分发展。

(二) 工业化革命的三次叠加及其对于城市化的差异性激励

如果说从18世纪60年代开始,世界依次进入以蒸汽机为代表的第一次工业革命时期、以电气化和信息化为代表的第二次和第三次工业革命时期,那么很显然,十六大报告立足中国现实,在21世纪初敏锐地捕捉到了时代变革的革命性意义。值得关注的是,十六大报告同时强调,农村富余劳动力向非农产业和城镇转移,是工业化和现代化的必然趋势。至此,21世纪的中国经济增长的秘密已经非常清晰:在有限时间里,不同区域同步实现了工业革命在中国的三次飞跃;众多农业人口和接受过高等教育的知识员工大规模进入城市。2011年,农业中国正式进入城市时代。

从一般意义上看,中国城市化与工业化的互相促进集中体现为两个方面的结果:城市数量的增加和城市的区域性分异。因此,从总体趋势看,大量人口进入城市;从个体趋势看,人口分别进入各类城市。人口与城市在区域之间的分布虽然并不平衡,但是这些分布总体上遵循传统的产业布局。"长期以来,由于技术范式比较成熟稳定,鲜有根本性的技术、产业和生产方式创新,产业布局多遵循既有规律,相关研究大都围绕产业集群、产业全球分工(如垂直专业化、全球价值链)等方面展开"②。21世纪,人类社会迎来了新一轮科技革命,对产业布局、经济形态乃至生活秩序都产生了持续性的影响,从农业经济时代的分散式经济、工业经济时代的集中式经济,到信息经济时代的分布式经济、智慧经济时代的分离式经济,经济范式的转换鲜明地体现在空间形态

---

① 江泽民:《全面建设小康社会,开创中国特色社会主义事业新局面(一)》,载《人民日报》2002年11月18日。
② 李晓华:《新工业革命对产业空间布局的影响及其表现特征》,载《西安交通大学学报(社会科学版)》2021年第2期。

上。① 这些继而影响着城市及人口分布，一些远离区域中心的城市诸如义乌、龙港等轻工业城市完成贸易化转向，嵌入全球价值链，从而吸纳了大量的人口。

（三）新技术革命对于城市转型的多维突破

从知识谱系看，20世纪末期启动的经济形态先后被称为"知识经济""信息经济""数字经济"。从三次工业革命的逻辑看，现时代正在发生的工业革命依然属于信息革命的当代体现，属于技术变革的持续。但是由于本轮技术变革的深度扩散与多维融合，以及对传统经济业态与公共生活的直接影响，人们更倾向于把本次工业革命称为"第四次革命"或"新工业革命"。

"1946年，美国诞生了世界上第一台大型实用电子计算机'埃尼亚克'，这台计算机用了1.7万多个电子管，7万个电阻，1万个电容和6000个开关，重约30吨，每秒可进行5000次加法运算。"②此后，电子计算机的更新换代日益加快，为信息化时代的到来奠定了基础。建立在传统工业基础上的城市体系强调信息的等级化分享、空间的地理化展现、生活的秩序化运作先后被信息计算所颠覆，基于大数据、云计算与物联网的信息技术改变了企业运作方式，也改变了城市形态与城市生活。这种建立在计算机技术、大数据存储与人工智能等技术综合应用之上的城市形态，就是"数字城市"。综合建筑系统、测绘系统、3S系统和信息产业系统的观点，李琦等进一步认为："数字城市是从信息化角度，对信息时代及准信息时代城市状态的形象刻画，表征在花园城市、园林城市、生态城市等工业城市文明基础之上，信息化基础设施完备、信息数据资源丰富、信息化应用与信息产业高度发达、工业化与信息化持续协调发展、人居环境舒适的良性城市状态。"③城市的系统性、

---

① 娄伟：《重大技术革命解构与重构经济范式研究：基于地理空间视角》，载《中国软科学》2020年第1期。
② 石培华编著：《新经济与中国的数字化》，贵阳：贵州人民出版社2002年版，第5页。
③ 李琦、刘纯波、承继成：《数字城市若干理论问题探讨》，载《地理与地理信息科学》2003年第1期。

可计算性与协调性,成为未来城市运行的重要特征。

二、数字城市的阶段演化与贫困的转向

从一般意义看,城市化是社会关系的空间化过程,城市既表现为一定社会关系,也表现为一种空间结构。作为与城市伴生的社会问题,城市贫困既表现为一种社会融入的障碍,也表现为一种空间排斥。借鉴阿马蒂亚·森的视角,城市贫困最终体现为城市生活能力与权利的丧失。在传统的城市形态下,这种丧失的社会呈现与空间体现是清晰的,但是随着城市数字化的转型,建立在社会关系与空间结构上的城市贫困识别日益困难。

(一) 城市贫困空间分布的隐秘性

在空间形态上,城市贫困群体的非正式居住、非正式就业及空间隔离是一个典型特征。人们大多以贫民窟、棚户区等来形容这些低收入城市区域。在一些国家,居住隔离还包括种族因素。2011 年,种族和解后的南非开普敦市海湾镇,"居住空间呈现出明显的种族分野,30% 左右的白人占据了海湾镇 90% 以上的正规居住空间,70% 左右的非白人则主要居住在海湾镇两头狭窄的贫民窟之中"[①]。20 世纪 70 年代以来,拉美各国通过登记注册、土地确权、颁发产权证书等形式,逐渐承认非正规住房区域的合法性。在中国,学者们把注意力更多地集中在"城中村""城郊接合部""棚户区""工厂宿舍"等方面,较少使用"贫民窟"这一概念,对于"中国是否存在贫民窟"问题,目前学术界主要存在虚无论、相似论与实在论三种观点。[②] 但是对于中国城市存在低收入区域这一说法,学界并无不同意见。

随着大量农业人口向城市转移,中国城市不可避免地出现诸多低收入区域,这是由城市化规律决定的。在传统产业的数字化转型中,中

---

① 刘敏、包智明:《从区隔到共享:后种族隔离时代的居住空间——南非开普敦市海湾镇贫民窟的民族志研究》,载《中央民族大学学报(哲学社会科学版)》2016 年第 1 期。
② 张波:《"贫民窟"概念及其在中国的适用性——基于上海城市发展的考察分析》,载《安徽师范大学学报(人文社会科学版)》2017 年第 2 期。

国城市贫困的空间分布更加隐蔽。除了熟知的破败的棚户区，低收入人群也可能居住在城市远郊的成套住房中，但是由于空间布局边缘化、就业结构不匹配和配套公共设施不完备等问题，居住在保障性住房中的低收入家庭往往承受高额通勤成本的压力，生活质量下降。① 此外，一些数字工作的高收入者日益依赖线上交往，时空距离感不断减弱，地域性社区的重要性已经大大削弱，从而更加凸显"脱域的共同体"的重要性。② 这种低收入者的长距离通勤与高收入者的线上社区，逐渐模糊了低收入社区的地理性特征。随着数字化对地理空间的扁平化推进，公共服务通过数字化实现广袤的分布，人们逐步摆脱了对中心城区公共服务资源的依赖，城市贫困人口的空间分布更为广泛：一些人依然聚居在中心城区，一些较为偏远的城郊也能聚集较多的贫困人口。因此通过区域识别贫困日益困难。

（二）城市贫困的群体性演化

城市化是一个群体适应过程，也是一场社会运动过程。"近代以来中国工业化的过程视为这样一个宏大的运动：数量巨大的农民和底层劳动者被强制、迅速地终结了他们固有的生产和生活方式，如何在新的社会当中安置他们，成为这场浩瀚历史运动的根本主题之一。"③ 在中国城市化进程中，以"孙志刚案"为标志，国家长期通过户籍制度阻截农业人口进城的政策逐渐失败，基于机会选择的农业群体、低收入群体涌入城市。但是客观存在的就业机会、社会保障等差异，促使一些来自乡村的群体陷入贫困。

现代工业建立在科学管理之上，这一范式在二战之后遭遇行为主义的挑战。借着数字化的精密计算，越来越多的年轻人被送上流水线，并被榨取"最后一个铜板"。尤其是在打着高科技、高端制造等名号的

---

① 仝德、高静、龚咏喜：《城中村对深圳市职住空间融合的影响——基于手机信令数据的研究》，载《北京大学学报（自然科学版）》2020 年第 6 期。
② 张虹：《从"睡城"到"观里"：青年程序员职业共同体的社区认同》，载《当代青年研究》2019 年第 3 期。
③ 高超群：《现代工人与企业关系的历史演变——从大生看中国工业化进程中的社会重建》，载《文化纵横》2019 年第 2 期。

车间,剥削更加隐蔽。例如某制造企业,从原料投放到产品形成,需要经历十多个制程。由于机器人的参与,技术工人摆脱了在局促空间进行的繁重装配工作,但是仍需要在不同的机台之间进行繁复的控制,其控制按钮的每一次时间是被精密计算的,超过规定时间就会造成整个制程的停滞。将来的计算甚至可以追踪到工人经手的每一个产品,从而使年轻的工人处于焦虑之中。流水线的规训剥夺了青年群体社会交往的空间,也阻碍了城市化的健康路径。如果说第一代知识匮乏的农民工通过返回乡村尚能摆脱城市融入的困难,那么新一代不愿回乡的年轻人犹如"三和青年"般在城市边缘游弋。

一些理想主义者认为,城市数字化使城市生活更便捷。事实上基于计算的数字城市本身就可能演化为一条流水线。在深圳的电子一条街上,微信号是可以出售的商品,然而可以想见的是,这些收购者显然是出于非正常用途收购微信号[①],出售微信号的年轻人则不过以150元的价格出售了其数字化生存的途径。他们把数字沟通渠道出售以后,也将被数字城市彻底抛弃。因此,除了进城农民,城市数字化转型还新增两类贫困群体:一类是数字失能的老人、残疾人;一类是掌握了数字技术的赛博朋克(cyberpunk),生活在城市社会的边缘,和数字失能的老人相比,这些"低端生活与高等科技的结合"(combination of low life and high tech)的数字失权的年轻人,更能深刻体会到精神的贫困。

(三)数字城市贫困的形式交织

随着时间的推移,数字城市的流水线化对每一个城市居民都将无差别地施加影响,这一趋势也对基于收入的城市贫困理论分析提出了挑战。从比较经验看,贫困线的设定一直存在不足。"如果我们要确定哪些人可能缺乏实现社会可接受的生活水平的资源,那么收入是一个有用的指标。但是,收入不能准确地衡量其达成目标的能力(这些能力可能受到其他因素的影响,例如教育、信息、合法权利、疾病、受威胁的

---

① 田丰、林凯玄:《岂不怀归:三和青年调查》,北京:海豚出版社2020年版,第119页。

家庭暴力或不安全感)。"①

能力-权利视角重新把贫困拉回阿马蒂亚·森的框架。无论是远程医疗,还是日常购物、交通,数字化城市都依赖日益复杂的数字手段。对于只能勉强使用"老人机"的群体来说,传统的生活方式已经远去,离开了智能工具,他们连起码的城市生存都很困难,他们的城市贫困应该归类为数字城市生存的能力贫困。随着这些老人的衰病与数字技术的推进,越是严重老龄化的城市,被抛弃的群体越多。对于年轻人来说,无论是高收入的"码农"还是低收入的数字打工者,只要持续被"算法"困扰,他们的共同命运就是只能长期工作,失去社会交往的时间,因而陷入数字城市生存的权利贫困。同时,能力与权利的转换并不天然隔绝,当数字化转型超越人们的学习能力时,贫困就会从特定的群体弥漫开来,越来越多的城市居民将面临城市生活的忧惧。

三、"被计算的权利"及贫困的弥散

从时间顺序来看,数字城市建设的内容包括:网络基础设施建设、城市政府与企业内部信息化建设、城市政府与企业之间的互联网连接、建设数字大厦、数字社区、数字城市。② 这一顺序遵循了城市规划、城市建设与城市治理的基本规律。城市的数字化转型同时包括了三个过程性特征:信息适应、数据驱动和算法引领。城市贫困,作为人类生活的共生性特征,也嵌入了城市数字运行的过程,并构成了数字城市治理必须面对的现实性问题。

(一)市民的数字化:基于数字的城市规划与参与门槛的设置

在城市研究中,城市规划具有基础性的意义。建立在科学管理之上的规划主义之所以被诟病,是由于这一极其重要的城市权力往往被专家所垄断,而忽视市民的需要。简·雅各布斯曾经严肃批评专家式

---

① Ellen Wratten, Conceptualizing Urban Poverty, *Environment and Urbanization*, Vol. 7, No. 1, 1995, pp. 11-38.
② 彭雪:《数字城市对城市规划的影响探讨》,载《低碳世界》2016年第19期。

的城市规划:"直到今天,大城市的规划者和住宅计划者们都认为他们手中掌握着他们面临的问题的答案,或者是真理,他们就是依照这种真理试图把城市街区重新塑造成建立在只有两个变数基础上的模式,一个因素(如空旷场地)的变化只是直接地、简单地依赖于另一个因素的变化(如人口)。"①

雅各布斯抨击了专家式城市规划的垄断性,但是她没有看到当下数字城市规划的新门槛,在专家视野中,诸如人口、交通、职业等因素的"可计算性"(calculability)逐渐被广泛使用。一般认为,20世纪80年代以来发展起来的地理信息系统等现代信息技术具有的支持空间数据的获取、管理、处理和分析等功能,为城市问题的定量分析以及用数字化方式来定量描述和研究城市提供了基础。② 这一地理空间信息化、数字化的处理过程客观上设置了特定知识的门槛,重新使城市规划回到专家的案头而非市民的墙头。更要重视的是,在技术革命的驱动下,市民本身逐步异化为专家眼中的数字而非城市主体,从而助长城市规划的"非人化"趋势。

(二)"技术性权利":城市运行的数据驱动与能力剥夺

从理想主义的角度,大数据技术扩展了公民的知情权、表达权、参与权和监督权,政府的权力由自上而下的控制式管理向平等对话、互动公开、柔性化、扁平化的管理模式转变。③ 这种技术赋权与技术赋能的基本判断本身并无不足,问题在于,乐观主义的视角可能忽视城市居民的差异性,而把存在知识差异、能力差异的市民抽象化,并推行无技术差别的公共政策。需要强调的是,2019年中国常住人口城镇化率为

---

① 〔加拿大〕简·雅各布斯:《美国大城市的死与生》,金衡山译,南京:译林出版社2005年版,第488页。
② 赵珂、于立:《定性与定量相结合:综合集成的数字城市规划》,载《城市发展研究》2014年第2期。
③ 杜智涛、张丹丹:《技术赋能与权力相变:网络政治生态的演进》,载《北京航空航天大学学报(社会科学版)》2018年第1期。

60.60%,但户籍人口城镇化率仅为44.38%。① 由于医疗、养老等公共服务存在城乡差异,同时直到2020年底,现行标准下9899万农村贫困人口才全部脱贫,城乡不平等与贫困现象仍然是中国经济社会发展过程中需要重点解决的问题。因此,技术赋权论揭示了一个深刻的社会现实,即"无技术者无权利",而这种知识贫困导致的权利丧失正可能始于依赖数字的城市规划。

从现时代的一般性特征看,"数字时代"中,数字技术是核心,电子技术是手段,信息技术是应用。② 从城市权利的角度来看,在数字技术之前,掌握技术是城市权利实现的核心。中国互联网络信息中心(CNNIC)第53次《中国互联网络发展状况统计报告》显示,截至2023年12月,中国网民规模达10.92亿人,较2022年12月新增网民2480万人,互联网普及率达77.5%,其中在线政务用户规模达到9.73亿人。③ 从绝对数值看,除去未成年人,不能进行互联网政务服务的人口仍多达数亿。如果将技术与权利进行捆绑,那么这些人已经陷入了权利贫困。

(三)城市治理的算法引领与权利伤害

基于利润的追逐,企业始终走在数字应用的前列。地理信息系统使用从空间层面完成了数字化转向。美国华盛顿州西雅图市星巴克公司使用Esri公司ArcGIS软件进行布点分析时,都要评估土地成本、

---

① 国家统计局:《中华人民共和国2019年国民经济和社会发展统计公报》,载《人民日报》2020年2月29日。另:2021年2月28日,国家统计局《中华人民共和国2020年国民经济和社会发展统计公报》公布,截至2020年年末,常住人口城镇化率超过60%,未公布户籍人口城镇化率,因此此处采用2019年数据。参见《中华人民共和国2019年国民经济和社会发展统计公报》,https://www.gov.cn/xinwen/2020-02/28/content_5484361.htm,访问时间:2024年7月3日。
② 蒋正华:《数字时代的管理革命》,载《清华大学学报(哲学社会科学版)》2004年第1期。
③ 中国互联网络信息中心:《第53次中国互联网络发展状况统计报告》,https://www.cnnic.cn/NMediaFile/2024/0325/MAIN1711355296414FIQ9XKZV63.pdf,访问时间:2024年7月5日。

人流、街道、旅行时间、最有可能消费咖啡产品的人群以及其他因素。[1]进入21世纪,借助于庞大的消费群体,中国的互联网公司大量出现,共享经济的发展提供了更为便捷的城市生活,也搜集了海量的个人信息。

从20世纪70年代起,世界范围内兴起的公共管理浪潮主张用企业家精神来改造政府。在数字城市治理中,数字企业的运行方式确实启发了现代城市治理方式。上海市的"一网通办""一网统管"建设、新冠疫情期间健康码等大数据技术的使用表明,数据计算已经介入城市个体生活。从公共治理的角度来看,公民、企业、社会组织都是城市治理的主体,但是在城市数字化转型中,企业最早拥有了数据的算法,对于其他主体来说,其算法的能级并不对等。

到了20世纪90年代,企业化的政府改造运动走向失败,其致命的问题在于治理的碎片化与公平的丧失,因此在20世纪末期,整体治理运动开始重新找回政府。企业终究无法替代政府,但是在数字化转型中,大量的地方政府依赖企业的数据计算能力,从而形成企业对政府的"俘获"。更重要的是,互联网企业的精算式"杀熟"建立在其对于用户信息的垄断上,而政府是天然的垄断者,一旦政府与企业广泛结盟,权利被深度计算,没有人将在城市中获得安全,而人的安全,正是城市运行的核心内容。

第三节 数据生产、主体分离与城市权利的流失

在城市化快速推进的背景下,城市日益成为重要的治理单元。随着科技革命的积极推进,大数据、人工智能、区块链等方法被逐步运用到城市治理中。这些新兴方法的使用为打击城市犯罪、维护城市安全、

---

[1] Mark R. Leipnik, Xinyue Ye, and Gang Gong, Geo-spatial Technologies and Policy Issues in China: Status and Prospects, *Regional Science Policy & Practice*, Vol. 3, No. 4, 2011, pp. 339-356.

促进城市发展提供了技术支持。在数字驱动的公共治理转型中,一种新的社会形态日益浮现。有学者把这种基于数字的社会关系、以流量获得和转化为表征的资源分配和以竞争为目标的社会形态,称为"流量社会":"从社会的结构形态来看,流量社会是数字化技术通过快速、大规模的信息数据流动去整合社会。"①与网络社会、信息社会不同,流量社会把权力结构指向了"数据"这一持续性流动的资源。

一、资源依赖、数据生产与城市治理的张力

社会的组织化进程日益把社会关系塑造为一种组织关系。1958年,詹姆斯·汤普森(James Thompson)和威廉·麦克尤恩(William McEwen)确立了组织之间合作关系的三种类型,即联盟、商议和共同抉择;1967年,汤普森提出一个综合性的组织的权力——依赖模式。②1978年,《组织的外部控制——对组织资源依赖的分析》出版,标志着资源依赖理论正式形成。③ 资源依赖理论把组织放入一个相互关联的视角,出于生存的需要,组织通过必要的交互作用实现与环境的联系。W.理查德·斯科特(W. Richard Scott)进而从生态层次的角度,将组织环境分为四个层次:组织丛、组织种群、组织间群落和组织领域。④

资源依赖理论把组织间生存之道清晰地表述了出来,也给城市治理的数字化转型提供了持续性的分析视角。为了生存,组织必须在寻找资源和摆脱依赖之间进行选择。在城市治理中,资源依赖既表现为城市组织在资源供给上的相互支持,也体现为城市主体获取资源的能力差异。在全球经济社会数字化转型过程中,数据得到了极大的增长。研究表明,2018年全球数据量为33泽字节(ZB),预计2025年将达到175泽字节;2018年中国数据量达7.6泽字节,预计2025年将增长到

---

① 刘威、王碧晨:《流量社会:一种新的社会结构形态》,载《浙江社会科学》2021年第8期。
② 马迎贤:《资源依赖理论的发展和贡献评析》,载《甘肃社会科学》2005年第1期。
③ Jeffrey Pfeffer and Gerald R. Salancik, *The External Control of Organizations*: *A Resource Dependence Perspective*, New York: Harper & Row, 1978.
④ 〔美〕W.理查德·斯格特:《组织理论:理性、自然和开放系统》,黄洋等译,北京:华夏出版社2002年版,第113—122页。

48.6泽字节,在全球数据量中的占比将从23.4%增长到27.8%,成为第一数据大国。① 2019年10月,党的十九届四中全会首次将数据列入生产要素,并与劳动、资本、土地、知识、技术、管理等生产要素并列。因此,正如农业社会对于土地的依赖、工业社会对于技术的依赖一样,数字社会形成了对于数据的依赖。

城市社会的数字依赖重塑了组织形态。在劳动、资本、知识、管理等方面占据优势的城市,其治理体系更容易直面数字化转型的挑战。数据构成了城市治理的基础性资源,同时,这些资源又是不同城市治理主体共同生产的结果。城市政府、城市企业基于个性化服务的目标,搜集了大量的个体数据,由于这些服务的便利性往往建立在私密性的基础之上,因此个体选择便利性的结果,往往是私密性及私人数据流失的开始。更为重要的是,随着数据挖掘的先占优势的扩大,最先掌握数据的政府与市场组织更可以把握流量社会的数据走向。

有研究者对相关概念分析之后,认为现代数字社会中的"数字"不过是一种联结机制,他将各种劳动实践、形式与关系联结在一起。② 同样基于文献的整理,亚历桑德罗·甘迪尼(Alessandro Gandini)认为"数字劳动"已经成为一种空洞的能指,它无法用于明确、可辨的批判,也无法达到学术分析的目的。数字劳动仅仅表明,某种数字技术在一定情况下会对个人的劳动活动产生影响,而这并不能自动将其与无偿劳动和剥削联系在一起。③ 针锋相对的学术讨论深化了既有研究。从数字劳动的角度审视,亚历桑德罗的贡献在于摆脱了抽象的概念沼泽,重新把数字劳动的研究拉回了数据的分析,拉回了平台的反思;推而广之,这一拉回也使人们更加清醒地看待城市治理的数字化迷思,并从公共治理的基础理论出发反思城市发展的基本逻辑。

---

① 梅宏主编:《数据治理之论》,北京:中国人民大学出版社2020年版,第3页。
② 刘雨婷、文军:《"数字"作为"劳动"的前缀:数字劳动研究的理论困境》,载《理论与改革》2022年第1期。
③ 〔意〕亚历桑德罗·甘迪尼:《数字劳动:一个空洞的能指?》,操远芃译,《国外社会科学前沿》2022年第1期。

中世纪以来,城市发展的历史就是一部权利史,正是市场经济、市民社会在城市中的持续发育支持了城市权利的平等,数字社会同样需要遵循这一权利逻辑。流量社会的数据流向标志着权利的走向。如果说中世纪以来的城市权利是建立在商业社会的等价交换之上,并逐步转化为政治平等的权利,那么数字社会的城市权利需要建立在数据的平等之上。但是在流量社会中,这样的平等实现更加困难。众多城市数字化转型的经验表明,大量的城市居民生产了数据却始终无法掌握数据,而政府与市场组织在城市治理数字化过程中脱颖而出,并通过数据控制着城市。因此,作为技术的"数字"与作为联结机制的"数字"并没有把城市治理与个体劳动联系在一起。正相反,数字更偏好把资本与权力联结起来,而这种联结将最终导致城市公民数字权利的减损。

二、资源获取、数据依赖与城市治理的平台化转向

从企业家政府到数字政府,现代城市治理始终离不开技术的影响。同样,在城市数字化转型中,数字技术推动了城市治理的转型。在这一过程中,由于城市化进程与数字化进程彼此交织,城市数字治理内在包含城市治理与数字治理两个层面的内容。越来越多的城市数据被生产出来,各种相互联系的数据日益构成数字社会的基础和技术"底座",城市治理越来越需要建立在完整清晰的数据之上。

(一)城市治理的资源获取及区域扩散

从公共治理的发展脉络看,追求公共利益是公共治理的基本取向。为了达成这一目标,公共治理需要借助土地、技术、人口等特定的资源。换言之,依托资源依赖理论的贡献,资源的可控性意味着治理目标的可达性。在城市中,治理主体可分为政府与政府之外的社会性、市场性力量,获取资源因此成为不同城市治理主体的重要任务。理想的多中心治理结构是政府、市场与社会组织的相互支持;但另外一种极端的可能情况是,一旦三者之间出现资源获取的能力差异,将影响公共治理中不同组织的作用行使。

众所周知,与西方国家城市有所差异的是,中国的城市长期以来主

要是作为区域政治中心而存在的。20世纪中叶以后,中国实施城乡分离的政治制度;到了20世纪80年代,国家推行地市合并与市领导县制度,城市治理需要兼顾辖区内农村地区的发展。同时,中国的城市化进程又催生了大大小小的城镇,它们在区域治理和基层治理等议题中扮演日益重要的角色。城市治理的区域性特征,既意味着城市政府可以在更大区域获取治理资源的能力,也意味着城市政府需要尽力在城市辖区,通过技术推进与城市一级政府资源协调能力的提升,实现内城治理向区域治理的扩散。

因此,中国的城市治理事实上是多目标的治理融合,即城市治理需要兼顾城市发展与乡村振兴。多任务的融合需要多组织的参与,城市治理的成效因此体现为多元主体获取资源及其互动性结果。在城市治理中,由于政府主导型的政治特征,城市政府持有治理资源;同时,从市级政府到区、街(镇),不同等级的城市政府获取资源的能力也有差异。众多研究表明,从中心城区到远郊区,由于治理资源的获取性差异,公共服务的质量总体上是逐渐下降的。

(二)城市治理的数字依赖

二战以后,集成电路、计算机的发明以及数字通信等技术的发展,改变了人类利用信息的手段,也催生了公共治理的不确定性。作为信息技术革命的成果,大数据随之出现。以20世纪80年代以来的个人计算机、互联网的普及为基础,人类社会进入以数据的深度挖掘和融合应用为主要特征的智能化阶段,随着"人机物"的三元融合,以"万物均需互联、一切皆可编程"为目标,数字化、网络化和智能化呈现融合发展的新态势。[1] 研究表明,数据的第一个作用是揭示出个体信息无法体现的整体规律,第二个作用是匹配供需和提高既有市场交易效率,第三个作用是基于用户的个体信息提供"个性化服务"。[2] 也就是说,要试图揭示整体规律、提高供需匹配度、满足个性化需求,就必须掌握必要的数

---

[1] 梅宏主编:《数据治理之论》,北京:中国人民大学出版社2020年版,第4页。
[2] 曲创:《数据垄断的伪命题和真问题》,载《科技日报》2019年8月21日。

据。换言之,数据是实现上述三方面作用的前提条件。

资源依赖理论为研究组织如何应对不确定性环境及资源约束提供了科学指导。① 与农业社会、工业社会不同,信息社会公共治理的资源分配日益依赖数据的获得及其计算。由于城市是交通、人流、资金、技术等多要素的空间化、系统化集合,城市数据的确定性对于城市发展与治理尤其重要。同时,城市的复杂化日益建立在个体需求的差异化基础上,因此对每一个城市个体进行精准"画像",既是城市政府期待的目标,也是城市经济组织、社会组织的共同追求。例如,2020年年底,上海市委、市政府印发《关于全面推进上海城市数字化转型的意见》,提出用数据要素配置链接全球资源、大力激发社会创造力和市场潜力,全面提升城市治理能力和治理水平现代化,创造人民城市数字化美好生活体验。② 该文件明确承认数据在上海城市发展中的基础性作用,也承认城市治理的能力在很大程度上是数据配置的能力。

当然,信息革命的到来对于城市治理的推进有一个缓慢的过程,在互联网进入人类生活之后,人们对于信息社会的理解大多是类似下面的疑虑:我们应该在多大程度上忍受互联网的不可预测性?如果我们有能力调控网络生活,我们想要更多的编目、较少无拘无束的链接吗?③不难看出,这一疑虑表面上是对于海量数据的担心,但根源却来自人们对于算法的深深隐忧。随着数字化的推进,城市治理日益成为弥散治理的数据集合与处置的过程。从市场组织的角度来看,企业汇聚的顾客、商品等数据湖、数据仓库构成了城市数据的一部分。为了摆脱数据孤岛的效应,企业同样需要在城市中实现数据交换;与政府组织、市场组织相似,不同的城市社会组织也各自拥有自身的数据。

---

① 王琳、陈志军:《价值共创如何影响创新型企业的即兴能力?——基于资源依赖理论的案例研究》,载《管理世界》2020年第11期。
② 《关于全面推进上海城市数字化转型的意见公布》,http://www.cac.gov.cn/2021-01/08/c_1611676479346954.htm,访问时间:2022年2月8日。
③ 〔美〕保罗·莱文森:《软利器:信息革命的自然历史与未来》,何道宽译,上海:复旦大学出版社2011年版,第127页。

(三) 城市治理的平台化转向

城市运行产生的海量数据,同步形成了城市治理的基础。城市运行在很大程度上是数据的运行,城市治理的整体性需要尽量大规模地整合、分析数据,并在已有的数据基础上预测城市运行的基本规律。在市场竞争的条件下,追求"个性化服务"的市场组织率先营建自身的平台,这些企业平台通过精细的算法推荐,为顾客提供了越来越多"无法拒绝"的商品。市场组织的技术成果同样启发了城市政府,为不同的城市个体提供便捷、个性化、高质量的公共服务成为城市政府改革的新目标。为了实现这一目标,由城市政府建立一个强大的数据处理系统,并以一个平台统管城市事务日益紧迫起来。

"无用的数据到有用的信息之间,需要经过数据的收集、处理、存储、分析过程,这是一个不折不扣的生产过程。数据的生产有三个特性:一是数据量越大,平均成本越低;二是数据种类越多,平均成本越低;三是采用的数据种类越多,收益越大。"①作为国内的经济中心,上海市在《关于全面推进上海城市数字化转型的意见》中明确提出以数据要素为核心,形成新治理力和生产力。以城市治理与民生服务为导向,全闭环、系统性优化数据采集、协同、共享、应用等各流程环节,推动公共数据和社会数据更大范围、更深层次开放共享,逐步建立完善城市数据资源体系,实现政府决策科学化、公共服务高效化、社会治理精准化。②可以看出,数据生产与治理已经成为城市治理的重要任务。城市数据采集、协同、共享、应用的体系化过程,是公共数据生产的过程,也是城市治理的过程。

城市数字治理是指数字化技术通过快速、大规模的信息数据流动去整合城市的过程,这一过程既体现为算力与存储能力的集合过程,也体现为城市治理中的数据互联和技术协同过程。从城市数据的处理看,城市数字治理事实上把城市数据指向统一的政府业务流转中

---

① 曲创:《数据垄断的伪命题和真问题》,载《科技日报》2019 年 8 月 21 日。
② 《关于全面推进上海城市数字化转型的意见公布》,http://www.cac.gov.cn/2021-01/08/c_1611676479346954.htm,访问时间:2022 年 2 月 8 日。

心——政务中台,从而实现受理、分拨、监督和反馈的统一。① 在数字依赖的大背景下,城市治理的技术化趋势日益明显,越来越多的数据接入城市治理业务流程,城市治理因此又成为数据的流程治理,任何组织要想参与城市治理,就必须在城市数据的处理中占有一席之地。需要强调的是,在城市治理平台化转向中,数据生产构成数据处理的前提,而数据处理又产生了新的数据。正是数据的生产及其再生产,构成了城市数字化运行的持续动力。

三、不平等的数据生产及城市治理的主体分离

一系列城市治理经验表明,以空间人口集聚为标识的城市化正逐步让位于数据要素集聚的城市化。城市治理过程日益表现为海量的数据通过治理平台运行的过程,表现为复杂数据清晰化的过程。而城市治理的数字依赖及平台化转向,必然把数据生产视为城市治理的核心内容。在这一转变中,政府、企业和社会组织都必须依托数据才能生存下来,这一生存包括两个方面的内容:一是组织对于自身数据生产的依赖,二是组织对于其他组织数据的依赖。同时,一个潜在的逻辑则是,一旦特定治理主体可以形成独立的数据体系,其他治理组织将极易失去城市治理的主体地位。

(一)基于利润的商业数据生产及"共享"的边界

20世纪后期,计算机和互联网开始进入中国城市生活。由于数字设施的落后及上网工具的制约,网上生活的虚拟性、匿名性是早期网络生活的初始特征。互联网给日常生活以延伸的可能,随着互联网的技术推进和数据挖掘能力的提升,越来越多的商业机会被发掘出来,从而摧毁了特大企业垄断商业的可能性。值得注意的是,这种商业机会的发掘往往是以利益"共享"的名义实现的。"共享经济"就是较为常见的一种。从逻辑上看,商品的所有权与使用权是紧密联系的,但是"当我

---

① 赵京鹤、高明、商秋平:《政务中台:政府数字化管理利器》,载《中国自动识别技术》2021年第6期。

们把一个商品的所有权和使用权分开来,同时转让使用权的时候就产生了共享经济理念。利用移动互联网技术及思维以较低的成本满足他人的需求,服务的提供者得到了一部分收入,同时也大大提高了整个社会的福利待遇和生活质量"①。在当下共享经济概念的争论中,已有研究主要从内涵、外延和动因来分析共享经济,其中内涵要素涉及参与者、闲置资源、使用权交易、网络平台、经济收益等,外延要素涉及规模收益、社会交往价值等方面,动因主要涉及经济性、技术性、环保性、社会性因素。②

共享经济概念的争论揭示了数字时代新经济模式的基本特征:数据的生产可以把闲置资源与资源需求者联系起来。以全球特色民宿短租、度假公寓预订平台"爱彼迎"(Airbnb)为例,截至2022年,"爱彼迎"在全球平台拥有660万套房源。③ 因此,共享经济及其背后是数据的生产和再生产,市场组织通过汇聚大量信息,实现商品供给端与用户需求端的互联。当然,一个显而易见的现实是,用户在生产数据的同时成为数据的一部分。

因此,与通常的生产要素不同,在数字时代,市场组织的生产要素就是数据本身。更多的数据意味着更多的市场控制,一些市场组织甚至走向垄断。"垄断(monopoly)在数据产业中则直接表现为数据垄断,具体表现为:锁定或操纵价格、划分市场、价格歧视、独家经营、联手抵制、非法兼并和投标操纵等。"④有学者进而解释道,"数据垄断"在多数情况下指的是"基于数据的垄断",而不是对数据本身的垄断。⑤ 一旦企业借助于数据实现市场垄断,"共享经济"的环保性、社会性因素就会逐渐丧失。已有的经验说明,一旦数据垄断达成,资本平台便可以利用信息不对称与顾客对于市场的依附性来获取更多的利润。如此,企业就

---

① 华韵编著:《共享经济新浪潮:共享、模式、经济》,北京:新华出版社2017年版,第6页。
② 伍世安、傅伟:《共享经济研究新进展:一个文献综述》,载《江淮论坛》2020年第3期。
③ 方彬楠、赵天舒:《Airbnb的首个盈利年》,载《北京商报》2023年2月16日。
④ 汤春蕾:《数据产业》,上海:复旦大学出版社2013年版,第228页。
⑤ 曲创:《数据垄断的伪命题和真问题》,载《科技日报》2019年8月21日。

可以在政府、社会组织等不同组织间的博弈中占据优势。

(二) 基于义务的政务数据生产及其国家强制

与私人部门不同,公共治理是公共数据的集成过程,也是公共数据的处理过程。作为国家的代表,政府在公共治理中需要持续、主动地进行数据采集,这一采集过程同时需要城市居民的密切配合,因此公共数据往往是基于居民义务而产生的,例如国家统计机关定期进行的人口普查与经济普查就是众多生产公共数据方式的一种。或基于安全的考虑,或出于发展的需要,工信、公安、民政、社保及医疗、教育等公共服务部门都无时不在生产和储存大量的数据。以公安机关的公共安全视频监控系统为例,这一系统以空间地理信息系统数据为主,以公安关注度、区域活跃度等指标为辅对视频监控系统的前端、网络、存储、平台等进行分布。① 这一系统结合空间信息、注意力和算力配置等,实现城市的可视化、数据化。密集的人口活动还产生了诸如交通、电力、医疗、教育等复杂数据,同样构成城市政府的数据仓。

依托国家强制力,城市政府建成了自身的政务数据仓库。城市的整体性运行需要完整而共享的公共数据,但由于不同的统计口径、不同的计算机算法以及数据处理中的函数依赖,诸如流动人口数量等核心数据,在不同政府部门那里往往并不一致,在传统行政管理中的"信息不对称"因此演化为"数据不对称"。为了克服数据不对称的问题,有关部门往往通过一次次的数据采集完善自身数据仓。从政府间关系的角度看,数据不对称主要体现在两个方面:从横向关系看,"数据不对称"指不同的行政机关产生的数据量各有差异;从纵向层级看,根据权限的不同,不同层级的行政管理者分别调阅不同数量的数据。因此,传统层级制中的政府间关系,在数据生产与调用中仍然有所体现。不同的是,在权力分置的情况下,作为城市治理主体的居民却一次次成为数据的供体。

---

① 张敬锋等:《城市公共安全视频监控系统评估评价体系及方法研究》,载《中国安全防范技术与应用》2021年第2期。

（三）政务、商业数据的双重挤压与权利共同体的瓦解

以"共享经济"或国家义务的名义，大量的商业数据和政务数据被生产出来。所谓的商业数据和政务数据，大多是由普通的居民生产出来的。从法律层面看，这些信息或数据大多是隐秘的、私人的，是受到法律保护的。"私人信息保密不受他人非法搜集、刺探和公开。隐私包括私生活安宁和私生活秘密两个方面。个人信息是指与一个身份已经被识别或者身份可以被识别的自然人相关的任何信息，包括个人姓名、住址、出生日期、身份证号码、医疗记录、人事记录、照片等单独或与其他信息对照可以识别特定的个人的信息。"[①]从信息的性质出发，信息可以分为自然信息和社会信息[②]，人同时拥有自然信息和社会信息。在城市社会活动中，众多的个体信息构成了信息社会的基础，基于特定软件对于个体信息的访问要求，越来越多的个体信息被发掘出来。对于普通居民来说，个体性的数据生产往往是被动的。因此，从个人住址到社会交往，大量的个体隐私沦为"数据"。在这一数据生产的过程中，资本、政府、个体的地位并不平等，在法律缺位的前提下，个体对于维护自身数据安全无计可施。

人类史是共同生活的历史，社会史是共同体形成的历史。"'共同体'到底是哪种社会关系呢？它到底是建立在什么物质基盘上呢？"[③]大冢久雄认为，共同体必然存在物质基础。如果说土地成为农业共同体的基础，那么数据则是信息社会共同体的基础。同样的逻辑，私有制瓦解了土地共有，也瓦解了农业的共同体，一旦数据无法平等生产，这种新兴的共同体也势必受到挑战。更进一步讲，由于平台商业与平台政务的先行，在政府、企业和社会个体的数据生产中，个体居于最不利的地位。更为重要的是，数据重构了社会结构，在安东尼·吉登斯（Anthony Giddens）看来，在社会转型中，"社会关系从彼此互动的地域

---

① 张新宝：《从隐私到个人信息：利益再衡量的理论与制度安排》，载《中国法学》2015 年第 3 期。
② 李思泽、包继峰主编：《信息检索基础》，昆明：云南大学出版社 2009 年版，第 2 页。
③ 〔日〕大冢久雄：《共同体的基础理论》，于嘉云译，台北：联经出版公司 1999 年版，第 7 页。

性关联中,从通过对不确定的时间的无限穿越而被重构的关联中'脱离出来'"①。这种社会系统的变化就是"脱域"(disembedding)。借用吉登斯的逻辑,这种被数据穿越的、无限重构的共同体,势必形成社会关系的再次"脱域"。

城市是权利的共同体,数字权利是权利的一部分,因此数字城市的治理同样是追求数字权利平等的过程。有研究者指出,"脱域"建立在特定的技术条件之上,当代人类依托移动互联网,在信号可达的任何时空实现相互交往、处理信息和各类事务,并享受相关服务的技术装备和活动方式,这种使人类诸多行为摆脱了狭隘时空束缚的技术就是"泛在"技术。② 但研究者没有解释的是,"泛在"技术重构了社会关系,加快了数字社会的流量化,更为重要的是,这一技术加速了城市个体的原子化过程,进而瓦解了我们熟知的、成长中的社会网络。由于失去了组织化的集体行动,在城市运行中,个体日益失去其主体性地位,被迫依附于资本平台与政务平台,并逐步沦为流量社会的一分子。数据生产的不平等最终摧毁了城市的主体——人,并在此基础上瓦解了城市权利共同体。

四、数据的组织间吸纳与城市权利的持续流失

人是社会的基本单位,"是一切社会关系的总和"③。泛在技术加快了社会关系的脱域,使人从复杂的社会关系中抽离出来,这一抽离瓦解了组织化的社会力量,也遏制了社会力量集体化的数据生产。数字时代强大的资本逻辑与政府行动意味着,在传统的政府、市场和社会组织关系中,如果组织化的社会数据生产难以实现,那么数字社会中一定会失去制衡政府与资本的团体性力量,在资本与政府的双重挤压下,碎片化的社会性数据将持续析出,进而造成城市居民数字权利的流失。

---

① 〔英〕安东尼·吉登斯:《现代性的后果》,田禾译,南京:译林出版社2000年版,第18页。
② 胡潇:《"泛在"和"脱域"——当代生产关系空间构型新探》,载《哲学研究》2016年第10期。
③ 《马克思恩格斯文集》第1卷,北京:人民出版社2009年版,第501页。

（一）基于资本数字平台的权利剥夺

现有研究解释了泛在技术对于企业运作的深刻影响,在这一技术支持下,企业从三个方面完成了转换:一是企业的生产已不再是原来的地理资源导向,而全面转变为市场导向;二是生产活动"无限域"与生产力布局"无边界";三是生产活动借助现代信息技术解构了以往作业的时空模式,由先前历时性的线性顺序推进,变为今天共时态的网络运作。[①] 泛在技术支持了资本的无边界运行,在这一技术的助推下,大量的资本平台建立起来,并以让利的行为吸纳更多的顾客,吸纳更多的信息。顾客必须让渡部分私权才能使用这些平台,泛在技术帮助平台更进一步阅读、记录顾客私人信息与活动,以便进行有针对性的算法改进和具象化的偏好推送。

因此,在国内共享经济模式兴起之初,就有学者冷静地指出,网络平台公司是共享经济的核心,一方面,通过网络技术使闲置资源在供方与需方之间得到精准配置,实现"物尽其用"和"按需分配"的价值目标;另一方面,资本的逐利性可能会异化共享经济理念,冲撞现行体制和秩序。[②] 今天看来,对于共享经济的担忧已经成为现实。从表面上看,共享经济的平台运行不同于传统的商业形式,但从资本的逻辑看,数字化劳动的本质仍然是劳动,资本运行的目标依然是利润。由于泛在技术的支持,资本平台更加严密的计算与精准的商品推送日益挤压市场领域中小企业多样化生产的空间,挤压顾客选择的空间。因此,这些企业平台吸纳数据行为本身不仅仅是为了利润的扩张,其核心是剥夺了顾客在市场中多样化选择的权利。

（二）基于政府数字流程的权利流失

如果说资本数字平台追逐巨额利润,那么政府数字化转型是为了提供更好的公共服务。在这一服务中,同样需要搜集大量的民众信息。基于不同的城市治理目标,越来越多的电子设备被广泛应用。例如,出

---

① 胡潇:《"泛在"和"脱域"——当代生产关系空间构型新探》,载《哲学研究》2016 年第 10 期。
② 董成惠:《共享经济:理论与现实》,载《广东财经大学学报》2016 年第 5 期。

于社会治安的考量,前文提及的"雪亮工程"应运而生,大量的高清摄像头形成对普通民众公共生活的监控,社会面上的恶性案件大幅降低。出于社区安全的优先考虑,随着泛在技术的突进,越来越多的单位、社区甚至引入"人脸识别"等系统,对居民的面部特征以及其他生物信息进行采集。

人脸识别属于典型的模式识别问题,主要由在线匹配和离线学习两个过程组成。[①] 在这一过程中,人的社会属性被忽视了,更重要的是,由于相关法律的缺位,这些数据集合难以确定权属,一旦个人数据被泄露,很难获得救济路径。从城市治理的角度来看,政府对于居民数据的搜集必须用于公共用途。由于公共用途及其数字边界的模糊性,政府偏好搜集更多的数据。作为国内首个省级政府的数据公开门户——上海公共数据开放平台就向社会开放了超过 5000 个公共数据集、近 10 亿条数据[②],而无法开放的数据更是难以估量。与此同时,新的大规模数据采集仍然在继续。近年来,数字孪生城市正在走向一些城市的政策前台。这一技术把巨量人口的城市活动清晰化、数据化,并通过复杂的数据处理为城市运行的可预测性、可控制性提供技术条件。在这一背景下,如果缺少必要的法律规制,任何人的城市生存都可能被迫透明。

(三)基于组织、算法互通的权利吸纳

政府、市场与社会组织的分离,在很长时间里成为公共治理运动的"不二法门",政策的多样性安排、搭便车的纠正成为公共治理运动的基本取向。随着城市化进程的加快,中国的城市日益成为公共治理的主要场域。基于资源的吸纳与配置差异,基于治理主体的角色差异,城市治理因此沿着政府、市场与社会力量三条路径协同推进。政府、市场与社会力量是城市治理的共同主体,市场力量与社会力量都是弥补政府治理能力的重要力量。这一判断同样适用于数字社会的城市治理,但

---

① 庞辽军等主编:《信息安全工程》,西安:西安电子科技大学出版社 2010 年版,第 238 页。
② 张懿:《以"数据之治"助力打造国际数字之都》,载《文汇报》2021 年 3 月 1 日。

在城市治理的数字化转型中,由于资源和技术差距,很多城市治理的平台是由数字企业研发的,甚至一些公共服务本身就建立在数字资本平台之上,平台企业一旦掌握了公共服务的算法,将使城市政府形成更大规模的行为依赖,从而降低城市政府的数字治理能力。

更重要的是,城市治理始终是保障城市权利的过程,以权利为核心是技术手段进入城市场域的主要理由。在现代信息技术之下,几乎所有的个人行为都会留有信息痕迹;现代化信息技术甚至可以实现对个人碎片化信息的整合,使碎片化的个人信息逐渐形成个人的"人格剖面图"。① 无论从个体私权、政府与市场间关系、城市治理数字流程中的任一角度来看,数据共享都应该有必要的规范,政府算法与市场算法应该隔离。反过来说,一旦政府、市场的算法形成互通,正在发育中的社会力量就必然受到双重挤压,而那些缺乏组织依托的城市个体必然独自面对数字政府与数字市场组织的双重压力,并形成持续性的数字权利的流失。

第四节　城市贫困的数字识别

作为人口、产业和空间的综合体,城市社会学、城市经济学与城市地理学长期成为城市研究的主要理论,历次工业革命的技术性突破都丰富了城市研究。借助于第四次工业革命的成果,城市正在快速进行数字化转型。数字经济、虚拟空间与智慧生活改变了传统城市形态的同时,也给城市治理尤其是超大城市治理带来了新的挑战。智能化是第四次工业革命的核心特征,并且社会各界大多对新一轮的工业革命抱有积极态度。人们趋于认为,与传统技术革新一样,城市数字化转型仍然与提升城市竞争力和治理能力密切相关。众多的研究乐观地认

---

① 张新宝:《从隐私到个人信息:利益再衡量的理论与制度安排》,载《中国法学》2015 年第 3 期。

为,在城市发展中,数字科技可以赋予智慧城市作用路径,即建立基于动态数据智能感知与交互的公共管理体系,通过信息感知和大数据交互技术,有效开展高速率大容量数据传输、立体空间检测感知定位、海量资源追踪与快速感知调配等行动,建立自下而上的智慧城市实时动态数据管理及更新机制。①

一、城市治理转型中的数字贫困

动态数据的智能感知与交互的城市治理体系,为智慧城市的数字孪生与治理升级提供了技术支持。一般认为,数字孪生的概念可以追溯到 2002 年。在迈克尔·格里夫斯(Michael Grieves)等人看来,数字孪生是一组虚拟信息结构,它可以充分描述小到微观原子水平、大到宏观几何水平的潜在的或实际的物理制造产品,在理想状态下,任何产品都可以获得孪生体。② 数字孪生技术一经提出,很快就在军工领域得到应用,并逐步应用到其他工业制造等行业。研究者相信,"如果我们正在经历第四次工业革命,那么它一定满足两个条件:一是某个技术革命周期正在发生,二是一定有某种通用目的技术正在孕育中……目前主要有四种新一代通用目的技术,分别为人工智能、数字孪生体、5G/6G 和物联网"③。一种更为激进的技术想象是,能否把巨型城市纳入全域性的可视化的数据系统,以实现城市治理的清晰化? 基于这样的思考,数字孪生技术被植入城市系统,"数字孪生城市"应运而生。

工业化催生了城市化,智能工业推动了智慧城市建设。同样,如果把城市视为一套严密的智能工业运行体系,那么被普遍应用于智能车间的数字孪生技术同样可以在城市运行中发挥积极的作用。鉴于此,

---

① 温雅婷、余江:《数字科技驱动的中国新型智慧城市:理论逻辑与作用机制分析》,载《创新科技》2022 年第 5 期。
② Michael Grieves and John Vickers, Digital Twin: Mitigating Unpredictable, Undesirable Emergent Behavior in Complex Systems, in Franz-Josef Kahlen, Shannon Flumerfelt, and Anabela Alves (eds.), *Transdisciplinary Perspectives on Complex Systems: New Findings and Approaches*, Cham: Springer Nature, 2017, pp. 93-94.
③ 胡权:《数字孪生体:第四次工业革命的通用目的技术》,北京:人民邮电出版社 2021 年版,第 25—26 页。

我国《"十四五"数字经济发展规划》提出,要"深化新型智慧城市建设,推动城市数据整合共享和业务协同,提升城市综合管理服务能力,完善城市信息模型平台和运行管理服务平台,因地制宜构建数字孪生城市"①。这一判断意味着城市数据整合、业务协同以及完善的信息模型平台和运行管理服务平台,构成了"数字孪生城市"的技术基础。同时,由于开放的架构而非高度集成的特征,数字孪生体可以包容不确定性,并承认"不知道的未知问题"的存在。② 需要指出的是,这一兼容性特征与精准性并不冲突。正相反,"数字孪生是一种集成多物理、多尺度、多学科属性,具有实时同步、忠实映射、高保真度特性,能够实现物理世界与信息世界交互与融合的技术手段"③。正是数字孪生这一兼顾开放性与精准性的技术手段,为预测城市问题的发生并进行智能化的处理提供了支持。

城市化过程还是一个人口涌入城市的过程,在这一过程中,一些居民陷入贫困,并形成严重的社会问题。西方国家的城市化进程较早,他们在城市贫困的界定上已经从收入贫困扩展到能力贫困、权利贫困、底层阶级和社会排斥;在城市贫困的成因上,形成了个人主义、贫困文化、结构主义和功能主义等多种理论解释。④ 城市贫困将加大城市空间和阶级的分化,并导致城市发展的结构性危机。城市贫困的识别是城市贫困治理的前提,然而城市数字化转型给城市贫困的识别带来更高的要求,即城市数字治理必须精准识别不同类型的贫困,并自动计算出相应的公共政策。城市数字化转型还产生了新的贫困类型——数字贫困。这一贫困并不体现为饥饿、匮乏,而是造成了个体在数字生活中的差异化境遇,从而给贫困识别带来更大的困难。因此,数字孪生技术介

---

① 《国务院关于印发"十四五"数字经济发展规划的通知》,http://www.gov.cn/zhengce/zhengceku/2022-01/12/content_5667817.htm,访问时间:2022年6月12日。
② 胡权:《数字孪生体:第四次工业革命的通用目的技术》,北京:人民邮电出版社2021年版,第2页。
③ 陶飞等:《数字孪生及其应用探索》,载《计算机集成制造系统》2018年第1期。
④ 薛东前、马蓓蓓等:《空间视角下的城市贫困:格局、耦合与感知》,北京:科学出版社2017年版,第2页。

入城市治理,需要精准识别包括数字贫困在内的各类城市贫困现象,减少城市治理的数字盲区,为建立包容性的新型智慧城市提供方案。

二、数字孪生中的贫困识别及其限度

从世界城市史的角度来看,城市大多有一个兴盛衰落的过程。"从宏观方面来看……城市的发展演变进程中的新陈代谢,正是城市生命力表现所在。从微观方面来看,每个城市每时每刻都在不停地运动变化,其中既包含了城市物质结构的变化、与外界的物质和能量的交换,也包含了城市自我调节功能的不断优化等等。"①这一现象启发了城市生命周期甚至城市生命体的研究。同样,数字孪生技术正脱胎于生命周期的观察,这一充满开放性、包容性的技术目标在于通过城市母体的精准复制,在计算机系统中模拟城市的运行,从而精准识别那些包括城市贫困在内的、可能摧毁城市发展的经济、社会及其他要素。从城市反贫困的角度来看,数字孪生需要依次从个体性、区域性及技术性入手,对不同的贫困现象进行识别与政策模拟。

(一)城市个体性贫困数字化描摹及其边界

城市是由个体组成的,城市的兴衰因此总是与城市中的个体息息相关。从贫困的类型看,有一些城市居民由于种种原因失去了劳动能力,因而陷入绝对贫困。为了防止这些城市居民被抛出城市社会生活轨道,城市政府往往建立了社会保障制度,"低保"就是其中的典型。但是更多的城市居民并无生存困境,他们面临的贫困是相对的。研究表明,"1988—2013年间,尽管我国的绝对贫困率逐年下降,但是城市的相对贫困率已经超过欧洲,并有逐年增高的趋势。近几年来我国的收入差距增速放缓,但是相对贫困率仍然高于欧洲平均水平"②。不难看出,

---

① 蔡云辉:《战争与近代中国衰落城市研究》,北京:社会科学文献出版社2006年版,第43—44页。
② 杨力超、Robert Walker:《2020年后的贫困及反贫困:回顾、展望与建议》,载《贵州社会科学》2020年第2期。

相对贫困是我国城市贫困的主要类型,也是整体进入城市国家之后贫困治理的主要内容。因此在这一意义上,面向绝对贫困群体的城市"低保"制度一直受到批评,比较典型的观点认为,长期以来,我国城市最低生活保障制度的目标仅定位于满足城市贫困群体基本生存需要和维护社会稳定两个方面,城市政府必须建立积极的、生存与发展并举的综合性贫困治理目标,即城市低保需要同时实现满足低保对象基本生活需要、社会稳定、社会公平、社会效率和社会融合五项目标。① 随着城市化进程的推进与城市绝对贫困的逐渐消除,城市贫困治理需要跨越思维定式,并积极实现城市居民从基本生存到自我发展的众多目标。

在城市数字化转型中,贫困治理的目标转向也给城市政府带来了挑战。城市数字化过程具有三大特征:在物联网、云计算等技术支持下,能够自动完成数据采集、存储、组织与分析等功能,实现对城市数据全流程自动化的处理;能够从不同角度全景化呈现城市的运行状况;能够动态选择与整合城市智慧数据,为不同用户提供智能化城市信息服务。② 在这一过程中,数据采集是数据分析的前提,作为精准的技术手段,数字孪生可以对个体收入、日常消费以及住房、医疗、教育负担等社会性信息进行描摹,完成特定贫困个体的画像,从而助力城市贫困治理。一个常见的思维路径是,如果一个人长期维持日常基本生存极为困难,那么这一定会在金融数据等方面得到体现,数字孪生系统可以通过数据计算与分析对这一类绝对贫困群体进行关注。同时,这一技术存在边界。由于城市贫困个体的广泛性,对每一个贫困个体进行画像必然导致很大的治理成本;更为困难的是,城市贫困大多表现为基本生存条件以外的相对剥夺感等要素导致的相对贫困,而这类贫困恰恰难以通过数据精准表达,也难以借助计算机进行信息仿真与政策模拟。

(二)城市局部衰退中的区域性贫困及其识别

对于城市兴衰,中外城市发展史都已有明证。从既有的研究看,城

---

① 王磊、李晓南:《城市低保的目标重构与制度创新》,载《理论探索》2011年第4期。
② 马亚雪等:《数字空间视角下的城市数据画像理论思考》,载《情报学报》2019年第1期。

市衰退通常表现为人口、产业及各种就业机会的大规模流失,在"城市收缩"(urban shrinkage)这个术语出现之前,类似研究语境中大多使用"人口衰减"(demographic depression)、"下降"或"衰退"(decline/decay)、"弃置"(abandonment)、"去城市化"(disurbanization)和"城市危机"(urban crisis)等。① 从这些词语不难看出,城市衰退总是与城市发展的逆向形态有关。从总体上看,当越来越多的城市人口逃离中心城区时,城市的中心塌陷就开始了。

从空间分布看,一些城市区域的衰退往往与贫困密切相关。在这些低收入社区中,收入低下的居民无力更新社区或者像中产阶级一样搬离,因而导致生存环境恶化。以1998年的英国为例,据统计,在这一年中,英国的贫困社区中有44%的居民仅仅依靠最低生活津贴,居民就业率为55%,犯罪率为3.8%,43%的人无法过上体面的生活,甚至19%的社区缺少公共设施。② 低收入社区在世界很多城市中都有所体现,在一些国家的城市,收入低下导致公共服务低下,公共服务低下又逼迫更多的中产阶级逃离这些街区,从而加重特定社区的贫困化。

贫困的空间分布也是人文地理学关注的重要领域,地理信息系统、遥感和全球定位系统普遍应用于研究贫困空间分布及其可视化表达。其中,遥感和全球定位系统"用于实时获取贫困地区、贫困个体的各种贫困数据信息",地理信息系统"则以这些数据为基础从定性到定量、从静态到动态、从过程到模式的转化和发展展开对贫困空间特征的全面分析,并将分析结果以可视化的形式,即贫困地图加以呈现,直观地反映贫困的成因、水平等"③。在这一基础上,城市低收入社区可以表达为建筑、管线、学校、医院、经济收入等个性化数据,表达为这些街区的收入水平、就业水平、犯罪率等,并把数字化的社区空间映射到计算机系统之中。这一技术的不足之处则在于,仅仅把城市生活的舒适度与特

---

① 吴康、孙东琪:《城市收缩的研究进展与展望》,载《经济地理》2017年第11期。
② 徐延辉、黄云凌:《社区能力建设与反贫困实践——以英国"社区复兴运动"为例》,载《社会科学战线》2013年第4期。
③ 丁建军、冷志明:《区域贫困的地理学分析》,载《地理学报》2018年第2期。

定的建筑高度、人口密度、总体性收入等数据联系起来,无法衡量出社区街巷生活的便利性以及身份认同、社会交往等特征。

（三）城市数字化转型中的技术性贫困及其识别

"城市生命体是在人类社会发展过程中一定区域内形成的、以非农业人口为主体的,人口、经济、政治、文化高度聚集的,具有新陈代谢、自适应、应激性、生长发育和遗传变异等典型生命特征的复杂巨系统。"[1]在城市化进程中,与人口同步的空间、产业及其互动,构成了城市生命的基础条件。但是城市的数字化转型深刻重构了城市形态,在这一转型中,信息技术成为与人口、空间、产业并重的基础条件,一旦离开了信息支持,任何城市个体或组织都将无法开展正常的城市生活。2001年,教育技术专家马克·普伦斯基(Marc Prensky)发表《数字原住民,数字移民》一文,受其启发,2006年,韦斯利·弗赖尔(Wesley Fryer)在其《数字难民和桥梁》的著述中首次使用了"数字难民"(digital refugee)一词[2],用来指代被抛弃在数字生活之外的居民。

从数字社会的技术假设及其发展路线来看,城市正在被视为一个数据平台,城市居民如果要使用这些平台,就必须具备自我数据化的能力。随着智能手机与移动互联网的普及,城市无处不在的App形成数据网络,这些都逼迫城市居民快速数据化。App也通过强迫授权的方式持续搜集居民信息以实现系统扩张,一些资本平台甚至与政务平台形成无缝对接,从而无法区分数据公域与私域的边界。政务平台与资本平台把城市居民视为用户,个体的城市生活需要通过各种数字授权才能维系,而政务平台和资本平台获得居民或用户授权是进行数字治理和获得利润的基础。

因此,基于技术的数字生活与传统城市生活有所不同。对于传统的城市生活来说,收入仅仅是确定城市生活水平的前提;但是对于数字城市生活来说,能否掌握技术是开展城市生活的基础。一旦城市居民

---

[1] 姜仁荣、刘成明:《城市生命体的概念和理论研究》,载《现代城市研究》2015年第4期。
[2] 杨建宇:《数字难民的数字机遇——创建包容性信息社会的政策重点》,载《青年记者》2013年第24期。

失去了使用智能工具的能力,就将迅速陷入城市贫困,这一技术工具上的贫困识别拓展了绝对贫困与相对贫困的二分法。对于数字孪生技术来说,是否使用数字工具及其使用频率,构成新型贫困识别的重要线索。同时,这一贫困识别的矛盾在于,技术规训了城市生活,又要用技术来对这种生活进行贫困识别,也就是说,作为技术平台的城市,可以通过"技术进步"的名义实现"数字致贫",并通过数字城市运行"污名化"特定的城市个体。

三、无法孪生的权利与贫困识别的技术性障碍

从个体、区域到技术,三类贫困意味着城市问题的复杂性,这一复杂性在城市数字化生存时代更为明显。以科学的名义,开放性的数字孪生工具试图通过城市问题的实时映射与政策模拟,尽早发现影响城市发展的各种因素,但是由于贫困同时具备收入约束、能力约束和技术约束的特征,这一识别存在困难。数字孪生技术擅长以清晰代码揭示复杂问题,但是从现代城市的权利逻辑看,不同类型的城市贫困大多体现为城市权利的贫困,因此城市贫困的识别归根到底是城市权利的识别,而权利恰恰由于其非标准化而难以辨析。

(一)城市权利的构造:法律、政治和技术

权利是现代政治的重要特征,也是理解贫困的一个入口。"根据权利,公民有三种不可分离的法律属性,它们是:(1) 宪法规定的自由,这是指每一个公民,除了必须服从他表示同意或认可的法律外,不服从任何其他法律;(2) 公民的平等,这是指一个公民有权不承认在人民当中还有在他之上的人,除非是这样一个人,出于服从他自己的道德权力所加于他的义务,好象别人有权力把义务加于他;(3) 政治上的独立(自主),这个权利使一个公民生活在社会中并继续生活下去,并不是由于别人的专横意志,而是由于他本人的权利以及作为这个共同体成员的

权利。"①从法律、政治到自由意志,康德把权利视为共同体的基础;在康德之后,作为公民必须享有自由、平等和独立的权利逐渐成为世界共识,并深刻拓展了英国1689年《权利法案》、美国1791年宪法修正案以及法国1789年《人权和公民权宣言》的基本内容。

作为人类社会的重大发明,平等的现代城市生活同样意味着权利的实现,贫困则是这一权利实现方式的障碍。在公民国家的框架内,城市权利涉及人们进入城市、掌控城市的权利,这一权利的形成需要法律加以确认;在法律的加持下,人们在城市中相互交往,并积极参与城市运行,这一城市生活的过程因此成为实现主体性的过程,也是公民权利在城市中得以实现的过程。由于现代城市建立在工业革命的胜利成果之上,因此城市权利在一定基础上需要借助于技术进步才能实现。例如,借助现代交通,人们逐步实现了自由迁徙;借助现代医疗手段,人们可以战胜疾病。同样的逻辑,人们在城市住宅、学校选择等方面都使用了科学技术,技术也捍卫了国家公民在城市生活中的正当权利。

(二) 技术与权利的张力

在法律和政治制度之上,技术往往成为城市权利的支持性机制,遵循着工业革命的产业流水线思维,技术被广泛应用于城市治理中,在众多公开的政策叙事中,技术协助人们实现了住宅、交通乃至工作的便利。理想主义者往往相信,遵循工业规律的城市社会,由于其运行对于技术的强依赖,因此只要技术是可控的,城市社会的实际运行也必然可控。不难看出,这些关于技术与城市生活讨论背后的逻辑在于,认为城市过程可以演绎为现代工厂中的单一线程,在这样的基础上,人们的城市权利可以借助技术实现广泛性的主张。

技术与人的关系是一个经常被讨论的政治学话题,这些话题往往并不存在过多分歧。埃斯特·博塞拉普(Ester Boserup)指出,人口密度决定了城市化的规模,而技术进步都是在城市周边地区发生的;一些

---

① 〔德〕康德:《法的形而上学原理——权利的科学》,沈叔平译,北京:商务印书馆1991年版,第140页。

针对人口的研究表示,人口的规模决定潜在发明者的供给量;也有学者断言,人口的平均寿命、人口质量才是决定技术进步的重要因素。① 从技术与人的总体关系上看,技术依赖人的创造,技术为人服务,难以想象人会创设一些自我束缚的工业设备;从技术与人的目的看,二者之间并无分歧,但是科技时而给人的生存带来困境,一些学者把这种科技走向反面的理由归咎于资本主义,从而把技术的异化纳入资本主义抑或"科技资本主义"的批判之中,即揭示出粗放式创新与科技风险是以科技与资本主义结合为主体的社会制度所不可避免的主要制约因素,并放大了资本主义具有的贪婪、利己主义、生产力强和缺乏远见等四大特点。②

早在1846年《马克思致帕维尔·瓦西里耶维奇·安年科夫(12月28日)》中,无产阶级经典理论家就指出:"机器不是经济范畴,正像拉犁的牛不是经济范畴一样。现代运用机器一事是我们的现代经济制度的关系之一,但是利用机器的方式和机器本身完全是两回事。火药无论是用来伤害一个人,或者是用来给这个人医治创伤,它终究还是火药。"③因此,技术必须放置于一定的社会生产关系中才能更加明晰其角色。技术可以用来保障权利,但是在其他因素介入之后,技术与权利之间的逻辑极易断裂:技术既可能是权利的捍卫者,也可能是权利的伤害者。

(三)权利的不可复制与贫困识别的技术性障碍

法律、政治及技术在不同层面上构造了权利,权利又是一个难以界定的论域。一般认为,权利总是和人的需求、欲望、主张、选择、利益有关,但是这种需求、欲望、主张、选择和利益等和权利构成何种关系?④ 在约翰·洛克(John Locke)看来,基于自然法的立场,权利的行使与

---

① 黄琪轩:《大国权力转移与技术变迁》,上海:上海交通大学出版社2013年版,第7—8页。
② 刘益东、高璐、李斌:《科技革命与英国现代化》,济南:山东教育出版社2020年版,第219—220页。
③ 《马克思恩格斯文集》第10卷,北京:人民出版社2009年版,第46页。
④ 强昌文:《权利的伦理基础》,合肥:安徽人民出版社2009年版,第19页。

"完美自由"有关,即"在法律允许范围内,能够如某人所愿地处置、安排他的人身、行为、所有物,以及他全部财产的自由(liberty);不受制于他人的任意的意志,而是听从他自己的意志"①。不难看出,洛克把这种不受制于他人的自由还给了个体本身,这种交还也形成与生俱来的权利;与此同时,当人类走出洞穴展开社会生活,作为社会约定的法律就强制进入生活的方方面面,并根据社会生活的演变而不断调整其原则,正是基于这样的变动性,洛克把完美自由的边界交给了法律来回答。

如果说马克思把工具引入生产关系,阿马蒂亚·森则进一步把权利关系引入了生产关系。"所有权关系是权利关系(entitlement relation)之一。要理解饥饿,我们必须首先理解权利体系,并把饥饿问题放在权利体系中加以分析。"②贫困体现为物资的匮乏、能力的减损以及权利的剥夺,因此贫困的破解必须体现在需求、欲望、主张、选择、利益的不可剥夺,作为规范概念的权利从总体上支持这样的不可剥夺性,列奥·施特劳斯(Leo Strauss)更进一步把权利的保护指向工具:"如果说,每一个人依据自然都具有自我保全的权利,那么对于为他的自我保全所必需的手段,他也必定具有权利。"③借助于生产关系,工具完成了到权利的闭环。

在城市数字化转型中,数字技术与历史上所有被歌颂的技术工具一样,可以助推权利的持续扩张。一个被掩盖的现实是,数字技术同样可以拓展管制的权力,而数字孪生技术正试图借助于以智能计算为核心的数字权力,对居民城市权利进行技术扫描。因此数字技术一旦进入具体场景就将迅速展示其逻辑悖论:推动了权利发展的技术,一定不是一种"被收买"的技术;而基于城市管理权力的数字技术手段与基于公民权利的数字技术一定存在目标差异。同一类型的数字技术需要同

---

① 〔英〕艾瑞克·马克:《约翰·洛克:权利与宽容》,李为学等译,武汉:华中科技大学出版社2019年版,第30页。
② 〔印度〕阿马蒂亚·森:《贫困与饥荒——论权利与剥夺》,王宇、王文玉译,北京:商务印书馆2001年版,第5—6页。
③ 〔美〕列奥·施特劳斯:《自然权利与历史》,彭刚译,北京:生活·读书·新知三联书店2003年版,第185页。

时完成相互冲突的权力扩张与权利发展,这在技术层面是难以实现的,数字技术从此陷入角色冲突之中,而一旦这种权利复制无法完成,数字孪生技术也无法对贫困进行实时映射。

本章小结

贫困与不平等相关,贫困也是世界范围内普遍存在的社会问题。在西方城市化基本完成之际,贫困问题逐步体现为城市问题。作为城市化后发国家,中国仍然有数以亿计的农村人口需要进入城市,同时农村地区尚存大量的低收入人口,因此中国的城市化将长期面临贫困治理的压力。在彻底消灭绝对贫困之际,中国城市化又开始直面数字时代的挑战。诸如数字孪生、区块链等涉及数字城市建设的一系列新技术应运而生,但是随着数字技术的迅猛发展,由于技术垄断与数字门槛的设立,人的参与需要借助于一定的知识结构;在技术不对等的城市中,越来越多的城市居民被迫通过自我数据化、自我限制的途径获得正常城市生活的可能。由于大规模的城乡人口流动及其异质性存在,数字孪生技术需要对这些人口、区域乃至制度进行全面扫描。但是数字孪生技术需要有一个逆向的思维,即不再把贫困聚焦于特定的个体甚至区域,而应该对那些造成城乡社会保障差异的制度进行实时扫描并促成其完成变革,故而只有基于这一权利的政策"集成"才是直面贫困"异构"的解决方案。

事实上,在城市治理中,通过计算的数字化治理是在讨论一种重塑中心的技术路线,这一近乎程序性的讨论冲击着威尔逊以来尤其是多元中心主义以降的公共治理的价值路线。数字化既解构了工业革命以来的权力关系,也重塑了新的权力结构。在城市治理的数字化转型中,数据的生产不但成为公共治理的基础,而且还意味着对城市权力的支配。在城市政府、市场组织与社会组织的三重关系中,由于资本的敏感性与市场的先占优势,以及政府的天然垄断性,城市居民在很多应用场景中成为被动的数据供体。由于数据权属关系的缺位,城市居民无法有效支配其生产的数据,从而扩大了基于数据的权利不平等;进一步讲,城市数据权利的贫困源自数据的生产乏力、数据的被动整合与数据的沟通匮乏。

　　资源依赖理论揭示了组织共存的基本原则,即组织的共生必须建立在获取资源与摆脱依赖之间。从国家-社会二分法的角度分析,国家对于社会的单一吸纳将毁灭社会这一国家的基础;从多元治理的角度分析,政府单边治理模式的高成本和政企联盟的显失公平,已经在城市数字治理中有所体现。市民不是顾客,不是用户,而是城市治理的主体与目的。城市治理的数字化转型并不存在特殊的价值,无论是网络化治理还是数字孪生技术的应用,数字本身仅仅是且只能是一种技术的扩张。技术不对等往往迫使越来越多的人套上了数字枷锁,也使城市背离了近千年的自由价值。但是仅仅依靠工具的变革无法实现贫困的化解。在人类历史中,权利的扩张是一条日益清晰的主轴,城市贫困治理只有紧密围绕这一主轴才能获得积极的答案。人归根到底不是数据,人是城市的目的,人的自由始终是城市发展的前提性问题。在功利主义的理想中,任何人都有自我保存的权利;在马克思主义的理想中,在数字反贫困的过程中,这种自我保全的城市权利意味着不被数字霸权吞噬的权利,意味着共同编制城市运行源代码的权利。

第五章
城市性的找回：城市贫困的干预机制

贫困是一种社会问题，这一问题由大大小小的贫困现象汇聚而成。行动主义者主张从特定的现象而非宏大叙事入手，着手解决可以解决的贫困问题。"遗憾的是，关于贫穷的辩论往往不是这样展开的。很多侃侃而谈的专家并没有讨论怎样抗击痢疾和登革热最有效，而是专注于那些'大问题'：贫穷的终极原因是什么？我们应该在多大程度上信任自由市场？穷人能够受益于民主制吗？外来援助可以发挥什么样的作用？等等。"[①]在当代中国，在人们进入城市之后，这种地区贫困治理的争论也适用于城市治理。在中国城市化的进程中，在城市运行过程中，无论是空间衰退还是个体贫穷，都体现出城市性的背离。

第一节　城市的贫困：不平等及其干预

贫困是人类社会的特有现象。基于贫困的多维表现，不同学科的研究者面临整合贫困分析框架的任务。城市化的推进加深了学界对贫困的理解，城市贫困也分别有了古典经济学、凯恩斯主义经济学、马克思主义贫困理论、多维贫困理论、社会剥夺理论、社会排斥理论、居住隔

---

① 〔印度〕阿比吉特·班纳吉、〔法〕埃斯特·迪弗洛：《贫穷的本质——我们为什么摆脱不了贫穷（修订版）》，景芳译，北京：中信出版社2018年版，第3页。

离理论、贫困空间生产理论、贫困文化理论等分析框架。① 基于以上理论阐述,城市贫困既伴随着产业结构的调整,也掺杂了个人的行为选择;既可能形成社会排斥,也可以生发出居住隔离。在中国城市的形成过程中,这些不同阶段的贫困理论导入,为中国城市贫困的分析提供了部分框架。

一、"人民"的城市及其指向

资本主义催生了城市的异质性,解构了城市政治的国家一致性。同时,一旦资本过度侵入被道德与信仰支配的城市性,城市性关于自由的人的起点就无法捍卫。中世纪以来的城市复兴同时伴随着城市革命,革命的背后暗含着城市性的新内涵。在 21 世纪的东方,中国如何建设城市、如何处理城市与人民的关系,给世界城市发展和城市性的理解提供了比较方案。

(一)"人民"对于"非人"城市的纠正

在世界范围内,城市化进程仍然在推进,如果说早期的城市与后来的城市有什么相同之处,那就是城市已经日益成为人类生活的命运主题。中世纪时期的意大利政治哲学家乔万尼·波特若(Giovanni Botero)这样评价城市:"城市被认为是人民的集合,他们团结起来在丰裕和繁荣中悠闲地共度更好的生活。城市的伟大则被认为并非其处所或围墙的宽广,而是民众和居民数量及其权力的伟大。人们现在出于各种因由和时机移向那里并聚集起来:其源泉,有的是权威,有的是强力,有的是欢乐,有的是利益。"②波特若看到,神圣的权威、基于安全的力量和自身的利益,都在引导人们进入城市;同时这一段文字记录了进入城市大多出于"人"自身的选择,正是在城市与人的漫长互构中,"城市中的各个部分,都不可避免地染上了居民们的特殊情感。这就使那

---

① 薛东前等:《空间视角下的城市贫困:格局、耦合与感知》,北京:科学出版社 2017 年版,第 4—9 页。
② 〔德〕康德:《道德形而上学原理》,苗力田译,上海:上海人民出版社 2012 年版,第 36—37 页。

最初无甚内涵的地理区划转变为邻里(neighborhood),即一个具有感情、传统与自身历史的区域"①。

城市化的进程是人化的进程,正是城市中人的工作、生活和情感日益赋予城市以生命。但是在城市化进程中,无论是城市空间的设计、街区的布局,还是高耸入云的摩天大厦,越是崭新的城市,越在远离人们。城市是如何走向人的对立面的？不同制度背景下的理解各有不同,但总体上看,政治与资本是城市异化的两大要素。随着民族国家的日益强大,城市逐渐失去古典时期的小规模特征,市民控制超大城市越发困难:"在现代国家的发展过程中,资本主义技术和战争起了决定性的作用;但很难指出这三者中哪一种作用最大。它们各自从内部的各种压力中发展,响应一个共同的社会环境;而国家也随着它们发展起来了。"②国家的强大重塑了城市的权力结构,资本的力量日益形成垄断性的政治权力,正是国家与资本的双重崛起,挤压了城市中的人的属性,城市通过国家化与资本化的双重路径,逐渐退化为冷冰冰的城墙、建筑与街道。

(二)"非人"城市的多维纠正

"理论只要说服人[ad hominem],就能掌握群众;而理论只要彻底,就能说服人[ad hominem]。所谓彻底,就是抓住事物的根本。而人的根本就是人本身。"③城市中人的属性的剔除归根到底要从反人性的城市力量入手。在阶级政治中,如果说城市的异化表现为城市的国家化与资本化,那么城市性的复苏就需要克服这种异化,实现城市社会属性的回归。

从日常生活批判出发,列斐伏尔走向了城市权利。"列斐伏尔和其他马克思主义者一样,主张通过阶级斗争,改变资本主义的政治经济关

---

① 〔美〕罗伯特·E. 帕克等:《城市——有关城市环境中人类行为研究的建议》,杭苏红译,北京:商务印书馆2020年版,第10—11页。
② 〔美〕刘易斯·芒福德:《城市发展史——起源、演变和前景》,宋俊岭、倪文彦译,北京:中国建筑工业出版社2005年版,第375页。
③ 《马克思恩格斯文集》第1卷,北京:人民出版社2009年版,第11页。

系,实现向社会主义的转向。但他的革命不是通过传统意义上的夺取国家政权来实现的。"[1]也正是城市权利的发现,奠定了城市克服国家性与资本性的双重路径。在当代中国的城市叙事中,从"三线建设"到"上山下乡",国家力量通过控制人口流动来影响城市的发展,这一国家路径挤压了城市权利,也违背了城市化进程的基本规律,因此在国家纠正相关政策之后,中国的城市开始复苏。同时在改革开放以后,借助于资本的力量,中国的城市化实现了空间的扩张,缓解了长期中国城市居民的住房困难,但是资本逐利的属性也形成了高企的房价与居民住房需求的张力:空置的住房与棚户区的并存、"鬼城"的扩张与实有人口流失的并存。属人的城市发展需要限制资本的边界,克服资本对于城市空间的无形分割,促进人口在不同城市、不同街区的自由流动。

(三)"人民城市"的政策指向

斯宾格勒关于城市的判断论证了城市是民族、治理与信仰的场所,论证了城市与人的内在关系。但是在马克思主义城市理论看来,建基于阶级所有制之上的城市发展存在着难以克服的矛盾。正是在这一意义上,习近平总书记强调:"人民是历史的创造者,是决定党和国家前途命运的根本力量。""要抓住人民最关心最直接最现实的利益问题,把人民群众的小事当作我们的大事。"[2]2019 年,习近平总书记考察上海时,提出"人民城市人民建,人民城市为人民"重要理念,这一理念从根本上回答了城市建设发展依靠谁、为了谁的问题。人民城市理念回顾了共和国的城市历史,深刻指出,无论是城市规划、城市建设还是城市治理,人民才是城市的主人,人民是城市建设的主体,是城市治理的目标,是城市发展的尺度。我们进一步认为,城市属于人民,人民参与城市建设和治理并享有城市发展的红利,是城市性的内在规定,是国家型城市、资本型城市向社会型城市回归的内在逻辑。中国的城市化要努力通过城市"人民性"的挖掘,克服那种"见城不见人、要地不要人"的政策扭

---

[1] 曹海军:《城市政治理论》,北京:北京大学出版社 2017 年版,第 55 页。
[2] 习近平:《习近平谈治国理政(第三卷)》,北京:外文出版社 2020 年版,第 135 页。

曲,逐步形成城市对人的依赖而不是相反。

二、两类贫困与两种不平等

在世界范围内,贫困深刻影响着城市化的成效。在中国,城市贫困与20世纪的国家全面变革有关。从产业结构层面看,一方面,改革开放释放了压抑已久的生产力,城市第二、第三产业对劳动力的需求引导大量农村人口进城;另一方面,国企转制与产业结构的调整导致了大量城市人口的下岗,这些失业人口是中国城市贫困的主要表现。从政策层面看,一方面,中国城市化的快速演进使贫困问题汇入了城市场域;另一方面,由于中国的贫困长期发生在广大的农村地区,城市贫困并不是国家优先解决的政策性问题,城市贫困因此被诸如低保、医疗、城中村等具体政策话题所置换。随着产业结构调整的顺利推进以及越来越多的人口进入城市,城市贫困的话语置换已经变得困难,特大城市由于生活人口众多,特定群体诸如"三和青年"、外卖小哥的群体命运更容易引发民众的共鸣,从物质诉求到权利保障,城市贫困与平等主义的呼声形成深度互构。

(一)贫困的两种类型

从一般意义上看,贫困与收支失衡相关。学界达成共识的是,贫困可分为绝对贫困与相对贫困两种类型。相对于相对贫困而言,绝对贫困的定义比较清晰。世界银行在《1990年世界发展报告》中提出,绝对贫困是指缺少达到最低生存需要的能力。[1] 有学者在此基础上认为,贫困还有主观因素与客观因素的区分,从而把贫困的计算分为三类:第一类是客观绝对贫困线测度,主要包括标准预算法、恩格尔系数法、马丁法和食物能量摄入法;第二类是客观相对贫困线测度,主要有比率法、国际贫困标准法和扩展线性支出法;第三类是主观贫困线测度。[2] 从逻辑上看,这一分析添加了主观观测,从而补充了对于贫困的理解。为了

---

[1] 世界银行:《1990年世界发展报告》,北京:中国财政经济出版社1990年版,第26页。
[2] 曲大维:《流动人口贫困测度研究:基于主观贫困线方法》,上海:上海交通大学出版社2014年版,第39页。

表述的需要,本书总体上采纳相对贫困与绝对贫困的划分法,并适当兼顾贫困形成的主观因素。

由于绝对贫困线的划分无法衡量动态的社会成本,因此,发达国家甚至世界性组织多采用相对贫困线来衡量居民的生活水平。与绝对贫困论及的生存性贫困不同,相对贫困是基于比较的考虑,通常采用收入比例法或人口比例法加以测量。在这个意义上,贫困人口将永远存在,研究者通过采用"方法城乡统一、基数分城乡与水平分城乡"的方式来界定相对贫困标准,即统一采用收入比例法,将城镇居民可支配收入中位数的50%和农村居民可支配收入中位数的40%分别作为城乡相对贫困标准,在此标准下,2019年全国相对贫困率为12%,城乡相对贫困率分别为5.8%和21.5%,全国相对贫困人口规模约1.68亿人,其中城镇相对贫困人口约4921万人,农村相对贫困人口约1.19亿人。① 需要强调的是,这一数据建立在城乡二元格局之上。2021年,城镇居民人均可支配收入为47412元,是农村居民人均可支配收入的2.5倍;城镇居民人均消费支出为30307元,是农村居民人均消费支出的1.9倍。②

(二)平等主义的两类理解

平等主义是人类社会的基本准则。"人类社会中存在着两种不平等,一类是生理上的不平等,另一类则是政治上的不平等。前一种不平等是由性别、年龄、体质以及智商决定的,而后一种不平等则源于人类的约定俗成。这种约定俗成的不平等表现为一小撮人必须通过损人利己获得各种优势和特权,并变得比他人拥有更多的财富或更高的权势,以及更强大的影响力,成为大多数人的主人,并把别人变为奴隶。"③ 与贫困的两种划分法类似,平等主义也有广义狭义之分。从广义上讲,只要存在着反对一些人的拥有物与他人不同的理由,这些理由就是平等

---

① 李莹、于学霆、李帆:《中国相对贫困标准界定与规模测算》,载《中国农村经济》2021年第1期。
② 陈燕凤、夏庆杰、李实:《中国农村家庭相对贫困研究——基于收入与消费的比较视角》,载《社会科学战线》2024年第5期。
③ 〔法〕卢梭:《卢梭说平等与民权》,张溟勋编译,武汉:华中科技大学出版社2017年版,第40页。

主义的理由;狭义而言,只有某些理由所依据的观念是追求平等本身,这些理由才构成平等主义的理由。①

在世界银行看来,贫困与不平等并非同义词。"贫困相对于社会上一部分穷人的绝对生活水准而言。在极端不平等的情况下,一个人可以拥有一切,显然,贫困的程度也会十分严重;而在不平等的程度极低的情况下(那里是人人平等的),贫困程度可能为零(即没有一个穷人),也可能是极端贫困(全部都是穷人)。"②但是从动态的角度看,平等主义的理解对于贫困治理具有重要的作用。一个正当的社会必须是平等的社会,上述的平等主义分别从结果与起点进行了讨论,结果平等容易形成平均主义,从而为无差别分配提供合理性;起点平等则忽视结果上的差异,把不平等的理由前推到机会的创造上。为了防止结果平等对机会平等的话语凌越,约翰·E.罗默(John E. Roemer)总结了约翰·罗尔斯(John Rawls)和阿马蒂亚·森的分配正义理论。在罗默看来,二者存在四个相同之处:二者都不是福利主义观点,而是分别把基本善和可行能力确立为基本标准;都是平等主义的观点;都反对结果分配;比形式上的平等主义更激进,罗尔斯主张通过平等化社会善实现,森主张通过可行能力的平等加以实现。③ 在此基础上,罗默把客观的环境条件和主观的努力视为变量,从而把"优势"和"可行能力"区分开来,前者的差异意味着机会不平等,后者的差异意味着努力的不平等。④

贫困与资源控制有关,资源控制是资源分配的前提。具体而言,"公平合理的收入分配是全民共享发展和共同富裕的重要组成部分,与绝对贫困主要关注低收入群体的基本需求相比,相对贫困更关注财富、收入和权利分配的不平等"⑤。但是在中国城市化进程中,城市户籍尤

---

① 〔美〕托马斯·斯坎伦:《为什么不平等至关重要》,陆鹏杰译,北京:中信出版社2019年版,第2—3页。
② 世界银行:《1990年世界发展报告》,北京:中国财政经济出版社1990年版,第25—26页。
③ 〔美〕约翰·E.罗默:《分配正义论》,张晋华、吴萍译,北京:社会科学文献出版社2017年版,第174—175页。
④ 同上书,第292—328页。
⑤ 李莹、于学霆、李帆:《中国相对贫困标准界定与规模测算》,载《中国农村经济》2021年第1期。

其是特大城市的户籍长期以来是一种政府控制的稀缺性资源。随着市场力量的崛起,城市户籍日益失去其资源性意义。除了北京、上海等超特大城市外,限制城乡流动的户籍制度等已经基本消除,大量的农村人口可以自由进入城市,并通过购置房产、展开城市生活推动城市经济繁荣,但是长期存在的户籍制度仍然在习惯性地阻挠一些人进入城市尤其是特大城市。

(三)贫困与不平等的交织

罗默对于罗尔斯和森的观点分析试图打通抽象的哲学思辨与具体的经济学分配之间的途径,因此具有重大的启发性意义,但是对贫困与不平等的理解并不完全体现于哲学的原则与经济学的选择之间的张力。作为一种社会现象,经济学家有时也手足无措。例如托马斯·皮凯蒂(Thomas Piketty)困惑的是,不平等将某一个国家的穷人与富人区分开来,是否可以用收入差加以衡量?这些收入差又如何与在时间和空间上观察到的不平等加以比较?这些收入差是否与1950年、1900年或者1800年的收入差相同?在收入上的不平等是否已经成为西方国家20世纪90年代最主要的不平等?[①]

在马克思主义经典理论家看来,不平等体现为资本与劳动、利润与工资、雇主与雇员之间的不平等。[②]皮埃尔·勒鲁(Pierre Leroux)则更为彻底,他认为平等还构成了权利的基础,而为了自由权利和平等的实现,人类必须经历三种可能的不平等:家庭等级制度、国家等级制度、所有制等级制度。人们只有摆脱了三层等级制度才能实现自由。[③] 不难看出,在勒鲁这里,不平等在历史上就是客观存在的。勒鲁的判断更为深刻的地方在于,在平行的社会中,三层等级制度有可能不停地把一些个体甚至群体抛出社会,即"在一个社会中,几个时代的成分同时并存,

---

① 〔法〕托马斯·皮凯蒂:《不平等经济学(第七版)》,赵永升译,北京:中国人民大学出版社2016年版,第3页。
② 同上书,第35页。
③ 〔法〕皮埃尔·勒鲁:《论平等》,王允道译,北京:商务印书馆1988年版,第76、255页。

相互之间缺乏有机联系的社会发展阶段",孙立平将此称为"断裂"。[1]

因此,从贫困的一般逻辑看,贫困与城市形态无关。贫困仍然是一种基本的社会现实,城市化意味着人口与贫困同时进入城市体系之中。同时,在抗击社会风险方面,穷人的处境更为艰难。从宏观历史来看,无论是贫困还是不平等,似乎都体现出特定的阶段性特征,但是,不平等对于贫困的剖析揭示了物质收入差距背后的等级制度,这些制度是实现自由的障碍。更加深刻的是,这些等级制度并未完全消失,在一定程度上加剧了社会的不平等。

三、城乡二元结构与中国贫困的分割

勒鲁对不平等的历史分析,对于我们理解中国贫困颇具启发意义。中国自古以来是一个农业大国,家庭、国家、所有制的差异形成了中国政治的结构性特征。而粮食问题长期以来不仅是一个物资问题,而且是中国历史上政治动荡的根源。1949年后,百废待兴的中国面临工业化起步的任务,农村地区既需要向城市输送粮食,又不能让农村人口无序流向城市。在这一背景下,中国先后通过一系列制度安排为城市人口设定了保护性门槛,城乡二元结构因此形成。

(一)贫困问题的城乡分化

自古以来,中国实行城乡差异化的管理体制。从西周一直到唐朝,城内坊市分离,坊内居住,市内开展贸易及娱乐活动,这就是"坊市制"。坊市之间有围墙相隔,并有专门的官员进行时间和空间管理。但是,坊市制只是基于治安目的对城市居民与市场进行分别管理的制度,本身并不限制城乡人口的流动。有唐一朝,中央主持的选官制度使大量士人向京城集中,城市商品经济的发展促使农村人口和工商业、服务业人口大量向大中城市集中流动。《唐会要》卷五十八《户部尚书》载:"诸道州府应征留使、留州钱物色目,并带使州合送省钱,便充留州给用

---

[1] 孙立平:《断裂——20世纪90年代以来的中国社会》,北京:社会科学文献出版社2003年版,第14页。

等。……如坊郭户配见钱须多,乡村户配见钱须少,即但都配定见钱,一州数,任刺史于数内看百姓稳便处置。"这是迄今发现的最早将"乡村户"和"坊郭户"单独提出的记录,亦被认为是唐朝从"城乡一体"向"城乡分离"转折的重要时期。①

唐末,坊墙崩塌,坊市制难以维系,宋代城市居民侵街开店现象尤其严重,居住与市场之间的物理隔离与政策隔离事实上已经无法延续。在此之后,由于统治者对于农村地区的放任,户籍制度主要与税收、治安密切联系,并不涉及更多的资源分配的内容。在晚清,作为地方行政单位,城市自治开始兴起,此时的城市并不具备更多的政治意义。1949年后,由于城市人口的迅速增加以及工业化起步对于粮食需求的增加,国家通过户籍、统购统销及票证等制度安排限制人口流动和自由市场,中国城乡二元体制开始强化。1953年10月16日,中共中央通过《关于实行粮食的计划收购与计划供应的决议》。这一政策包括在农村向余粮户实行粮食计划收购(即统购),对城市居民和农村缺粮户实行粮食计划供应(即统销),由国家严格控制粮食市场。② 1958年1月9日,全国人大常委会第九十一次会议通过了《中华人民共和国户口登记条例》。该条例第十条第二款对农村人口进城作出规定:"公民由农村迁往城市,必须持有城市劳动部门的录用证明,学校的录取证明,或者城市户口登记机关的准予迁入证明,向常住地户口登记机关申请办理迁出手续。"③统购统销政策因此成为计划经济的制度起点,而统购统销背后的户籍等制度形成了城乡二元体制,分割了中国的社会问题。与城乡结构相对应,中国的社会问题分别被表述为城市问题与农村问题,贫困也因此有了城市贫困与农村贫困之分。

(二)"剪刀差"与贫困的固化

20世纪20年代初,苏联为加快积累工业化资金,人为压低农产品

---

① 宁欣:《唐朝如何管理城市流动人口》,载《人民论坛》2019年第1期。
② 孙庭阳:《统购统销政策的建立与变革》,载《中国经济周刊》2019年第18期。
③ 陈承明、施镇平主编:《中国特色城乡一体化探索》,长春:吉林大学出版社2010年版,第28页。

收购价格,使得部分农民收入在工农业产品交换过程中转入政府支持发展的工业部门,农业和农民丧失的这部分收入称为"剪刀差"。① 20世纪50年代,"剪刀差"制度流入中国,使得农村地区为中国的工业化付出了巨大牺牲。1953—1981年间,国家通过价格剪刀差的方式从农民手中筹集工业化资金共7000多亿元,加上农业集体组织内部的积累1000多亿元,总计8000多亿元,而国家在此期间对农业的投资总计只有800亿元左右。②

统购统销制度清除了市场经济的基础,为工业化和城市化的推进汲取农业剩余,在特定阶段存在合理性,但与此同时,这一制度剥夺了农民通过市场提高收入的途径。"由于国家统购粮食和油料,农民已有的副业门路大为减少(如碾米、贩运)或增加经营困难(加制粉熬糖缺原料,养猪养鸭缺饲料),人民政府未能及时具体指导农民寻找新的副业门路和帮助农民解决困难,加之农民划不清正当副业与自发势力的界限,存在很大顾虑,以致农村副业生产一时下降,农民收入减少。"③城市居民成为吃"商品粮"的群体,农村居民成为出售"征购粮"的群体,脱离了工业化与市场化的农村地区延续了小农经济生活,除了受到限制的城市招工与中考、高考之外,农业人口的身份改变几无可能。土地的依赖及身份的限制,最终锁定了农民提升生活水平的路径,与相对有保障的城市比较,农村贫困成为比较显著的社会现象。1978年和2002年,中国城镇居民可支配收入分别是农村居民人均收入的2.58倍和3.28倍。考虑到农民用于生产的费用和城镇居民的一些福利,这一差距将高达5∶1至6∶1。④

(三) 城乡融合与贫困的流动

20世纪70年代,计划经济体制的实施使中国的经济发展遭遇巨大

---

① 顾京圃:《中国经济二次腾飞的若干思考:兼论县域经济发展及其金融支持》,北京:中国言实出版社2013年版,第36页。
② 陈国庆:《统购统销政策的产生及其影响》,载《学习与探索》2006年第2期。
③ 常明明:《粮食统购统销政策实施之初的偏向与纠偏(1953—1954)——以中南区为中心》,载《中国农史》2019年第1期。
④ 吴忠民:《走向公正的中国社会》,济南:山东人民出版社2008年版,第78—79页。

困难。1978年11月,安徽省凤阳县梨园公社小岗队18位农民将集体耕地承包到户,从而启动了中国农村改革的序幕。1985年1月1日,《中共中央、国务院关于进一步活跃农村经济的十项政策》(一号文件)颁布。该文件指出,在农村生产向商品经济转化中还存在着诸如农业生产不能适应市场消费需求、商品流通遇到阻碍、一部分地区贫困面貌改变缓慢等问题,产生这些问题的原因是多方面的,而国家对农村经济的管理体制存在缺陷是一个重要原因。其中,农产品统购派购制度的弊端已经影响农村商品生产的发展和经济效益的提高。① 这一文件终结了实施近三十年的统购统销制度,释放了农村改革的活力,更重要的是,这一文件还放松了对农民进城的管控,要求城市继续办好各类农产品批发市场和贸易中心,允许农民进城开店设坊,兴办服务业,提供各种劳务。② 正是在这一文件的启发下,一批"自带口粮"的农民进入城市从事第二、第三产业,诸如浙江路桥、龙港等农民城发展起来,城乡隔绝的局面开始打破。

如果说城乡分治下的贫困问题较多发生在农村地区,城乡人口的流动则使得贫困问题逐步蔓延开来:第一,与世界城市化遭遇的问题相似,农村贫困人口更趋于进入城市寻找生活机会;第二,城市里已有的贫困人口与农村贫困人口合流;第三,城市内部与农村内部的贫富分化严重。随着中国农村贫困治理目标的达成与城乡人口的流动,相对贫困的治理必然溢出农村,从而形成城乡治理的共同任务。

四、城市贫困的整体性干预与差异性政策

贫困的分类与不平等的差异化理解,影响着城市反贫困的机制介入。通常来说,社会转型期往往伴随着人口的迁徙和贫困的发生。例如,英国圈地运动使大量农民离开土地,大量人口涌入城市,给城市增加了负担。1601年,《伊丽莎白济贫法》正式颁布,以法律的形式明确了

---

① 郑有贵、李成贵主编:《一号文件与中国农村改革》,合肥:安徽人民出版社2008年版,第355页。
② 同上书,第359页。

政府在减贫方面的责任,也为世界范围内社会保障制度的确定提供了范例。从中国的现实逻辑看,工业化和城市化的快速推进使大量的人口进入城市。随着相关城市供给制的取消,所有的城乡人口都不同程度地面临收入与支出之间的张力。因此,从城乡分立到城乡融合,中国的贫困治理必须合流。从理论逻辑看,对不平等的政策理解意味着贫困治理并不体现为单一的政策路径。

(一) 贫困与不平等的深度互构

中国的贫困长期发生在广大的农村地区,城市贫困问题并不是国家优先解决的普遍性问题。然而,"城市穷人在某些方面比农村家庭受贫困的折磨更多。城市穷人一般居住在贫民区或违章建筑区,往往要与惊人的拥挤、恶劣的卫生条件和污水进行斗争,这些居住地区常常是非法而危险的……有一些城市穷人是来此寻求收入较高的工作的农村移民"①。城市贫困形成了日趋严重的社会问题。

从中国乃至全球城市贫困的经验看,从城市贫困的主观感知与客观结果看,城市贫困与不平等的交互作用形成了四种类型的社会后果:广义不平等(起点不平等)与绝对贫困的互构,形成了生存权的压迫感;绝对贫困与狭义不平等(结果不平等)的叠加,并不指向生存权的焦虑,而是能力救助的困境;相对贫困与广义不平等的互构,集中体现为社会福利的期待;相对贫困与狭义不平等的叠加,仍然指向能力提升的困境(详见表5.1)。

表 5.1 城市贫困社会后果与政策干预情况

贫困类型	不平等类型	政策指向	政策类型
绝对贫困	广义不平等	积极政策	最低保障
绝对贫困	狭义不平等	积极政策	能力救助
相对贫困	广义不平等	积极政策	社会福利
相对贫困	狭义不平等	消极政策	能力提升

① 世界银行:《1990年世界发展报告》,北京:中国财政经济出版社1990年版,第30页。

(二)逐渐强化的政策体系

从绝对贫困到相对贫困,从广义不平等到狭义不平等,政策介入有一个逐次强化的过程。具体而言,城市贫困与不平等的互构将形成不同的政策干预机制:积极政策和消极政策,而这两类政策又根据需要分别指向最低保障、能力救助、社会福利和能力提升。在所有的制约因素中,基于生存需要的绝对贫困最需要强烈关注。"现代社会保障观念认为,政府不仅有责任关心穷人的生活,而且有责任消除贫困的根源。在现代国家,公民因维持不了最低生活水准而获得社会救助,是生存权的体现,每个公民都有权获得。"①

当城市居民陷入绝对贫困的境地时,无论我们如何理解不平等,都需要通过最低保障等积极政策加以干预。阿比吉特·班纳吉和埃斯特·迪弗洛在《贫穷的本质——我们为什么摆脱不了贫穷(修订版)》一书中呼吁道:"要想知道穷人是怎么生活的,你就要想想如何在迈阿密或莫德斯托每天只靠99美分生活。要用这点钱购买你一天所需(除了住房),这并不容易。比如,在印度,99美分只能买15根小香蕉,或是3磅劣质大米,你能靠这点吃的活下去吗?"②在这一收入水平下,作为自然人的生存遭遇巨大挑战,最低生活保障必须积极介入并加以纠正。这样的情况也给中国的城市扶贫以启发,随着城市物价和生活水平等的升高,维持一个城市居民尊严生活的最低保障线需要及时调整。在生存权得到保障之后,能力提升与生活福利便成为贫困治理的主要内容。

(三)构建全覆盖、全纵深的贫困治理体系

沿着森的逻辑,多数学者认为从经济资源角度看待贫困只不过是一种表象,真正深层次的原因是社会权利的不足,这些社会权利主要体现为社会剥夺、社会排斥、脆弱性、无发言权等。③ 基于公民权的贫困治

---

① 赵曼:《社会保障制度结构与运行分析》,北京:中国计划出版社1997年版,第56页。
② 〔印度〕阿比吉特·班纳吉、〔法〕埃斯特·迪弗洛:《贫穷的本质——我们为什么摆脱不了贫穷(修订版)》,景芳译,北京:中信出版社2018年版,前言,第Ⅸ-Ⅹ页。
③ 吴海涛、丁士军:《贫困动态性:理论与实证》,武汉:武汉大学出版社2013年版,第8页。

理意味着无差别、一体化的公共服务,然而在中国农村地区,一些地方政府对农村低保申请人与低保对象的生活方式和拥有消费品的档次作出了严苛规定:"家庭拥有非生活所必需的高档消费品,如:手机、摩托车、空调及贵重饰品等,不予批准或取消最低生活保障待遇。似乎救济对象就不应该分享现代文明和社会进步的成果,要申请低保金就没有选择自己生活方式的权利。"[①]不难看出,这种在社会保障与生活权利之间只能二选一的方案,本身就不可能促使救助对象依托现代交通与信息工具摆脱贫困;同时,这一规定也说明了农村地区物质条件的匮乏与城乡福利的差距,以至于一些被农村人口定义为奢侈品的物件不过是城市生活的必需品而已。

只要存在利益差距和公共福利的差距,人口的流动就不可阻挡。从这个角度看,贫困治理是需要兼顾城市和乡村的国家行为。但是,中国长期以来的城乡二元结构日益难以适应贫困治理的一体化。现有的城市贫困治理体系仅仅覆盖了城市户籍人口,而新流入的农业人口即使收入普遍高于农村贫困线,甚至大多数不低于城镇贫困线,也常常无力支付在城市的基本医疗、子女的义务教育开支,以维持城市水准的最基本生活水平,因而属于低收入群体,若按家庭人均收入计,这些农业人口大多低于城市贫困线(低保线)。[②] 这些现象形成了城市贫困治理的悖论:一方面,这些在农村脱贫的人却在城市成为新贫民;另一方面,这些新贫民并不是城市贫困治理的对象。同一个体的不同身份标签,反映了人口流动中的制度差异与权利差距,因此可以判断,城市贫困与农村贫困并无严格的界限,只要城乡二元结构仍然存在,贫困问题就会始终存在于城乡之间。

在李小云等人看来,快速的城市化和工业化进程一定会催生大量的贫困人口,即"转型贫困",一部分人在工业化、城市化进程中由于自身条件不足逐渐退落,而农村的劳动力等资源不断流出,因此,城镇化

[①] 贺大姣:《从伦理视角审视农村最低生活保障制度》,载《科学社会主义》2008年第2期。
[②] 杨亚非:《乡村贫困向城市转移的趋势与治理——以广西为例》,载《学术论坛》2015年第10期。

与工业化创造了财富,但也产生了新的社会分化与分层。城乡二元扶贫治理格局显然不能应对新的贫困变化,从而使大量的贫困群体被排斥在救助范围之外。① 因此,只要社会转型持续,只要人口流动依旧,只要城乡差别仍然存在,那么人口就会源源不断地从农村进入城市,持续补充城市低收入人群,并增加城市政府贫困治理的负担。例如2015年底,国务院办公厅发布《关于解决无户口人员登记户口问题的意见》,对包括流浪乞讨人员在内的八类无户口人员登记户口提出具体办法和措施②,各省级政府也先后出台了实施办法。但是,地方政府尤其是城市政府为流浪乞讨人员办理落户的案例并不经常见诸报端,一个合理的解释是,这样的政策措施可能诱使更多的低收入农业人口涌入城市,从而增加城市政府的财政负担。因此,以某城市政府一己之力来解决区域差异和城乡差异,既不合理,也不现实。

五、抗逆机制的运作对城市贫困的消解

英国1851年城市化率达到50%,德国1900年城市化率达到50%,美国1920年城市化率达到50%,2008年全球城市居民人数在历史上第一次超过了农村居民。③ 2011年,中国城市化率突破50%,已经成为世界城市化进程的重要推动者,这一背景下对于城市性的反思也意味着对于多数人的公共生活的理解。以人民性为核心价值的城市性始终聚焦于城市与公共生活的持续发展。2020年,中国实现了消除绝对贫困这一战略目标。随着大量农村人口进入城市,在夯实农村脱贫成果的同时,中国贫困治理也要逐步实现从农村到城市的转场,而城市性内在抗逆机制的运作成为城市贫困消除的可能路径。

---

① 李小云、许汉泽:《2020年后扶贫工作的若干思考》,载《国家行政学院学报》2018年第1期。
② 《国务院办公厅关于解决无户口人员登记户口问题的意见》,载《人民日报》2016年1月15日。
③ 国务院发展研究中心市场经济研究所课题组、王微、邓郁松等:《新一轮技术革命与中国城市化2020～2050——影响、前景与战略》,载《管理世界》2022年第11期。

(一) 空间抗逆机制的运作

从直观的角度来看,城市表现为特定的空间形态,这种形态体现在城乡关系和城市内部布局中。在对城市进行空间分类的时候,一些城市政府无视街区社会资本良好运行的基本现实,简单地从经济收入的分析框架来测量城市的贫困。这一思维方式往往混淆了低收入与贫困的区别,从而把大量的低收入区域划定为"贫民区"或"贫民窟",并把城市反贫困理解为特定低收入区域的地理空间更新。这种引发全球多地抗议的城市更新肢解了大量社会网络发达的街区,把大量的内城区居民迁往就业机会匮乏、医疗条件不足的城市其他低地租区域,从而损害了这些低收入居民的利益,事实上也无法解决城市贫困问题。

简·雅各布斯指出:"城市完全是一个有着具体形状和活动的地方。我们在理解城市的行为和了解有关城市的有用信息时,应该观察实际发生的事情,而不是进行虚无缥缈的遐想。"① 在《明日的田园城市》译序中,金经元也强调,城市这个有机体和人一样,真正的风貌在于内在素质的反映,浓妆艳抹于事无补,只能进一步揭示自身的内心世界。有什么样的社会,就有什么样的城市。要创造什么样的社会,就要建设什么样的城市。② 进一步讲,在城市反贫困过程中,要摒弃简单地把城市空间理解为地理空间的规划主义思维,城市的空间形成蕴含着社会交往、邻里守望等社会空间的规定性,正是这种规定性,赋予了这些低收入街区集体反贫困的社会价值。雅各布斯早已发现,城市中心广场"就像所有的街区公园一样,它是周围环境的产物,是街区周围的环境以及它的行为方式给公园带来了相互间的支持,或拆台"③。同样,城市街区也是彼此相连的,其内在的价值联系不能被轻易割断。当一个街区被定义为贫民窟时,事实上这个街区的所有群体就已经被城市所抛

---

① 〔加拿大〕简·雅各布斯:《美国大城市的死与生》,金衡山译,南京:译林出版社2005年版,第103页。
② 〔英〕埃比尼泽·霍华德:《明日的田园城市》,金经元译,北京:商务印书馆2000年版,译序,第14页。
③ 〔加拿大〕简·雅各布斯:《美国大城市的死与生》,金衡山译,南京:译林出版社2005年版,第106页。

弃。中国的城市更新要防范这一趋势,要关注街区的社会资本建设而不仅仅是地理空间建设;关注城市社区微更新而非彻底搬迁,从而留住城市的社会脉络,为城市反贫困提供社会支持。

(二) 群体抗逆机制的运作

社会空间的保留为社区行动提供了可能。在约翰·伦尼·肖特(John Rennie Short)看来,城市政治长期存在着三种基本话语:专制的城市、由特定宇宙观主导的城市和集体的城市。[1] 事实上,中世纪以后,这三种分类方法日益压缩为两种,即城市权力与公民权利的二分法。在今天的研究中,用基于权力还是基于公民权益来划分东方城市和西方城市的方法已经过时[2],但是二分法对于城市公民意识的主张已经深入人心。也正是出于这样的逻辑,波特若认为城市的伟大"并非其处所或围墙的宽广,而是民众和居民数量及其权力的伟大"[3]。因此,波特若从两个方面揭示了城市伟大的条件:市民的数量及其对城市的控制权。

在金经元看来,霍华德"关心的不是迎合权势者的私欲,也不是解决城市的某些局部问题,而是城市发展的大方向——依靠城市基本活力之所在——广大劳动人民"[4]。人民及其对城市的控制论证了城市发展的目标。但是在很多城市中,并不存在这样友好的制度,相反,"移民们到达城市后,遇上的是一个充满敌意的世界……但针对移民们的最大敌意来自于法律制度。最初,法律制度能够轻易地把他们吸收进来,或者不加理会,因为到城市里来的只是一小部分人,他们几乎不可能会破坏现有秩序。不过,随着移民数量的增加,法律制度无法再保持无动于衷;新到的移民们发现自己被排斥在合法建立起来的社会和经济活动之外。他们很难得到住房,也无法进入正规的商业领域或找到合法

---

[1] 〔英〕加里·布里奇、索菲·沃森编:《城市概论》,陈剑锋等译,桂林:漓江出版社 2015 年版,第 19 页。
[2] 〔英〕彼得·克拉克主编:《牛津世界城市史研究》,陈恒等译,上海:上海三联书店 2019 年版,第 110 页。
[3] 〔意〕G. 波特若:《论城市伟大至尊之因由》,刘晨光译,上海:华东师范大学出版社 2006 年版,第 3 页。
[4] 〔英〕埃比尼泽·霍华德:《明日的田园城市》,金经元译,北京:商务印书馆 2000 年版,译序,第 29 页。

的工作"①。当移民被剥夺工作与生活机会时,进入城市意味着贫困的开始,而城市中的移民被划分为新旧移民,则意味着作为基于人民性的、整体的城市社会网络的割裂。

因此,贫困群体抗逆机制的达成,意味着城市不能以时间、资格来区分民众,意味着集体性权利与群体性城市机会的获取。从社会问题的普遍性角度,城市贫困是城市化进程中人类社会面临的共同挑战:贫困是一个需要动用国家力量方能解决的结构性问题,同时要求城市政府从宏观政策的角度来化解城市进入的门槛。

(三)个体抗逆机制的运作

城市是人口聚居之所,也是个体生存之所。对于每一个体来说,"城市一定要增长,但是其增长要遵循如下原则——这种增长将不降低或破坏,而是永远有助于提高城市的社会机遇、美丽和方便"②。但是大量的城市贫困案例表明,一个个贫困的个体早在他们被城市抛弃之前就失去了城市管理、参与及控制的权利。城市政府在对城市贫困群体进行救助时,往往以物质层面的最低保障来维护城市个体的生命权,而无法捍卫其重返城市生活的权利。事实上,在城市政府的物质救助中,无论是维持在最低生活限度的政策供给还是较高的福利供给,都很难形成城市贫困的抗逆机制。研究表明,约翰逊政府在20世纪60年代开启向结构性贫困宣战的改革,三十年间总共花了4000亿美元,按照1993年的统计,美国每户家庭为支持扶贫需要达到年纳税3400美元,由于扶贫政策没有把低收入的劳动者同依赖福利为生者加以区分,从而导致美国的贫困率不降反升。③ 因此,在群体抗逆机制形成之后,贫困治理还需要建立稳定的个体抗逆机制。

"经济、政治和社会不平等往往存在长期的代际自我复制,因此机

---

① 〔秘鲁〕赫尔南多·德·索托:《资本的秘密》,王晓冬译,南京:江苏人民出版社2001年版,第74—75页。
② 〔英〕埃比尼泽·霍华德:《明日的田园城市》,金经元译,北京:商务印书馆2000年版,第111页。
③ 刘芸影:《美国的"扶贫"问题及其争论》,载《当代世界与社会主义》1996年第1期。

会和权力不平等对发展带来的负面影响,其伤害性更大。"①《2006年世界发展报告:公平与发展》基于公平的机会和避免绝对机会的剥夺两大原则的调查发现,个体的出生环境和群体身份及其初始环境将对机会不平等形成影响。② 可以看出,前者体现为起点的不平等,后者体现为过程的不平等,因此个体性的抗逆机制需要从机会平等入手才能形成。也正是基于机会平等的角度,1964年,美国通过了第一部反贫困立法,即《经济机会法》,从而向少数民族和贫民提供就业和教育机会以解决处于社会结构中的深层次贫困问题。中国的反贫困立法起步较晚,2011年,《中国农村扶贫开发纲要(2011—2020年)》提出加强法制化建设,加快扶贫立法,使扶贫工作尽快走上法制化轨道。③ 这一判断为中国国家层面的反贫困机制的建立确定了法制基础,也在农村贫困消除之后,为包括城市居民在内的个体全过程摆脱贫困陷阱提供了制度保障。

六、城市贫困的安全承压与体系重置

由于城市往往意味着大量人口的集聚,因此城市贫困的最大风险在于其对城市安全的深刻影响。一般来说,一座城市安全事件的频发大多说明这座城市运作体系存在着系统性障碍,因此城市安全需要重置城市体系,这种重置既涉及城市价值的重塑,也涉及城市功能的修复;既涉及城市管理工具性的强化,也涉及城市社会组织化网络。与此同时,城市化进程逐步实现了贫困问题的城市转向,这一转向意味着城市治理内在地包含贫困治理的逻辑,进而要求学界能够更好掌握城市贫困发生及其演化的基本脉络。

(一)城市贫困与城市安全的逻辑互构

正如前文所说,贫困是人类共有的安全困境,因此,城市贫困与城

---

① 世界银行:《2006年世界发展报告:公平与发展》,中国科学院-清华大学国情研究中心译,北京:清华大学出版社2006年版,第1—2页。
② 同上书,第18—19页。
③ 《中国农村扶贫开发纲要(2011—2020年)》,载《人民日报》2011年12月2日。

市安全密切相关。在关于贫困的研究中,比较有代表性的观点有四种:一是经济学视角的"匮乏说";二是发展学视角的"能力说";三是社会学视角的"剥夺说"或"排斥说";四是政治学视角的"阶层说"或"地位说"。① 四种角度彼此并不隔绝,多种理论在城市贫困研究方面存在竞合关系。当然不同理论方法共同进入城市贫困的分析可能造成研究边界的模糊,例如埃莱娜·皮拉尼(Elena Pirani)就认为,虽然贫穷和社会排斥是两个严格依赖的概念,但是两者并不等同,贫穷环境并不自动意味着社会排斥。社会排斥是一种源于生活并影响个人,体现为经济、社会和体制层面多个领域的多维剥夺。② 也就是说,贫困并不仅仅有单一的呈现形式。这种跨越经济学和社会学的理解,正说明了贫困这一现象背后的复杂成因。

多学科的导入丰富了城市贫困的多维研究,但是多维的理解又容易形成新的理论分歧。从逻辑上看,已有的争论并非在同一层次展开:有的论述强调城市贫困的成因,有的研究着重城市贫困的表现。城市扩张并不必然导致城市安全问题,但是从人类社会发展的基本规律看,城市贫困、能力剥夺、机会不平等对城市安全有重要的影响。在西方一些城市敏感区域,低收入现象与城市安全往往直接相关。

(二) 强化城市社会的自我修复机制

在 20 世纪 90 年代,拉美地区进入了快速城市化进程,1995 年该地区城市人口已达 3.51 亿,占地区总人口的 73.4%。最高的委内瑞拉高达 92.8%,此外还有墨西哥(75.3%)、巴西(78.2%)、乌拉圭(90.7%)、阿根廷(88.1%)、智利(83.9%)。③ 城市化的进程需要不同的国家政策配套,如果国家政策缺位,社会力量将形成自身的城市化行动。在拉美地区的城市化进程中,由于公租房建设的滞后,大量的自建房成为城市

---

① "城乡困难家庭社会政策支持系统建设"课题组、韩克庆、唐钧:《贫困概念的界定及评估的思路》,载《江苏社会科学》2018 年第 2 期。
② Elena Pirani, Evaluating Contemporary Social Exclusion in Europe: A Hierarchical Latent Class Approach, *Quality & Quantity*, Vol. 47, 2013, pp. 923-941.
③ 韩琦:《拉丁美洲的城市发展和城市化问题》,载《拉丁美洲研究》1999 年第 2 期。

贫民窟的主要特征。1953年,委内瑞拉军政府发起了激进的"清理自建房运动",该运动以强制性搬迁的方式,试图在贫民窟原址建设"超级住宅区"(superbloques),由于引发了激烈的社会冲突,该运动在五年之后自动停止。①

"机体器官和组织的基本单位是细胞。细胞的生命活动是在体内、外环境的动态平衡中进行的。细胞和由其构成的组织、器官,以及机体,能对不断变化的体内、体外环境做出及时的反应,表现为代谢、功能和结构的调整。"②由于贫民窟的普遍性与城市犯罪现象的频发,拉丁美洲的城市化一直饱受批评,甚至引发了上述国家行动,但是总体上看,这一地区的社会问题有所好转,"1990年贫困率高达48.4%。只是在进入新世纪以来,随着经济持续快速增长,贫困率开始逐年下降,2013年降至22.6%"③。城市社会有自身的修复性特征,伴随着城市化进程的结束,借助城市经济的发展与市民社会的完善,城市贫困等危及社会安全的现象有望逐步减少。

(三) 反思城市安全的过度防范

城市原有体系在老化的过程中,主要体现为社会组织老化、主要组织再生功能差等,但是城市化进程伴随着大量的移民,这恰恰弥补了城市的退化。在中国,人口日趋导入特大城市、发达地区性城市群已经是不争的事实,但是在国内学术界和实务界,对于城市移民的认识仍然存在争论,一种典型的担心就是,无序的城市化将导入大量的低文化程度、低技能人群,导致城市功能下降和公共服务成本增加。为了实现人口管控,一些特大城市往往采取降低非户籍人员公共服务水准、抬高城市准入门槛等政策进行限制,通过打击群租、拆迁非正规住宅甚至正规的农贸市场等措施驱赶人口,激起了很大的社会情绪。

---

① 郑秉文:《贫民窟:拉丁美洲城市化进程中的一个沉痛教训》,载《国家行政学院学报》2014年第5期。
② 陈杰、李甘地主编:《病理学》,北京:人民卫生出版社2005年版,第5页。
③ 郑秉文:《贫民窟:拉丁美洲城市化进程中的一个沉痛教训》,载《国家行政学院学报》2014年第5期。

从国内"分灶吃饭"的财政体制看,城市政府往往担心移民加重城市财政负担,但是从公共治理的角度看,移民不是城市治理的对象,而是城市治理的主体。无论是国内移民还是国际移民,无论是多数族群还是少数族群,都将在城市中形成特定的社会资本,促进城市社会自发秩序的形成。在20世纪的美国,黑人一旦在城市中受到大规模种族歧视,他们就会努力建立起充满凝聚力的社区,"尽管家庭会搬迁,居住流动性较高,但是如果他们继续居住在同一城市,最终仍会选择靠近亲戚和邻居居住"①。事实上,正是这些社会中持续更新的"细胞",有效地弥补了城市原有体系老化的不足。因此,城市治理中单纯地以运动式等方式治理特定群体,并不能指向城市问题的真正本质,反而容易导致城市组织体系的衰败。

(四)重置城市运作民主体系

城市问题大多可以划分为城市规划、城市建设与城市治理等三个方面的问题。同样,城市安全可以在类似的三个阶段中得以体现。但是从城市政治的角度来看,城市是民主社会的发源地,是民主政治的训练场,直到今天,作为民主政治的一个场域,城市广场、建筑都被赋予了很多符号。美国革命后,兼建筑师和政治家于一身的托马斯·杰斐逊就认为,古代罗马建筑表现了公民美德,是新成立的国家的典范,从而激起了古典主义建筑在全国的复兴。② 作为地方政府,城市政府承担着国家民主运行的重要职能,但是随着城市化的进程,这种地方民主在多大程度上能够实现公共治理的多元主义,罗伯特·达尔(Robert Dahl)也没把握,他在《规模与民主》中坦陈了这种忧虑:"城市化和人口数量的爆炸性增长引发了各层次的政府不受控制地增长,这已经成为人们心头挥之不去的梦魇。在美国,人们尤其关注的问题是,允许城市(尤其是大都市区和特大型城市)无限制地增长是不是一种明智的选择……如果现在存在着一个从弗吉尼亚州到缅因州之间的连续市区,

---

① 〔美〕戴维·古德菲尔德主编:《美国城市史百科全书》,陈恒等译,上海:上海三联书店2018年版,第153页。
② 同上书,第31页。

我们是否有必要将其变成一个巨大而单一的自治型特大城市?"①

虽然从达尔的一贯立场看,他不会给城市套上国家工具的外衣,但是达尔仍然担心,那种发轫于中世纪的城市自治方式日益无法适应城市规模的扩张,这也给城市安全提供了三种思考的入口。从宏观政治学来理解城市安全,雅典时期以来的城市民主具有强大的生命力,因此城市的失败多源自城市民主的匮乏;从中观政治学的角度来看,城市安全涉及权力结构的重构,涉及城市融合过程中新兴个体乃至社会组织的进入;从微观政治学的角度来看,城市安全是微观的交往安全,是社区和人群的日常生活。当个体进入特定街区时,也就进入了城市生活,进入了城市民主运转的过程,因此赋予普通市民以城市权利,赋予其参与城市公共生活的渠道,是城市民主的重要内容。而那些阻塞性的政策设计,都将在家庭、社区、街区、广场酿成不良社会后果,最终造成城市安全的结构性破坏。

第二节 城市更新与作为空间问题的城市贫困

在空间治理体系中,城市是重要的一环。1997年的一份报告显示,在全美29个城市里,将近五分之一的无家可归者其实拥有正式工作或兼职工作。② 拥有城市工作本身并不能帮助其获得住房、教育、卫生等资源。在中国,一些城市也处于产业流失导致的居民收入低下境地中。因此,城市衰退及其导致的空间贫困挑战了国家与城市治理的正当性,也正是这种城市机会不平等的空间呈现及其背后的社会撕裂,为政治学的出场提供了必要性,而城市更新则通常成为城市政府遏制衰退的政策方案。

---

① 〔美〕罗伯特·A.达尔、爱德华·R.塔夫特:《规模与民主》,唐皇凤、刘晔译,上海:上海人民出版社2013年版,第1—2页。
② 〔美〕芭芭拉·艾伦瑞克:《我在底层的生活》,林家瑄译,北京:北京联合出版公司2014年版,第32页。

一、城市衰退与城市更新:重新审视城市化的立场

城市是现代人的住所,也伴随着持续的批判。英国伦敦大学学院巴特莱特建筑学院的斯蒂芬·马歇尔(Stephen Marshall)博士曾指出:"城市是人类创造的最终居住地,然而,在所有的物种中,可能只有人类所建造的居住地是最不适合人类本身居住的。"[①]人类创造了城市,有限空间导致的交通拥挤、环境污染、治安恶化与城市贫困等一系列问题却伴随着城市尤其是特大城市发展的始终。人们日益意识到,城市本身不是一个建筑的集合,而是一个有机生命体。作为有机生命体,城市这一生命线索来自城市的形成逻辑,因此必然影响城市的更新思路。但是从奥斯曼的巴黎、霍华德的"田园城市"到柯布西耶的"现代城市",传统的城市规划把城市看作静止的事物这一理念没有得到改变。[②] 简·雅各布斯在20世纪60年代出版了《美国大城市的死与生》,对这种无视人的城市规划进行了激烈的批判,从而纠正了物化城市的基本路径。雅各布斯的人本主义的城市理论同时遏制了科学主义在城市规划中的蔓延,以人的尊严赋予城市以新生,也为城市更新提供了重新认识城市化的基本立场。

(一)城市问题催生城市更新

美国在二战以后,由于城市化进程中的产业外迁、内城衰退、新移民浪潮的冲击以及战前经济萧条所导致的建筑业停滞,长期困扰城市发展的住房严重短缺问题,随着战后大批复员军人的回城安置而变得更为突出,联邦政府因此把复兴内城、解决住房短缺作为推动经济增长和城市发展的首要问题来处理,城市更新运动由此而兴起。[③] 通常来说,城市发展本身就是一个自我更新的过程。有学者继而从组织的角度加以分析,即不同于产业革命以前自发、缓慢的自我更新,现代意义

---

① 同济大学建筑与城市空间研究所、株式会社日本设计:《东京城市更新经验:城市再开发重大案例研究》,上海:同济大学出版社2019年版,序1。
② 阳建强、吴明伟主编:《现代城市更新》,南京:东南大学出版社1999年版,第5—7页。
③ 李艳玲:《美国城市更新运动与内城改造》,上海:上海大学出版社2004年版,第15页。

上的城市更新是有组织、有计划的,是伴随着工业革命、人口集中而出现的"城市病"而产生的。①

从严格的学术概念上看,城市发展的动态平衡并非确定的一种状态。由于城市建设的持续性特征,城市更新并不存在一个时间轴上的等待期。工业革命的技术推进了城市扩张,这一扩张势必对原先传统的城市形成破坏,因此工业技术推进的城市扩张既可以看作对既有城市的更新升级,也可以视为后来的城市更新的原因。从时间的角度看,二战是一个重要的城市更新节点。有学者认为,法国的城市更新虽然始于 19 世纪 50 年代奥斯曼时期的巴黎改造,但更大规模的改造是从二战以后开始的。②

针对城市问题的积重难返,学术界承认工业技术对于城市更新的重要作用。例如,东京的轨道交通对于城市更新的引领作用尤其突出。始建于 19 世纪 80 年代、全长约 34.5 千米的山手线不仅奠定了东京中心城区最基本的城市结构,而且以山手线为核心的日本国有铁道客运网络的发展,直接促成了郊区的快速城镇化。③ 因此,东京的城市扩张不但完成了对于砖木结构为主的旧城的改造,也把广阔的郊区纳为了未来城市更新的对象。

在英文文献中,城市更新(urban renewal)又被表述为城市再生(urban regeneration)、城市复苏(urban renaissance)或城市振兴(urban revitalization)。在安德鲁·塔隆(Andrew Tallon)看来,不同的语词重心各有差异。其实,这些语词都可以看作广义的城市更新,其不同之处仅仅在于不同时期城市更新的任务差异。

1958 年 8 月,在荷兰海牙召开的城市更新第一次研讨会提出了城市更新的概念:"生活于都市的人,对于自己所住的建筑物,周围的环境或通勤、通学、购物、游乐及其他的生活,有各种不同的希望与不满。对

---

① 张其邦:《城市更新的时间、空间、度理论研究》,厦门:厦门大学出版社 2015 年版,第 4 页。
② 白友涛、陈赟畅:《城市更新社会成本研究》,南京:东南大学出版社 2008 年版,第 158 页。
③ 同济大学建筑与城市空间研究所、株式会社日本设计:《东京城市更新经验:城市再开发重大案例研究》,上海:同济大学出版社 2019 年版,第 2 页。

于自己所住的房屋的修理改造,街路、公园、绿地、不良住宅区等环境的改善,有要求及早施行。尤其对于土地利用的形态或地域地区制的改善,大规模都市计划事业的实施,以便形成舒适的生活、美丽的市容等,都有很大的希望。包括有关这些都市改善,就是都市更新。"①因此从住房修缮、生活便利到市容环境,从个体空间到公共空间,城市更新需要满足城市居民日益扩张的多样化需求。

需要强调的是,城市更新较早指向了城市贫困。20 世纪 60 年代,城市更新主要受公共建设驱动,重点对市内过度拥挤的贫民窟进行再开发,80 年代的城市更新则侧重经济发展与地产开发,使用公共资金驱动没有明确方向的市场投资。②

(二)城市化进程中的"生计"性依赖及"生活"性更新

作为世界上人口最多的国家,中国的城市化转移了世界上最多的农业人口,但同时,中国城市化也存在环境破坏、城乡隔绝、服务失衡等方面的问题。2020 年 10 月 29 日中国共产党十九届五中全会通过的《中共中央关于制定国民经济和社会发展第十四个五年规划和二〇三五年远景目标的建议》明确提出推进以人为核心的新型城镇化,"实施城市更新行动,推进城市生态修复、功能完善工程,统筹城市规划、建设、管理,合理确定城市规模、人口密度、空间结构,促进大中小城市和小城镇协调发展。强化历史文化保护、塑造城市风貌,加强城镇老旧小区改造和社区建设,增强城市防洪排涝能力,建设海绵城市、韧性城市。提高城市治理水平,加强特大城市治理中的风险防控"③。城市更新不仅仅是西方国家的任务,中国也需要城市更新,并且同样既涉及城市内在的肌理维护,也涉及城市体系的发展。

"随着工业化向全世界扩展,它开创了一个城市化以史无前例的速

---

① 李佳蔚:《以工业历史遗存为特色的生态旅游城市建设》,北京:北京理工大学出版社 2016 年版,第 18 页。
② 〔英〕安德鲁·塔隆:《英国城市更新》,杨帆译,上海:同济大学出版社 2017 年版,第 14 页。
③ 《中共中央关于制定国民经济和社会发展第十四个五年规划和二〇三五年远景目标的建议》,北京:人民出版社 2020 年版,第 24 页。

度增长的新时代。到 19 世纪后期……就世界范围而言,已有 5% 以上的人口居住在 10 万人以上的城市中,几乎是一个世纪前的三倍。"① 在工业革命的助推下,城市与产业联系紧密,更为具体地说,城市增长必须同时体现出工业发展、经济增长的内在逻辑。同时,工业发展对于城市增长的助推作用极为显著,工人围绕工厂居住,自然而然地形成了居住区。因此工业化促进了城市的生产——居住的格局,这一以生产为中心的自发性秩序不同于古典城市和中世纪以来的城市空间布局。工厂型城市的空间逻辑是清晰的,即生产优先于生活,城市居民、工人、市民的身份并无区分。然而并不是所有的传统城市都经得起工业革命的洗礼,以俄罗斯为例,它的市政体制与基本设施就一度无法满足大规模工人增长的生活需要。"莫斯科的这座古都依然是密密麻麻的,只有一层的木制建筑的杂乱堆积,简陋粗糙,连下水设施都没有;没有专业治安队伍和起码的医疗保障系统。"②

从工厂的角度来看,莫斯科的木质建筑和粗糙的市政设施并无不妥,但是"生计"并不必然等同于"生活",前者是工具性的,后者是权利性的。也就是说,工业区与居住区的功能存在差异,工业区因此并不必然形成城市。直到今天,这类聚居区在一些城市矿区仍然明显存在,矿工们并不打算长久居住在生产区域。推而广之,无论矿区还是其他区域,虽然人口的聚居使城市具备了人口密度、交通设施等初步特征,但是从人口的聚居区转变为城市,仍然需要与现代城市相适应的市政设施,即必须增加城市生活性设施,这类设施增加的过程形成了既有城市的结构性更新,这一更新我们称之为"生活性"更新。

(三) 城市扩张的圈层侵犯与重整式更新

欧内斯特·W. 伯吉斯(Ernest W. Burgess)认为,受到工业革命的激励,城市扩张体现为一个同心圆,即从中心商业区向外放射性扩张的过程,这一过程依次表现为中心区—工厂区—过渡地带—工人居住

---

① [美]乔尔·科特金:《全球城市史(典藏版)》,王旭等译,北京:社会科学文献出版社 2014 年版,第 167 页。
② 同上书,第 182 页。

区—住宅区—通勤者居住区。① 罗伯特·帕克认为,在这一同心圆中,每一个内层区域都通过入侵外层区域的"继替"(succession)行为而扩大自身,并形成城区的延伸(extension),也就是说,扩张不仅应该是城市的物理发展,也是使城市生活宜居的技术服务的延伸。② 芝加哥社会学派对于城市扩张的理解,为城市更新提供了新的视角。如果说从中心出发的同心圆扩张体现为城市的地理扩张及城区的蔓延,那么工人居住区、住宅区及通勤者居住区则体现为社区的特征,而过渡地带,即帕克所谓的"堕落区"(the area of deterioration),体现为一种物理区域向社会区域的过渡,体现了工业逻辑向社会逻辑的空间转换。

因此,芝加哥学派眼里的城市扩张存在两种可能:一种是公共服务的同步性扩张;另一种是一旦这一前提不能实现,中心圈中的人口将借助于现代交通手段转移到公共服务适宜的区域进行生活。在中国的城市体系中,城区、街区主要体现为一种国家权力调整的结果。作为城市区级政府的派出机关,街道办事处体现为城市行政权的末梢,通过共同治理实现国家与社区的连接。借用伯吉斯"入侵"(invasion)一词,作为国家权力体系与社会自治体系的过渡部分,一个强大的街道可以入侵自治社会体系;同样,一个强大的自治体系可以入侵街道组织。国内关于"居委会行政化"与"街道社区化"的针锋相对的讨论,恰恰说明了这一彼此入侵与权力互嵌的过程。

城市意味着自由,在自由选择的城市制度下,城市衰败是个体行为的结果。在公共服务无法均衡配置的前提下,人们必然迁移到高质量公共服务的城市区域生活,从而导致另外一些街区的衰落。一项针对上海市的研究表明,城乡接合部往往是公共服务配置较低的区域,在这一区域,国家、社会两种机制本身存在的局限性以及两种机制间的契合不足,导致其公共服务资源配置形成了"双重洼地",其配置效果不仅差

---

① 〔美〕罗伯特·E.帕克等:《城市——有关城市环境中人类行为研究的建议》,杭苏红译,北京:商务印书馆2020年版,第63页。
② 同上书,第64—65页。

于上海中心城区,而且差于上海郊区的中心区域。① 因此,城市重整式的更新需要重新反思国家与社会在城市发展中的角色。在城市更新中,城市安全、公共服务的圈层分布是城市兴衰的重要原因。

(四)城市历史传承与维护式更新

城市的形成是一个长期演变的过程,不同地区的城市附着差异性的文化肌理与历史记忆;同时在全球化的背景下,城市功能的趋同性又在抹杀基于地方历史的城市差异,从而造成千城一面和人文精神的失落。1933年《雅典宪章》提出:"有历史价值的古建筑均应妥为保存,不可加以破坏。(1)真能代表某一时期的建筑物,可引起普遍兴趣,可以教育人民者。(2)保留其不妨害居民健康者。(3)在所有可能条件下,将所有干路避免穿行古建筑区,并使交通不增加拥挤,亦不妨碍城市有机的新发展。"②

从城市发展与更新的视角,历史街区的保护与发展是一对相互冲突的概念。从全球化的视角看,城市一旦卷入全球生产与贸易,其自身的"地方性知识"必然逐渐流失,因此作为地方的城市如何抵抗全球化的"侵蚀",形成一些城市尤其是历史文化名城面临的基本问题。作为生活区域的城市揭示了历史街区保护的合法性。1965年,美国的劳伦斯·哈尔普林(Lawrence Halprin)提出建筑"再循环"理论,将建筑内部重新组合调整而使人们可以再次接受,在为老建筑提供诸如商业、餐饮等新功能的同时保留了传统地标。③ 十多年之后,1977年通过的《马丘比丘宪章》对历史街区保护作出了判断,即"保护、恢复和重新使用现有的历史遗址和古建筑必须同城市建设过程结合起来,保证这些文物具有经济意义,并继续具有生命力"④。而在中国,20世纪70年代末期正

---

① 易承志:《大城市城乡结合部公共服务资源是如何配置的?——以上海市J镇为例》,载《中国农村观察》2015年第6期。
② 奚传绩编:《设计艺术经典论著选读(第二版)》,南京:东南大学出版社2005年版,第251页。
③ 宋颖:《上海工业遗产的保护与再利用研究》,上海:复旦大学出版社2014年版,第29页。
④ 奚传绩编:《设计艺术经典论著选读(第二版)》,南京:东南大学出版社2005年版,第257页。

值改革开放起步时期,大规模的城市更新始于20世纪90年代,也就是说,直到《马丘比丘宪章》颁布二十年之后,在社会主义市场经济体制确立不久,在加入世界贸易组织之前,在城市建设快速推进之际,历史街区的保护才进入学术界的视野。①

进入21世纪以来,越来越多的中国城市学者开始关注城市更新与历史街区保护。如果说20世纪末期的历史街区更新研究尚处于政策呼吁阶段,那么近年来的历史街区更新开始从比较研究走向中国案例。一些低收入社区通过改造升级及原地回迁,提高了居民的生活质量;一些社区立足文化保护,在承认历史街区需要经济发展、需要活化的前提下,一些研究从不同的案例入手分析其更新的基本路径,其中比较典型的观点主张从肌理修复、形态重构、功能置换等维度剖析基于"微更新"的街区保护与更新方法。② 也正是基于对经济发展与文化保护的双重承认,缓解了全球化背景下城市更新的张力,为城市持续提供了政策切口,也重塑了贫困治理的城市角色。

二、城市更新的行动路径:城区、街区与社区

作为一种解决城市问题的行动路径,城市更新不仅仅着眼于城市建筑、街道等物理要素的改造。根据不同的标准,城市更新可以划分为不同的类型:按照城市更新所在城市空间的结构,可以分为核心区、混合区和边缘区的更新改造;按城市更新用地特征,可以分为衰落区、历史文化区和城市景观风貌更新改造;按照城市更新用地性质,可以分为居住用地、工业用地、商业用地、仓储用地和混合用地城市更新改造等;按照城市更新的方法和手段,可以划分为重建、整建和维护。③ 基于空间分布兼顾用地特征,立足城市衰败的基本路径,我们认为城市更新这一实践性活动总体上体现为从城区、街区到社区的基本路径。

---

① 杨宏烈:《荆州古城历史街区的保护与更新》,载《华中建筑》1994年第3期。
② 叶露、王亮、王畅:《历史文化街区的"微更新"——南京老门东三条营地块设计研究》,载《建筑学报》2017年第4期。
③ 于今:《城市更新:城市发展中的新里程》,北京:国家行政学院出版社2011年版,第4页。

（一）城市衰败中的城区重建

从广义上看，城市更新与城市建设是同步的，城市更新是为了解决城市问题，诸如"田园城市""光辉城市"等理论本身可以看作城市更新的理论解读；从狭义上看，城市更新是对工业革命以来城市衰退的遏制。从城市扩张的动力机制看，"现代社会的显著特征是大城市的发展。再也没有什么地方比城市更能清晰地展现机器工业给我们的社会生活所带来的巨大变革了"①。由于机器工业的介入，城市发展不仅仅体现为外部形态的变化，也体现为内部结构的调整，工厂形成内城区的地理核心部分，包括工人在内的城市居民成为工业城市的衍生性群体。因此，城市的集聚、扩张与收缩，是城市诸多内在要素调整的空间结果。

西方城市化先行国家基本上形成的共识是，城市衰退与城市去中心化、分散化有关，也与去工业化的进程相关。从这一角度看，在海牙召开的城市更新第一次研讨会为西方国家的城市更新提供了理论支持。20世纪70年代到90年代，西方国家的一些研究成果开始转化为城市政策。1977年，英国颁布《内城政策》白皮书，指出城市更新的重点是重新开发老工业区和仓库码头区，继而通过地方政府规划与土地法案。② 因此不难看出，在西方国家，作为挽救城市衰退的方案——城市更新必须立足于城市中心区域的再繁荣。

如果说西方城市更新关注的是"空间"，那么处于城市扩张时期的中国城市更新则与土地有关。例如，深圳市龙华区城市更新和土地整备局就规定了"拟订城市更新、土地整备、公共基础设施房屋征收有关政策、规划、计划、标准并组织实施。拟订国有储备土地管理有关政策、计划并组织实施"等职责。③ 由此可见，中国城市更新是城市城区扩张过程中的政策性调整：一方面，城市扩张总体上仍然是一个基本进程；

---

① 〔美〕罗伯特·E.帕克等：《城市——有关城市环境中人类行为研究的建议》，杭苏红译，北京：商务印书馆2020年版，第59页。
② 阳建强编著：《西欧城市更新》，南京：东南大学出版社2012年版，第2页。
③ 《城市更新和土地整备局机构概况》，http://www.szlhq.gov.cn/bmxxgk/csgxj/jgzn_124493/jggk_124494/，访问时间：2023年9月22日。

另一方面,城市化同时造成特定区域的衰退,这些区域需要通过土地整理、建筑功能的重置加以活化。因此从最直接的意义上看,城市更新就是对不适合现代城市生活的建筑、空间进行重建的过程,在这一过程中,一些工业遗产区域被重新赋予文化、经济功能,一些城市土地被重新赋予新的用途。

(二) 以住宅为中心的街区重整

城市更新涉及城市空间的重建,这一空间既包括整体性的城市空间,也包括具体的建筑空间。城区由具体城市街区分割而成,街区则由具体的建筑构成,而建筑基本上由住宅或商业、生产性房屋单元构成。城市街区因此涉及不同的利益主张:从城市个体的角度,海牙城市更新研讨会对于城市更新的定义建立于个体对住房环境改善的主张;从城市政府的角度,促进城市内城繁荣、保持城市经济增长是城市政策的优先选项。不同的利益主张影响了城市更新的政策路径,甚至影响着人们对于城市更新的理解。例如,有学者认为,城市更新的概念虽然来自英国,美国的波士顿和巴尔的摩却是较早进行城市更新的经典案例。这两座城市由于在 20 世纪 50 年代的衰落,因此都在 60 年代开始建设会议中心和大型商务中心来提振内城经济。[1] 但是从个体利益表达的角度,更多学者倾向于把《1949 年住房法》视为美国城市更新运动的起点。[2]

住宅问题是西方城市的核心问题,也是资本主义生产方式造成的社会问题。恩格斯批评道:"现代大城市的扩展,使城内某些地区特别是市中心的地皮价值人为地、往往是大幅度地提高起来。原先建筑在这些地皮上的房屋,不但没有这样提高价值,反而降低了价值,因为这种房屋同改变了的环境已经不相称;它们被拆除,改建成别的房屋。市中心的工人住房首先就遇到这种情形……这些住房被拆除,在原地兴

---

[1] 宋颖:《上海工业遗产的保护与再利用研究》,上海:复旦大学出版社 2014 年版,第 26 页。
[2] 李文硕:《〈1949 年住房法〉:起源、内容与影响》,载《上海师范大学学报(哲学社会科学版)》2015 年第 6 期。

建商店、货栈或公共建筑物。"①在恩格斯看来,资本主义的生产方式与生活方式无法解决无产阶级的住宅问题,事实也屡次证实了恩格斯这一真理性的判断。英国中央政府于1875年颁布《工匠和劳工住房改善法》;1890年,皇家工人阶级住房委员会颁布了《工人阶级住宅法》,要求地方政府采取具体措施改善不符合卫生条件的居住区的生活环境。②二战后,美国政府发起大规模城市再开发,试图通过清理城市中的贫民窟并在原址进行以住房为主的重建来解决城市问题,但是从西方国家城市更新的主体看,政府与资本通常是城市更新的主要推手。经验表明,政府与资本并不必然指向同样的结果,资本偏好指向有开发价值的贫民窟,一些城市建成商业设施、高端住宅或会议中心后,住房问题却被忽视。③

从城市福利角度讲,住宅同时是福利的基础,是政府责任的基础,福利从住宅开始,至住宅结束。④ 一旦住宅不宜居,就成为城市更新需要解决的迫切问题。然而需要重视的是,住宅问题体现了城市发展的系统性问题,进一步讲,住宅问题的本质是产业与人口问题。"内城衰败主要体现在产业结构变化上,传统工业外迁加速了人口流失及零售、服务等行业的转移,而他们的迁移反过来又进一步加速了工业的外迁,结果使内城出现大量的废地、空房。"⑤因此在具体的街区发展中,住房问题的解决需要一个系统性方案,以住房为中心的城市更新必须与产业、人口等问题协同解决,从而实现中心街区的复兴。

(三)反社会排斥中的社区连接的重建

一般认为,由于聚居,人们会形成比较熟悉的街坊与社会网络。工业革命助推了城市规模的扩张,也扭曲了城市社会结构。在西方城市,

---

① 《马克思恩格斯文集》第3卷,北京:人民出版社2009年版,第193页。
② 阳建强编著:《西欧城市更新》,南京:东南大学出版社2012年版,第25页。
③ 李文硕:《寻找"合适的衰败区":联邦与城市关系视角下的美国城市更新》,载《社会科学战线》2021年第7期。
④ 汤茜草:《城市中产阶层的住宅福利与阶层认同》,上海:上海交通大学出版社2016年版,第1页。
⑤ 李艳玲:《美国城市更新运动与内城改造》,上海:上海大学出版社2004年版,第18页。

随着私家车的普及与交通条件的改善,越来越多的城市人口逃离内城,并在居住区与工作区域间往返。原先基于熟人关系的社会网络瓦解了,从而加大城市变迁的社会成本。具体而言,这些成本既包括既有的文化网络,也包括相对稳定的社会结构。从前者的角度,美国人类学家克利福德·格尔茨(Clifford Geertz)在韦伯的基础上进一步阐述了文化的意义:"韦伯提出,人是悬挂在由他自己所编织的意义之网中的动物,我本人也持相同的观点。于是,我以为所谓文化就是这样一些由人自己编织的意义之网,因此,对文化的分析不是一种寻求规律的实验科学,而是探求意义的解释科学。"① 从后者的角度,基于信任的社会资本在城市建设中屡遭破坏,这种破坏既包括社会资本的流失,也包括社会排斥的形成。在 20 世纪 70 年代,世界经济的大重组带来许多社会问题,一些人生活无保障,有的甚至被排除在福利安全网之外。1974 年,法国社会政策分析家勒内·勒努瓦(Rene Lenoir)提出"社会排斥"概念,描述被"增长所遗忘"的边缘化人群。② 作为对城市聚居生活的背离,社会排斥是城市发展的毒瘤。排斥的一种重要维度就是相互脱离(detachment)的想法。③ 在城市建设中,社会空间的隔绝促成了城市人口的"相互脱离",瓦解了已有的社会网络,损害了城市作为共同体的社会功能;与此同时,为解决特定城市问题、以拆迁为主要手段的城市改造导致街区人群的分散安置,同样造就了新的城市社会脱离。

"城市更新是植根于实践的活动,因此城市更新在理论和实践上有高度的相似性。"④从城市化进程看,城市更新发生在城市建设之后,城市更新既涉及城市空间、城市建筑的更新,也涉及包容性社会结构的形成。从城市社会学角度看,城市问题归根到底是社会问题。城市更新既要符合城市扩张的历史性逻辑,也体现为社会发展的总体性规律。城市更新需要正视城市建设及改造中的社会资本的流失,提倡以社区

---

① 〔美〕克利福德·格尔茨:《文化的解释》,韩莉译,南京:译林出版社 2008 年版,第 5 页。
② 丁开杰:《社会排斥与体面劳动问题研究》,北京:中国社会出版社 2012 年版,第 9 页。
③ 〔英〕安德鲁·塔隆:《英国城市更新》,杨帆译,上海:同济大学出版社 2017 年版,第 27 页。
④ 同上书,第 16 页。

微更新的方式修复社会资本,减少社会排斥,减少横亘城市内部、街区内部、社区内部的交通、围墙、商业、教育等设施的隔阂,通过共同行动提升社区品质。

三、有机城市更新:从权利变迁到权利持续

如果说早期城市更新是为了纠正城市化的代价,那么在 21 世纪,城市更新逐步显示出三个路径:城市复兴、社会包容与经济竞争力。①这一判断从经济、文化、社会的三重路径确定了城市更新的权利视角。从表征上看,城市更新不过是城区的重建、街区的重整、社区的重构;从内核上看,城市更新拓宽了城市反贫困的微观视角,是对快速城市化进程中经济问题、社会问题的系统性思考,是把权利重新带回城市的尝试。

(一)作为私权的城市更新

从权利的一般意义上看,进入城市是公民的基本权利;从权利的法律类型看,城市权利是从私权起步的。借助于权利发展,城市在中世纪重新崛起。从"城市共和国"到自治市,城市在住宅、土地等私权的确定中得以扩张。一以贯之的权利主张也影响着城市更新的工具选择:在城市化初期,城市问题可以通过城市土地扩张加以克服,例如《雅典宪章》中人口过密的问题,并没有在三十年后的《马丘比丘宪章》中加以解决。在《马丘比丘宪章》中,城市的混乱发展有两种基本形式:第一种是工业化社会的特色,较为富裕的居民通过私人汽车向郊区迁移,市中心区的新来户以及留在那里的老住户缺乏支持城市结构和公共服务设施的能力;第二种是发展中国家的特色,大批农村住户向城市迁移并拥挤在既无公共服务设施又无市政工程设施的城市边缘,提供基础公共服务、卫生设施和住房的尝试往往更加鼓励向城市迁移的势头,并加剧问题的严重性。② 在中国,由于户籍等制度限制的放宽,进城农民数量日

---

① 〔英〕安德鲁·塔隆:《英国城市更新》,杨帆译,上海:同济大学出版社 2017 年版,第 17 页。
② 奚传绩编:《设计艺术经典论著选读(第二版)》,南京:东南大学出版社 2005 年版,第 255 页。

益增长并逐渐向大城市集聚。国家对不同类型的城市采取差异化的政策,在对超大、特大城市的人口严格控制的同时,鼓励人们通过购置住房甚至租房落户的方式进入中小城市,从而享受一体化的城市保障。

从自然法的意义上看,"洛克将人类对维持他们生存所必需的东西所拥有的权利称为'财产权'(property)。这与一个人在共有之物被个体化的过程中'渐次获得'的对某物的'财产权'(property in)不同。所有人对生活必需物所享有的权利或财产权据说是来自于所有人保存他们自己的权利"①。这种与生俱来的自我保存的权利,在社会变迁的任何阶段都不能被剥夺。同时,这一自然权利也为现代城市生活中的具体权利提供方法论,无论以何种理由,城市居民的住房、财产不能被轻易清除。因此,现代人类社会其实是由私权组成的,早在一千年之前,城市就被确定是由私权组成的社会共同体,因此作为人类城市生活的一个部分,城市更新需要立足私权保护的基本原则。

与西方国家不同,中国的城市土地属于国家。20世纪启动的商品房制度改变了城市的权利结构,城市居民从而拥有部分使用土地和住宅的资格。从抽象的人民城市到具体的城市私权,城市更新形成了新的政策路径,城市政府需要从复杂的产权整理入手,承认城市更新过程中的利益博弈,尊重城市居民差异化的权利所得。这种与城市命运相联系的权利所得,就是洛克所说的自我保存的权利——财产权。

(二)作为集体权利的城市更新

如果权利的阻截并不能解决城市问题,那么私权同样存在边界。在中国大规模城市化的初期,大量的农业土地被开发成为城市建设用地,大量的郊区安置房被开发出来,以解决内城住宅缺乏的问题,这些通过个体谈判并以个体为对象的住宅政策捍卫了城市中最为可贵的个体性权利。但是作为世界人口大国,中国的耕地资源尤其宝贵,从国家

---

① 〔英〕詹姆斯·塔利:《论财产权:约翰·洛克和他的对手》,王涛译,北京:商务印书馆2014年版,第10页。

粮食安全与生态安全的角度看,城市边界的开发也必须受到限制。2015 年,《中共中央 国务院关于加快推进生态文明建设的意见》颁布,文件强调:"科学确定城镇开发强度,提高城镇土地利用效率、建成区人口密度,划定城镇开发边界,从严供给城市建设用地,推动城镇化发展由外延扩张式向内涵提升式转变。严格新城、新区设立条件和程序。"①这一规定限制了以城市空间扩张实现粗放城市化的路径,城市政府必须从增量土地开发转向存量土地更新。正是在这一基础上,刘铭秋把城市更新总结为存量更新-功能优化型、存量更新-功能重构型、增量扩张-功能优化型、增量扩张-功能重构型四种类型。②

城市边界的约束迫使城市更新必须从增量扩张变更到存量更新。在扩张性政策受阻之后,以私人权利为导向的城市更新需要转向集体性的权利路径,以个体为谈判对象的城市更新政策需要转向集体谈判。事实上,"权利"一词本身就包含两个意思:"它可以在语句中从客观角度加以使用,即某某是一项权利。它还可以从主体角度来加以使用,即某个人被认为享有或拥有对某物的一项权利或道德力量。"③城市是人口聚居之地,而不是单个居民个体的后院。城市还是基于集体权利的空间重置,这一重置既包括私权的空间分割,也包括共同权利的空间配置。近年来,从楼道、小区、社区、街区乃至城区,无论是加装电梯、口袋公园还是道路拓展,城市更新大多是从个体权利出发,积极争取集体性的权利发展。也正是在这一意义上,2021 年开始实施的《中华人民共和国民法典》,降低了原《中华人民共和国物权法》对住宅加装电梯这一类"改建、重建建筑物及其附属设施"事项由业主表决同意的门槛。而这一门槛的降低,标志着城市更新过程中个体谈判日益让位于集体谈判,城市权利体系中的个体权利日益让位于集体权利。

---

① 《中共中央 国务院关于加快推进生态文明建设的意见》,载《人民日报》2015 年 5 月 6 日。
② 刘铭秋:《城市更新中的社会排斥及其治理研究》,华东政法大学 2021 年博士学位论文。
③ 〔英〕詹姆斯·塔利:《论财产权:约翰·洛克和他的对手》,王涛译,北京:商务印书馆 2014 年版,第 85 页。

（三）适应权利持续的城市更新

梅因在《古代法》中提出，用以逐步代替家族权利义务的那种相互关系，就是契约，而所有进步社会的运动，到此处为止，是一个"从身份到契约"的运动。① 城市权利的多维扩张必然引导着城市治理的路径。在中国，从城区、街区到社区，城市单元日益细化，城市居民的身份也缓慢转变为公民、市民、居住者，而从公民权、市民权到居住权，权利进入一个多元变迁和日益细化的过程。但是值得关注的是，20世纪60年代，英国人对住房的注意力开始从物质条件方面转向社会公共领域，在70年代转向对经济问题的思考，在房地产发展近二十年之后，即90年代早期，又开始质疑单纯的地区投资而非个人投资。②

因此，多样化的身份与权利变迁，对于城市更新有着不同的感知。从个体的一般权利主张看，城市居民有权搬迁到任何适宜居住的区域，一些国家城市人口的郊区化就属于这一权利行使的结果，而无力搬迁的穷人则继续留在内城并无从主张这一权利。但是从公共权利的角度看，私权的保护只是权利持续的基础而非全部内容。例如，从历史街区保护的角度，留在内城的居民还有一个文化保护与文化承载者的身份，历史文化街区的保护的要求需要他们尽量维持原先的生活方式。2021年，住建部专门下发通知，要求在城市更新中不得大规模、强制性居民搬迁，不得随意迁移、拆除历史建筑和具有保护价值的老建筑，未开展调查评估、未完成历史文化街区划定和历史建筑确定工作的区域，不应实施城市更新。③ 这一通知重申了城市更新中对于历史街区的保护。然而，众多的历史街区更新案例同时表明，正是历史街区这一身份有可能使他们陷入文化保护的政策之中，从而丧失摆脱贫困的机会，丧失空

---

① 〔英〕梅因：《古代法》，沈景一译，北京：商务印书馆1997年版，第97页。
② 〔英〕巴里·卡林沃思、文森特·纳丁：《英国城乡规划》，陈闽齐等译，南京：东南大学出版社2011年版，第383—384页。
③ 《住房和城乡建设部关于在实施城市更新行动中防止大拆大建问题的通知》，https://www.mohurd.gov.cn/gongkai/zhengce/zhengcefilelib/202108/20210831_761887.html，访问时间：2024年1月7日。

间社会效益的权利转换。城市更新需要正视权利的多样性内容,不得以公共权利牺牲这些特定群体的私权表达。

1987年,世界环境与发展委员会(WCED)在其发表的《我们共同的未来》报告中,正式使用了可持续发展(sustainable development)的提法,委员会将可持续发展定义为既满足当代人的需要,又不对后代人满足其需要的能力构成危害的发展。该报告还提出了可持续发展需要关注的三大要素:环境要素——尽可能减少对环境的损害;社会要素——兼顾满足人类社会必要发展的需要;经济要素——不忽略环境保护过程的经济考虑,使环保过程有经济利益的支持和适度的补贴。[①] 可持续发展既是对人类社会发展的总体性要求,也积极回应了城市变迁中的权利脉络。从世界范围看,城市化在很长时间内都是身份赋权的过程,在这一背景下,在平权运动下,以固化的制度维系着的城乡差异、区域差异、身份差异已不堪一击。随着从个体到群体的城市权利的扩张,城市治理也将不仅仅停留在简单的住房供给、教育供给及其他的公共服务供给,城市权利将从居住空间出发,逐渐蔓延到整个城市的环境供给、文化传承以及多维交往。

第三节 政策减贫与作为国家问题的城市贫困

城市更新解释了在城市衰退中,政策以及社会行动何以解决城市问题。城市衰退多导致城市贫困的发生,与此同时,某些城市条件无疑会加剧或改善贫困水平,在政策上注意这些具体的城市问题可能会调整总的贫困率,但不会一劳永逸地消除贫穷。美国在21世纪头十年的房地产繁荣和萧条为分析城市问题和城市本身问题的差异提供了另一个例子,次贷危机主要不是由城市化引起的,而是由金融行业的一些创

[①] 蓝志勇等:《城乡可持续发展与公共政策:北京故事》,北京:中国人民大学出版社2014年版,第2页。

新引起的。① 即使在自治的城市,大量人口进入城市后,城市问题就不仅仅是城市自身的问题,也不只是简单的社会问题,还必然是国家治理的问题。

一、国家介入的政策纠偏

城市是国家空间的重要支点。作为地方政府,城市政府还是国家意志基层实现的重要组织。贫困治理作为国家治理内容的一部分,就必然包含国家介入城市治理的正当性。

(一) 正确看待城市贫困与城乡贫困的流动性

城市贫困有不同的表现形式,但是总体上看,城市贫困主要体现在空间与人口两个维度。从空间的角度,低矮的房屋、拥挤而肮脏的街道、密集的棚户区与贫民窟等都是城市贫困的常见形式;从人口的角度,贫困又往往直观地表现为居无定所、收入微薄、缺乏必要生活保障。从城市化趋势来看,由于城市化进程伴随着人口在城乡之间的流动,因此只要贫困现象持续发生,那么大多数城市贫困就会与农村贫困紧密相连,但是城市贫困与农村贫困往往又有不同,城市往往成为农村贫困治理的重要方案。正是在这样的意义上,"城市贫困与否,不应该基于城市的富裕作出判断,而应该基于农村的贫困作出判断。与一片繁华的芝加哥市郊相比,里约热内卢的贫民区可能看起来十分寒酸,但是,里约热内卢的贫困人口比例远远低于巴西西北部的农村地区。贫困人口没有办法迅速富裕起来,但他们可以在城市和农村之间作出选择,其中许多人明智选择了城市"②。

一项研究表明,城市化对于中国农村减贫也有积极意义。"中国大规模减贫离不开经济增长提供的物质基础。不平等始终是使贫困状况

---

① Allen J. Scott and Michael Storper, The Nature of Cities: The Scope and Limits of Urban Theory, *International Journal of Urban and Regional Research*, Vol. 39, No. 1, 2015, pp. 1-15.
② 〔美〕爱德华·格莱泽:《城市的胜利:城市如何让我们变得更加富有、智慧、绿色、健康和幸福》,刘润泉译,上海:上海社会科学院出版社 2012 年版,第 9 页。

恶化的主要因素,导致贫困群体从经济增长中得到的份额逐渐减少。人口增速的减缓及贫困人口数量的显著下降有效地促进平均收入的提高,进而对贫困程度的降低起到显著的正向作用。人口流动对城市和农村贫困变化的影响力度是不同的,其对农村贫困指数的降低作用更为显著,说明城市发展确实是减轻农村贫困的一个重要途径。"①因此,城市贫困不仅仅有原发性的特征,也是人口流动的结果。秘鲁经济学家赫尔南多·德·索托(Hernando De Soto)在分析农村人口"向城市进军"时,认为随着城市卫生条件和工资待遇的改善,"一个普通移民只要在城市里工作两个半月,就能弥补失业一年所造成的收入损失;只要工作四个多月,就能弥补失业两年带来的收入损失。情况就是如此。遥远的城市里的生活不仅仅只是看起来较好,事实上也确实不错"②。大量的乡村贫民进入城市寻求机会,客观上增加了城市贫困发生的概率;但是从贫困治理的角度,这种贫困人口的城市集聚降低了治理的成本并形成了人口规模优势,为后续的机会供给提供了前提。

（二）作为国家问题的城市贫困

在城市经济学那里,贫困伴随着一定的尺度,这一尺度随着经济社会的发展而变化,因此仅仅从这个角度而言,所谓的贫困通常具有相对性。但是在特定的时空范围,城市贫困通常有一个普遍认可的标准,低于这一标准被称为"绝对贫困"。2017 年 10 月以来,世界银行除了对外公布国际贫困线外,还提供了两条适合更高收入国家的补充贫困线。以 2017 年为例,世界银行除了公布每人每天 1.9 美元的国际贫困线外,还按人均国民总收入划分、中位数法,提供了两条适合更高收入国家的补充贫困线,即每人每天 3.2 美元和 5.5 美元。③

从政治学的视角,贫困体现为三个方面的思考:(1) 贫困固然是一

---

① 罗良清、平卫英:《中国贫困动态变化分解:1991—2015 年》,载《管理世界》2020 年第 2 期。
② 〔秘鲁〕赫尔南多·德·索托:《资本的秘密》,王晓冬译,南京:江苏人民出版社 2001 年版,第 73—74 页。
③ 胡雪梅:《基于世界银行贫困线视角下的国际比较项目的应用研究》,载《中国统计》2022 年第 12 期。

个国家发展落后的表现,但也是国家治理不足的结果;(2) 结构性贫困的产生往往与地区发展的不均衡、公共设施和公共服务的不均等、特定人群发展能力和发展机会受到特定不合理制度的约束等因素相伴随;因此,(3)贫困治理的途径不仅是发展慈善救助,而且要着眼于构建现代国家所必备的社会福利保障体系,以及建立一套基于公民平权的合理的国家治理体系。

显然,从这一典型的国家主义视角出发,城市贫困治理是国家治理的一部分。从国家的层面看,城市贫困是城市不平等的结果,而不合理的制度造成了城市的不平等。讨论城市不平等的制度根源成为政治学解决城市贫困问题的重要入口。这种不平等首先体现为收入不平等,其次体现为机会的不平等。阿马蒂亚·森正是从这一判断出发,讨论了贫困与饥荒背后的分配机制。而这一机制为政治学介入城市贫困治理提供了可能。

(三) 城市贫困治理的路径分异

在西方国家,得益于工业革命的巨大成功,越来越多的人进入城市生活,城市问题终于成为一个社会层面的普遍问题。二战以后,欧洲国家的高福利政策部分修复了劳资矛盾,但也使公共财政背上了沉重的包袱。20 世纪 80 年代以后,由于债务高筑、失业人口增加,西方国家对于福利陷阱的讨论日益激烈,并传导到国家对于城市贫困的治理这一层面。社会保障需要动用纳税人的资金,那么国家为何需要解决或在多大程度上解决穷人的福利问题,成为公共政策讨论的焦点。

在中国,1949 年后的一段时间里,除了特定时期,城市发展的优先性使城市人口大多可以获得就业机会从而避免了贫困。改革开放之后,城乡差距、工人失业、医疗住房成本上升使一些城市居民陷入贫困;同时,一部分农业人口进入城市,由于缺乏固定的城市户籍与社会保障,他们的收入问题与生存状况成为城市政府需要关注的社会现象。我们同时认为,小农经济无法解决中国农村的贫困问题,也无法解决城市贫困问题。历史已经证明,"试图以长期贫困的乡村来为城市疗伤,颠倒了社会发展的基本逻辑;试图以减损城市权利来迁就贫乏的乡村权利,实现共同贫穷,违背了社会发展的城市意义,一定会导致巨大的政策失败"①。

二、城市政府的兜底效应

在现代语境下,一个不自由的城市归根到底会缔造一个充满压迫的社会。当城市最终成为社会权利的集合而非国家权力的单元时,城市个体的权利发展与城市的权利发展才能真正融为一体。② 城市治理应当致力于消除不同社会阶级、族群之间的权利鸿沟,避免歧视性政策对潜在犯罪行为的推波助澜,将城市居民身份的合理获取和权利解锁作为营造安全、自由城市的实践路径。至此,城市分析最终指向了权利,因此正是权利构成了城市共同体,而城市发展的权利逻辑再次把城市性带入了人们的视野,也把城市性的背离——城市贫困带入了人们的视野。

(一) 贫困治理与城市政府的合法性

贫困治理往往与政府支持度有关。城市政治史有一个城市国家到国家城市的逻辑变奏。当城市本身就是国家时,城市治理事实上就是国家治理;中世纪之后,城市共和国逐渐成为共和国的城市,国家治理是由包括城市政府在内的众多地方政府共同完成的。无论是单一制还是联邦制,国家对于社会贫困的治理责任无法免除,同样,城市政府对于城市贫困治理的责任无法免除。城市是国家的组成部分,是国家治理合法性的重要内容。

在中国这样一个拥有悠久农业传统的国家,反贫困长期以来是农村治理的主要议题。1986 年中央政府确立了国家级贫困县名单并集中资金和力量进行帮扶,因此相对于农村扶贫工作,除了"上山下乡"等特殊时期导致一部分城市居民特权的丧失,城市反贫困并不是一个紧迫的政策议题。但是中国的城市化进程在世纪之交骤然提速,大量人口

---

① 姚尚建:《城市权利:公共治理的历史演进与角色回归》,北京:北京大学出版社 2019 年版,第 164 页。
② 姚尚建:《城市化进程中的权利平衡》,载《中共浙江省委党校学报》2015 年第 3 期。

导入大大小小的城市,从而形成更为复杂的社会问题,贫困治理因此成为城市和农村政府的共同任务。从 20 世纪 90 年代开始,随着国有企业的大规模重组,一些企业员工失业,造成大面积的城市贫困现象;同时由于非国有企业的兴起,越来越多进入城市的企业职工要求获得城市保障。"1978—1989 年,全民所有制以外的其他所有制职工人数所占比重由 21.6% 上升到 26.4%,城镇集体企业职工已由 2048 万人增加到 3502 万人,私营企业及中外合资企业的员工已达 132 万人,另有城镇个体劳动者 883 万人。"[①]因此,中国的城市贫困伴随着城市社会保障的制度设计,也伴随着大量人口对于城市公共服务均等化的诉求,而这些诉求的背后,是城市权利的一贯主张。

研究表明,中国居民对于政府满意度呈现出两个方面的特点,即"收入效应"和"地区效应"。首先,2003—2016 年,中国低收入公民的政府满意度增长率明显高于高收入居民,这种影响在县和乡镇两级尤其明显;同时,生活在中国欠发达的内陆"边缘"地区的居民对于政府的满意度明显高于居住在富裕沿海地区的居民。这一影响对中央、省、县、乡四级政府都是显著的,在农村地区尤其明显。总的来说,低收入公民和那些生活在更偏远内陆地区的公民对政府的相对满意度反而更高,从中央政府到地方乡镇政府,相对满意度也逐渐增长。[②] 这一结论事实上揭示了中国城市化进程未来一段时间的问题。随着低收入区域的人口进入高收入区域,以及内陆地区的人口进入沿海区域,这种满意度会显著下降。因此,城市减贫意味着城市政府合法性的获得,意味着高收入与沿海区域的城市的治理绩效。

(二) 城市贫困治理的起点保障

前文中提及《街角社会》中丹尼和多克的生活轨迹反向论证了当劳动力成为城市生活的权利起点时,国家保障必要的劳动与就业就成为城市反贫困的政策起点;当城市生活权利得到解决之后,城市治理与控

---

① 李军:《中国城市反贫困的政策选择》,载《管理世界》2000 年第 3 期。
② 〔美〕杰西·特里尔、康义德、托尼·赛奇:《为人民服务:收入、地区和公民对政府治理的满意度》,赵小景编译,载《国外社会科学》2019 年第 4 期。

制权因此必须为城市反贫困政策所重视。从城市权利的保障入手,城市治理需要实现充分就业;同样,对于劳动与就业的权利捍卫,也只有从国家制度入手,从劳动力背后的制度设计入手,才能获得政策意义上的突破。

1879年,已经成为美国经济学家的亨利·乔治出版了《进步与贫困》。在这本书中,乔治认为土地私有制是贫困的起源。"找出在全体文明国家内出现的财务分配的不平等和随着物质不断进步不平等程度越来越大的原因,我们发现事实上问题在于:在文明进展中,现在掌握在私人手里的土地所有权,使土地所有者具有越来越大的权力去占有劳动与资本生产的财富。"①在他看来,财富的分配远比财富的生产重要。显然,阿马蒂亚·森对于分配机制的理解可能受到了该书的影响。因此,从城市权利的角度来看,就业是城市生活的前提;从城市居住权的角度来看,土地对于城市生活的影响机制也是显现的。在城市劳动权的基础上,对城市土地权的发掘对于城市权利的补充有极其重要的制度突破的意义。这一制度变革的革命性价值在于,那些试图从源头上控制城市权利的经济制度都天然是不正义的。

(三) 城市贫困治理的过程保障

如果说城市权利标志着进入城市的资格,那么城市贫困意味着这种资格的剥夺。城市权利必须有所依托,在阿马蒂亚·森看来,"当一个劳动者找不到工作时,权利问题取决于现有的社会保障制度。如果拥有保障的失业救济,那么产生的权利可以被看成是与劳动力相关的特殊权利"②。在城市治理中,全过程地保障城市权利是减少城市贫困的重要政策。数据表明,2018年全国城市低保平均保障标准为579.7元/人·月,比上年增长7.2%,全年支出城市低保资金575.2亿元。③

---

① 〔美〕亨利·乔治:《进步与贫困》,吴良健、王翼龙译,北京:商务印书馆1995年版,第369页。
② 〔印度〕阿马蒂亚·森:《贫困与饥荒——论权利和剥夺》,王宇、王文玉译,北京:商务印书馆2001年版,第209页。
③ 《2018年民政事业发展统计公报》,https://www.mca.gov.cn/images3/www2017/file/201908/1565920301578.pdf,访问时间:2024年1月7日。

另外一个数据表明,2019年辽宁省全省城市低保平均标准为每月592元,折算到每年就是7104元,而全省农村低保平均标准是每年4659元,两者相差2445元。①

显然,在城市权利实现之后,在中国城乡之间,在不同区域之间,仍然存在巨大的权利差距。为了弥补这一差距,大量的人口仍将陆续进入城市,尤其是流入发达地区的城市。在国家开放城市户籍的背景下,东部沿海城市将继续承压,因此城市减贫的过程保障既体现为城市保障的持续上涨,又体现为城乡贫困的差距缩小。2015年11月27日至28日,中央扶贫开发工作会议在北京召开,会议提出确保到2020年所有贫困地区和贫困人口一道迈入全面小康社会;两年之后的党的十九大报告提出确保到2020年中国现行标准下农村贫困人口实现脱贫,贫困县全部摘帽,解决区域性整体贫困,而这才是中国城市减贫的重要保障。

三、城市减贫的政策介入及其限度

一份20世纪90年代的研究曾经指出,由于经济和人口原因,在20世纪80年代和90年代,贫穷越来越集中在城市,并预测由于快速城市化,在未来二十年内,世界城镇人口比例将首次超过农村人口比例。②今天看来,一些预测已经成为现实。2010年,中国贫困人口的数据大概是5000万,城市每年消化1000万农村人口,其中80%属于贫困人口。③与"老城市贫民"相比,"新城市贫民"有三个显著特点:"新城市贫民"的数量比"老城市贫民"的数量还要多;新的城市贫困伴随着日益加剧的不平等现象;大部分"新城市贫民"有能力、有意愿工作,但没有工作。④

---

① 《辽宁发布城乡居民低保等新标准7月1日起执行》,https://www.mca.gov.cn/n152/n168/c54829/content.html,访问时间:2024年1月7日。
② Ellen Wratten, Conceptualizing Urban Poverty, *Environment and Urbanization*, Vol. 7, No. 1, 1995, pp. 11-38.
③ 米艾尼、葛江涛、韩克庆:《中国城市有多少穷人》,载《今日国土》2011年第9期。
④ Athar Hussain, *Urban Poverty in China: Measurement, Patterns and Policies*, Geneva: International Labour Office, 2003, p. 1.

2019年8月,中央财经委员会第五次会议召开,会议指出,当前中国中心城市和城市群正在成为承载发展要素的主要空间形式。因此在未来的一段时间,城市不但是中国经济社会发展的主战场,也是贫困治理的主战场,而减少城市贫困,不仅涉及城市生活,而且涉及国家战略。

(一)城市贫困治理的国家角色

从经济社会发展的角度看,中国长期以来都是一个农业国家,因此贫困治理的任务集中在农村。1986年5月16日,国务院贫困地区经济开发领导小组成立,全国范围确定了18个集中连片贫困地区和一批国家级、省级贫困县,1993年12月28日国务院贫困地区经济开发领导小组更名为国务院扶贫开发领导小组,这一更名标志着中国的反贫困政策实现了从贫困区域的治理到精准施策的转变。进入21世纪后,国务院颁布《中国农村扶贫开发纲要(2001—2010年)》,农村贫困治理逐渐下沉,集中对全国范围14.8万个贫困村进行整村治理。2011年,中共中央、国务院又印发《中国农村扶贫开发纲要(2011—2020年)》,提出集中治理连片特困地区,并提高扶贫标准92%。按这一标准,截至2012年底,贫困人口为9899万人。[①]

经过持续的政策努力,中国的区域性贫困现象得到了缓解。但是随着经济社会的发展,仍然有很多人生活相对困难。"按照住户收支调查,全国家庭户样本可以分为五个等份,分别是低收入组、中间偏下收入组、中间收入组、中间偏上收入组、高收入组,每等份各占20%。其中,低收入组和中间偏下收入组户数占全部户数比重为40%……根据2019年相关数据,低收入组和中间偏下收入组共40%家庭户对应的人口为6.1亿人,年人均收入为11485元,月人均收入近1000元。其中,低收入组户月人均收入低于1000元,中间偏下收入组户月人均收入高

---

① 中共国务院扶贫办党组:《创造人类反贫困历史的中国奇迹——改革开放40年我国扶贫工作的重大成就与经验》,载国务院扶贫办政策法规司、国务院扶贫办全国扶贫宣传教育中心编写《人类减贫史上的中国奇迹:中国扶贫改革40周年论文集》,北京:研究出版社2018年版,第1—2页。

于 1000 元。"①虽然这些人口主要分布在农村地区,但是只要人口流动存在,这些农村贫困人口就可以迅速转换为城市贫困人口。

"历史政治学将历史视作延续性、整体性的本体存在,其鲜明的实践品格也要求历史研究能够为理解国家兴衰、助力治国理政提供有效的知识。"②国家优先性这一历史政治学的分析框架为我们理解中国的城市贫困提供了视角。事实上,随着中国经济社会的发展,我们对于贫困治理的认识也逐步产生了变化:第一,随着扶贫标准的提升,贫困治理成为生活水平整体提升的过程,因此也是一个长期的国家治理过程;第二,贫困治理的对象将从绝对贫困逐步转向相对贫困,这一转向伴随着国家建设的全过程;第三,政治学承认中国贫困的农业底色,承认中国人口整体生活水平的提升必要性,也承认在特定阶段、特定人口在解决基本生存问题之后,仍然在社会保障方面呈现绝对贫困状态,国家将在贫困治理中长期承担重要角色。

(二) 社会行动的承认与法律背叛的防范

世界城市化经验已经表明,城市化是人口转移的过程;当农村发生普遍性贫困现象时,城市就成为其谋求生存的重要场所。"在第一阶段,贫困移民往往迁往大城市的低收入社区;在第二阶段,他们和他们的家庭向外扩展,在城市中较成熟的地区寻找机会。"③正如赫尔南多·德·索托所说的那样,"人口迁移根本不是一个无理性的行为,而是出于一种'群集本能',是农村人口在对目前处境和城市中的潜在机会进行静心的、理性的评估之后所做出的反应。他们认为,不管怎样,向更大的市场迁移和市场专业化分工会有利于他们自身"④。因此,繁荣与

---

① 《国家统计局新闻发言人付凌晖就 2020 年 5 月份国民经济运行情况回答媒体关注的问题》,https://www.stats.gov.cn/sj/sjjd/202302/t20230202_1896356.html,访问时间:2024 年 6 月 15 日。
② 杨光斌、释启鹏:《历史政治学的功能分析》,载《政治学研究》2020 年第 1 期。
③ United Nations Human Settlements Programme, *The World Cities Report 2016: Urbanization and Development: Emerging Futures*, 2016, p.14.
④ 〔秘鲁〕赫尔南多·德·索托:《资本的秘密》,王晓冬译,南京:江苏人民出版社 2001 年版,第 72—74 页。

贫困共同促进了人口流动,而城市化进程正是这种人口流动的产物。通过人口流动,社会个体完成了理性选择。承认社会行动的正当性,是城市治理的基本原则。

然而,由于担心贫困的农业人口进入城市,从而把农村贫困问题演化为城市问题,不同国家采取了不同的政策。一些城市政府通过设置较高的行政门槛来控制城市人口。索托发现,在秘鲁的利马市申请开办一个只需一人即可运营的小企业需要289天,需要履行行政手续207道,所需费用是工人最低月薪的31倍;在菲律宾购买城市土地建造住宅需要13—25年才能走完168道行政程序;在埃及购买国有沙漠建造房屋需要77道程序,用时5—14年;同样的情况在海地需要19年。① 在中国,国家通过国有土地制度、城市分类、户籍控制等一系列制度组合限制农业人口流入特定城市。随着大量人口迁入城市,这些制度已经无法约束人口的流向,470万埃及人选择在城市中建造非法建筑,巴西、海地人进入了棚户区,中国人进入了"小产权房"。在西方一些社区研究者看来,城市贫困问题不在于不平等的升级和贫困的加重,而在于缺乏包容,他们认为社会排斥才是真正的问题,"因此,低工资或贫困不需要解决;事实上只要人们融入社会网络,这些并不构成问题"②。但是这些学者没有意识到,那些放弃法律制度的"非法居民"同时被法律制度所抛弃。贫困日益成为普遍的、跨越城乡边界的世界性话题。

(三) 贫困识别与政策介入的路径

在城市贫困治理中,贫困识别是政策介入的前提。一般认为,在不同的国家,城市贫困的标准存在差异。从住房的角度来看,联合国人居署将贫民窟定义为缺乏以下五个条件中的一个或多个条件的毗连定居点:干净的水、改善的卫生设施、不拥挤的足够的生活区、持久的住房和

---

① 〔秘鲁〕赫尔南多·德·索托:《资本的秘密》,王晓冬译,南京:江苏人民出版社2001年版,第17—19页。
② 〔美〕彼得·马库塞:《寻找正义之城——城市理论和实践中的辩论》,贾荣香译,北京:社会科学文献出版社2016年版,第135—136页。

有保障的住房。① 联合国人居署估计,按照这样的标准,2001 年,有 9.24 亿人(占世界城市总人口的 31.6%)生活在贫民窟中。从收入的角度来看,关信平把城市贫困分为生存型、生活型和发展型三种。2017 年全国城市平均低保标准为 540.6 元/人·月,仅为当年全国城镇居民人均可支配收入中位数(33834 元/年)的 19.2%,属于生存型贫困标准。② 按照贫困的分类,生存型贫困属于绝对贫困,属于需要国家紧急救助的情况。

贫困识别的住房与收入分析框架回应了城市研究空间与人口的双重视角,也为城市贫困治理提供了可能。仍然从绝对贫困与相对贫困的分类来看,我们认为,绝对贫困针对的是个体的救助,而相对贫困依赖整体生活质量的提升。在中国的城乡治理中,长期存在制度供给的差异。"中国人口分为两条线,一是城乡流动人口,二是常住人口……就目前而言,这些分歧有两个原因。一是城乡贫困线差距较大。一个人是否被视为穷人,关键取决于他在城市或农村的地位。二是农村和城市人口的社会保障覆盖率差别很大。一般来说,无论移民何时抵达,他们都被排除在社会保障计划之外。"③ 随着农业 GDP 占国内 GDP 份额的持续下降,以行政命令控制农业人口流动日益困难,这些收入低下、社会保障水平不高的农业人口中有很大一部分将成为城市贫困治理的主要对象,这些需要国家政策的积极介入。

张玥将城市治理体制定义为国家和非国家层面网络的交互关系,它具有两大维度:有效性和包容性。有效性指城市治理工程被成功推进的程度,包容性指城市治理的社会基础。④ 不难看出,张玥的分类受

---

① United Nations Human Settlements Programme, *The World Cities Report 2016: Urbanization and Development: Emerging Futures*, 2016, p.57.
② 关信平:《当前我国城市贫困的新特点及社会救助改革的新方向》,载《社会科学辑刊》2019 年第 4 期。
③ Athar Hussain, *Urban Poverty in China: Measurement, Patterns and Policies*, Geneva: International Labour Office, 2003, p.2.
④ Yue Zhang, The Urban Turn in Comparative Politics: Cities as the Anchor of Cross-Nation, Cross-Regime Comparison, *APSA-CP Newsletter*, No.1, 2020.

到国家-社会二分法的影响。这样的分类同样适用于城市贫困治理。针对个体生活救助,城市政府需要切实做好最低生活保障,并不断提升这一标准。针对群体性相对贫困,城市社区需要进行必要的包容性治理,减少社会排斥,促进社区融合。但是这种分类是建立在社会保障一致化的前提之上的,在城乡社会保障差异巨大的情况下,国家保障仍然是贫困治理的基础性条件,而无差别的社会保障正是这种条件的典型体现。只有在国家保障供给的前提下,社会融合才能借助于社会资本逐渐形成。

第四节 数字城市贫困治理中的权利破茧

在21世纪,数字技术深刻影响着城市的变迁,一种新的、更为隐蔽的贫困类型——数字贫困产生了。由于数字城市贫困涉及数字能力与权利的丧失,这就使得关于权力与权利的关系重新成为社会科学的焦点话题。在伯特兰·罗素(Bertrand Russell)看来,人类的某些欲望"是根本无止境的,是不能得到完全满足的"[①]。当这种欲望与支配能力结合起来,权力就随之产生。在城市数字化转型过程中,在算法日益成为一种新兴权力的时候,在数字贫困的解决方案中,就必须包含数字城市的权力控制。

城市的数字化转型带来了新型贫困——数字权利的贫困,而这一权利贫困体现为,城市个体无权参与城市运行,并无法获得必要的城市治理权力。数字权利的争取由此把城市指向了数字权力的约束,因为数字权力的控制正是数字权利彰显的前提。

一、"信息茧房"的城市形成:算法偏差与权力偏好

由于技术集聚效应,数字技术率先在城市得到应用。借用瑞士计

[①] 〔英〕伯特兰·罗素:《权力论:新社会分析》,吴友三译,北京:商务印书馆2012年版,第1页。

算机科学家尼古拉斯·沃斯(Niklaus Wirth)"程序＝数据结构＋算法"这一著名的公式,数字社会的运行意味着数字社会结构与数字算法两个方面的内容。在数字社会中,人们通过信息获取与信息使用进行生活与工作;数字权力的运行隐藏在数字社会之中,通过与算法的逻辑互动塑造并改变着社会组织结构,"信息茧房"就是社会组织的一种极端形式。

(一) 数字社会的算法偏差

从计算机科学的角度看,程序是计算机指令的组合,用于控制计算机的工作流程;算法是程序的逻辑抽象,是解决客观问题的过程;数据结构是对现实世界中数据及其关系的映射,既可以表示数据本身的物理结构,也可以表示计算机中的逻辑结构。[1] 因此,良好的数字治理一定是建立在良好的算法基础之上,算法需要以精细的数据科学反映出社会的结构性特征,从而为数字治理提供逻辑支持。但是基于科学认知的渐进性,算法也会存在偏差。闫坤如把算法偏差分为三种类型:算法歧视、不公平竞争和算法滥用。基于这样的类型,他认为"算法偏差一般指的是计算机程序或者人工智能系统在数据收集、数据选择和使用的过程中因包含了人类的隐含价值而在输出中呈现出不公平现象,算法偏差是对算法客观性的偏离"[2]。

从工具理性的角度来看,技术本身也可能导致算法的偏差。仅仅以并行算法(parallel algorithm)为例,并行计算机(即拥有多个处理单元的计算机)在编程上都有共同之处,即使用静态线程(static threading)。一般来说,这些线程(thread)共享一个相同的存储器,操作系统加载一个线程到处理器上执行代码,并在其他线程需要运行时再将其交换出来。然而,共享存储计算机直接使用静态线程编程比较困难甚至容易犯错,其中的一个原因就是,在计算之初,多线程负载均衡调度的实现十分困难;在计算过程中,即使并行计算机模型拥有同等计

---

[1] 吕浩音:《数据结构与算法研究》,成都:电子科技大学出版社2016年版,第1页。
[2] 闫坤如:《人工智能的算法偏差及其规避》,载《江海学刊》2020年第5期。

算能力的性能假设,并假设算法的循环中所有迭代都能被并行执行,且多线程算法中没有包含非法的竞争代码,这样的代码计算才可能达到满意的结果。① 遗憾的是,这一理想状态并不总是存在,从任务分割、算力差异到代码竞争,这些问题伴随着算法社会的全过程,其中任何一个环节的错误都足以导致严重的社会后果,例如 2003 年北美大停电事件就源于算法中的一次代码使用错误。

(二)算法的权力依赖与"信息茧房"的建成

大数据是信息社会的基本特征,在信息社会中拥有并支配信息是一种属于多人的权力。算法在成为人类生产生活活动基本规则的同时,也重新建构了人类社会的权力关系。② 从信息科学与情报科学的角度来看,在海量信息或数据面前,用户需求及信息的个性化服务必然涉及一个信息筛选的过程,这一过程就为算法的介入提供了条件,因此前文所提及的算法歧视、不公平竞争和算法滥用,与其仅仅表述为数据的控制与算法设计者价值取向的不足,倒不如理解为算法背后的权力取向。算法介入提供了个性化的信息选择并为多人权力的行使提供了便利,个人化的选择带来信息的偏向,也容易带来"信息茧房"效应。③

信息社会的海量数据必然形成多人的权力,问题在于,多人的权力何以形成"信息茧房"? 这一问题必须从数据的芜杂性及其对算法的依赖性入手方能解释。正如凯斯·桑斯坦(Cass R. Sunstein)所言,我们只听我们选择的东西和愉悦我们的东西的通信领域。④ 一些研究认为,用户维度、信息维度和社会环境维度是"信息茧房"建成的三个维度,其中,用户情感、信息能力和专业知识是影响网络用户形成"信息茧房"的重要因素。⑤ 但是越来越多的研究发现,在用户选择背后,还有一种支

---

① 〔美〕科尔曼等:《算法导论》,殷建平等译,北京:机械工业出版社 2013 年版,第 453—464 页。
② 贾开:《算法社会的技术内涵、演化过程与治理创新》,载《探索》2022 年第 2 期。
③ 陈昌凤、张心蔚:《信息个人化、信息偏向与技术性纠偏——新技术时代我们如何获取信息》,载《新闻与写作》2017 年第 8 期。
④ 〔美〕凯斯·R. 桑斯坦:《信息乌托邦——众人如何生产知识》,毕竞悦译,北京:法律出版社 2008 年版,第 8 页。
⑤ 张海:《网络用户信息茧房成因及影响因素维度研究》,载《情报杂志》2021 年第 10 期。

配性的权力——一系列根据偏好而推进的计算机算法及信息过滤。正是"信息过滤机制(包括算法推荐),让我们只看到我们想看到的东西、只听到自己认同的观点,只跟观念相同的人交朋友,那些观点不断重复之后不断加深,最终变成一个只能听到自己声音的'密室',即信息的回声室效应"①。

由于支配性权力的存在,算法瓦解了信息选择的自由,人们被迫选择了别人期待其选择的答案。正是算法技术对于互联网信息内容单向化、窄化、精准化的分发,强化了不同个体间分享信息的差异化程度,解构了社会共识的信息基础。② 更加需要注意的是,被"信息茧房"困住的人并非少数,绝大多数人都在茧房之中。算法依赖数据的统计分析,而从统计学的角度看,来自足够大规模的群体的统计性答案等同于在全体人口范围内取样的观点,就像谷歌的成功在于它知道什么是大多数搜索者想要的,而这些正是特定的大多数人想要的。③ 因此,只要了解少数人的信息需要,算法就能推送特定群体期待的信息,从而使越来越多的人深陷自身参与设计的"信息茧房"。进一步讲,从少数选择的限制到多数共识的瓦解,算法偏差足以深刻改变数字社会结构,为数字社会治理增加变数。

(三)"作茧"之人与权力的内卷

信息化社会是一个高度依赖算法的社会。数据结构(data structure)"描述的是按照一定的逻辑关系组织起来的待处理数据的表示及相关操作,涉及数据之间的逻辑关系、数据在计算机中的存储和数据之间的操作(运算)"④。数字社会结构被演化为诸多数据及其逻辑关系的表述与运算的过程,数字社会结构的清晰化与算法互为支撑,互为

---

① 陈昌凤、张心蔚:《信息个人化、信息偏向与技术性纠偏——新技术时代我们如何获取信息》,载《新闻与写作》2017年第8期。
② 申楠:《算法时代的信息茧房与信息公平》,载《西安交通大学学报(社会科学版)》2020年第2期。
③ 〔美〕凯斯·R.桑斯坦:《信息乌托邦——众人如何生产知识》,毕竞悦译,北京:法律出版社2008年版,第22—23页。
④ 吕浩音:《数据结构与算法研究》,成都:电子科技大学出版社2016年版,第3页。

因果。从数据、算法与权力的关系出发,"信息茧房"支持了以下判断:一是算法偏差是信息社会中被允许存在的误差,即数据获取、数据逻辑表述及数据处理都容易存在技术性偏差;二是在数据不充分的前提下推行的算法过程与社会结构编织的过程,在技术上就是一种自我束缚的过程;三是由于数字个体的信息偏好以及事实上每个人都拥有大大小小的权力,因此任何人行使权力的过程都是集体编织"信息茧房"的过程;四是权力并不平等,算法背后存在着一个支配性权力;五是支配性权力同样可以进入公共领域,存在信息偏好的"作茧者"同样会将其对于社会的理解反作用于算法之上。

算法的偏差与权力的偏好支持了不完善的数字治理,扭曲了数字社会结构。在国家与社会的关系中,技治主义的缺陷不仅仅体现为治理主义对计算机模拟技术的执着,更体现为日益内卷的权力偏向。当复杂的社会问题日益技术化时,当技术逻辑主宰社会结构时,算法也就遮蔽了数字治理的逻辑改进。同时,"信息茧房"使数字社会共识成为困难,并给数字社会共同体的营建带来阻碍,因此更完善的结构分析、更清晰的信息处理、更科学的算法逻辑就成为数字治理优化的必需条件。

二、"数据铁笼"的出场与权力控制的边界

数据是数字社会的基础。无论是从能力还是从资源看,数据都支持了数字社会的权力生产,因此数据的掌握与支配成为数字社会权力的表征。孟德斯鸠坚信:"一切有权力的人都容易滥用权力,这是万古不易的一条经验。有权力的人们使用权力一直到遇有界限的地方才休止……从事物的性质来说,要防止滥用权力,就必须以权力约束权力。"[①]数字权力的使用同样符合这一判断:基于控制权原则,有权者将尽量增加自身基于数据的控制能力;基于资源型原则,数据日益成为其扩权的基础。而与之对应的是,一些个体无权使用数据,甚至日益退化

---

① 〔法〕孟德斯鸠:《论法的精神(上册)》,张雁深译,北京:商务印书馆1961年版,第154页。

为数据的一部分,而最终失去公共治理的主体性地位。

(一)"数据铁笼"的理论假设

由于人的无尽欲望,权力的行使必然带来无尽的扩张。在孟德斯鸠提出权力制衡理论之后,越来越多的国家走向了宪制,而宪制史就是国家权力的控制史。数字社会中的公权力同样必须得到控制。2015年2月14日,李克强总理在详细了解了贵阳利用执法记录仪和大数据云平台监督执法权力情况后指出,把执法权力关进"数据铁笼",让权力运行处处留痕,为政府决策提供第一手科学依据,实现"人在干、云在算"。① 此后《贵阳市全面推进"数据铁笼"工程建设的指导意见》《贵阳市2016年全面推进"数据铁笼"工程建设工作实施方案》《贵州省"数据铁笼"工作推进方案》先后发布,其中,《贵州省"数据铁笼"工作推进方案》提出要运用大数据手段,实现政府权力运行全覆盖、监管过程"全留痕"、"三重一大"监管和两个责任落实,减少和消除权力寻租空间,完善监督和技术反腐体系,促进党风廉政建设,提升政府治理能力,为国家"把权力关进制度笼子里"提供可复制推广的贵州经验和模式。② "数据铁笼"试图在制度建设的前提下,通过程序性的监管过程实现数字权力的连续性控制。2018年,在前期试点的基础上,贵州省提出"全面打造'数据铁笼',运用大数据改进政府管理方式,实现政府负面清单、权力清单和责任清单的透明化管理,完善大数据监督手段和技术反腐体系,促进简政放权、依法行政"③。

把数字权力关进"数据铁笼"主要建立在一种假设之上,即公权力必须基于数据资源方能行使。"数字社会权力生产的基础条件是对数据的占有,这对国家和社会概莫能外。作为信息的符码化载体,数据从

---

① 《李克强:把执法权力关进"数据铁笼"》,http://www.gov.cn/premier/2016-09/16/content_5108752.htm,访问时间:2022年3月22日。
② 《省大数据发展领导小组关于印发〈贵州省"数据铁笼"工作推进方案〉的通知》,http://dsj.guizhou.gov.cn/zwgk/xxgkml/zcwj/wjxgfzxx/202001/t20200121_44302609.html,访问时间:2023年4月29日。
③ 《省人民政府关于促进大数据云计算人工智能创新发展加快建设数字贵州的意见》,载《贵州省人民政府公报》2018年第8期。

最初国家统计权力中一种'被收编的工具',不仅发展为现代社会秩序中的重要驱动力,而且成为逐渐稀释权力专属性、调整权力发生机制的关键入口,拥有数据以及掌握数据运作尤其是算法制定等基础能力,对于权力的生产至关重要。"①拥有数据、运作数据、制定算法因此成为数字权力的重要内容,数字权力的控制在理论上同样需要从三个方面入手,即数据控制、数据运作及算法规则都必须同步控制。

(二)数字权力行使的技术路线及其流程化控制

"数据铁笼"的实质是运用大数据思维和相关技术,推动政府行政权力运行过程信息化、数据化、自流程化、融合化,实现对政府部门权力运行的监管、预警、分析、反馈、评价和展示,从而构建一套基于数据的权力监督及技术反腐体系。②这一定义从数字化思维入手,通过数据的流转来观测权力的运作过程。研究发现,大数据技术应用于权力监督实践有一个共通的行为逻辑,即建立权力运行过程与行为的规范化、标准化体系以及设定标准数据值→使用设备采集权力过程与行为数据→汇聚多类型、多元数据形成大数据并建立数据平台→数据融合、比对、分析与运用。③从具体案例上看,"人在干、云在算"这一构想建立在政府自我革命和技术中立的基础上,其目的是对行政执法中的自由裁量权进行技术遏制。"数据铁笼"的理论价值在于,执法者是权力的负载者,权力过程将体现为数据的流动,行动本身及其过程具有可计算性,也应该被严格计算。以贵阳市城市管理局"数据铁笼"大数据融合分析平台为例,不但街边的烟酒杂货铺、公交车站都要在数字地图中被清晰标注,城管执法人员及车辆也必须被特别标注以便在地图上找到执法轨迹④,从而为后面的数据分析提供基础。

从国家与社会的关系角度来看,行政权是直面社会的权力,也是经

---

① 周尚君:《数字社会对权力机制的重新构造》,载《华东政法大学学报》2021年第5期。
② 《网词百科》,载《网络传播》2021年第6期。
③ 黄其松、邱龙云、胡赣栋:《大数据作用于权力监督的案例研究——以贵阳市公安交通管理局"数据铁笼"为例》,载《公共管理学报》2020年第3期。
④ 龙震宇、杨皓钧:《大数据如何改变一座城?》,载《贵阳日报》2018年5月17日。

常引发不满的权力。贵州省从这些具体的面向社会的权力入手来尝试"数据铁笼"的运行,继而"全面发展智能治理模式,聚焦政务服务、交通、医疗、环保、公共安全等领域热点难点问题,推动各级政府部门将市场监管、检验检测、违法失信、企业生产经营、投诉举报、消费维权等数据进行汇聚整合和关联分析,做到适时公示和预警,提升政府决策和风险防范能力,加强事中事后监管和服务,提高监管和服务的针对性、有效性"[①]。在行政执法中,权力运行的过程就是一个数据集聚的过程,数据向特定节点集中的异常过程因此就成为权力监控的病理学视角。"数据铁笼"的流程化控权思路是有价值的,这一思路包括以下技术路线:权力的数据化、权力的规范化、权力的清单化、权力的可视化。在这一基础上,"数据铁笼"建立大数据预警监管平台,推进权力历程的规范化、数据化,是权力监督的核心环节。[②]

(三) 数据控权的技术标准及生态依赖

如果仅仅把数字权力理解为一种数据的控制权,那么这一判断没有超越多米尼克·迈尔(Dominik Meier)和克里斯蒂安·布鲁姆(Christian Blum)关于权力争论的梳理。与农业社会、工业社会的权力制度化呈现不同,数字社会中的权力有一个弥散的过程,这一过程既包括数据的采集与处理,也包括算法。在这一基础上,"数据铁笼"努力突破传统的权力框架,把控权行为看作过程行为,即以权力运行和权力制约的信息化、数据化、自流程化和融合化为核心的自组织系统工程。[③]这一流程化的权力控制需要建立在良好的数字生态系统之上,建立在权责的明晰化、标准化与可计算性之上。然而,公共治理的复杂性与自由裁量的必要性之间无疑将形成一定的张力。现有的"数据铁笼"的表述中,要依托大数据产业优势加快网上政务建设,把能够纳入网络的行政权力全部纳入网络运行,通过制定统一的数据技术标准,优化、细化、

---

① 《省人民政府关于促进大数据云计算人工智能创新发展加快建设数字贵州的意见》,载《贵州省人民政府公报》2018年第8期。
② 谭海波、蒙登干、王英伟:《基于大数据应用的地方政府权力监督创新——以贵阳市"数据铁笼"为例》,载《中国行政管理》2019年第5期。
③ 同上。

固化权力运行流程和办理环节,合理、合法地分配各项职责,实现权力运行全程电子化,处处留"痕迹",让权力在"阳光"下运行,置于社会公众的监督之下。① 也就是说,明确的标准是权力留痕的技术前提,脱离了技术标准的权力留痕既可能形成数字治理中的形式主义,也加重了行政执法的负担。

现有的"数据铁笼"的表述也对权力监督生态提出了要求,即不仅监督者需要掌握行政权的法律依据、实施标准、救济路径,公众也需要突破数字监督的技术门槛,并具备实施数字监督的知识前提。然而值得关注的是,数据的掌握及标准的制定恰恰与现有权力密切相关。以数据占有为例,目前中国各级政府掌握约80%的数据,因此让拥有20%数据的民众监督拥有80%数据的政府,在数字逻辑和数字生态上就是存疑的。为了优化数字生态,权力监督指向了数据开放,数据开放又指向了政府内部的权力配置甚至机构设置。研究发现,贵州的政府机构为了实现数据监督权力,还需要有组织机构专事数据收集、融合、分析,运用数据平台形成部门间数据信息的比对、分析,这些不仅涉及相应的机构安排,也涉及原有权责关系的调整。② 数字权力最终指向政府部门而非数字生态和民众参与,必将强化政府部门的内部监督,促进数字权力的固化,并最终背离权力监督的政策初衷。

三、以数字权利为中心的权力制衡

"权力和自由之间互为条件、相互危害的悖论只能得到证明,却无法得到解决,这是我们作为社会人的基本构成。不断地在二者中进行合理权衡和调整是我们的实际任务。"③数字权力的监督与数字自由密切相关,当数据沿着权力的逻辑分布时,对数字权力的监督就必须沿着

---

① 《数据铁笼》,载《当代贵州》2018年第23期。
② 黄其松、邱龙云、胡赣栋:《大数据作用于权力监督的案例研究——以贵阳市公安交通管理局"数据铁笼"为例》,载《公共管理学报》2020年第3期。
③ 〔德〕多米尼克·迈尔、克里斯蒂安·布鲁姆:《权力及其逻辑》,李希瑞译,北京:社会科学文献出版社2020年版,第37页。

同样的逻辑展开。然而,痕迹主义的权力制约既增加了行政成本,也使数字权力运作无法实现现代治理的权利逻辑,在这样的前提下,在数字贫困频繁发生的背景下,数字社会中的权力与权利的关系讨论再次成为必需。

(一)数字权力的法律控制

虽然数字社会中国家、企业乃至个人的关系发生了新变化,但是本质上仍处在传统的"权力-权利"轨道之上:国家在数字赋能之后,所掌握的权力得到了进一步强化。如果说国家权力可以渗透整个国家的肌体,那么经过数字技术的加持,国家权力能够延伸至各个毛细血管,甚至更加精细微末之处。① 因此,是数字权力的弥散性,给数字权力的控制带来了困难。在数字社会的运行过程中,数据与算法构成了数字权力研究的两个入口:数字权力的分布依次可以划分为基于数据的权力分布和基于算法的权力分布。从前者的角度看,数据的处理过程就是权力分布的过程;从后者的角度看,算法作用的结果,就是权力"反驯"的结果。数字权力研究的两个入口同样为法律的介入提供了思路。

从数据类型看,数据有私人数据与公共数据之分。国家在法律范围内采集数据,并依法开放政务数据。《中华人民共和国数据安全法》第三十八条规定,"国家机关为履行法定职责的需要收集、使用数据,应当在其履行法定职责的范围内依照法律、行政法规规定的条件和程序进行;对在履行职责中知悉的个人隐私、个人信息、商业秘密、保密商务信息等数据应当依法予以保密,不得泄露或者非法向他人提供","国家制定政务数据开放目录,构建统一规范、互联互通、安全可控的政务数据开放平台,推动政务数据开放利用"。公共数据尤其是政务数据的依法公开、私人数据的依法保护,成为限制数字公共权力的法定途径。

从算法角色看,"算法标志着管理功能的自动化,同时也意味着算

---

① 郭春镇:《"权力-权利"视野中的数字赋能双螺旋结构》,载《浙江社会科学》2022年第1期。

法将扮演全部或部分的管理者角色"①。作为管理者的算法,其权力运行一靠技术垄断,二靠空间隔离。"算法行使权力的方式,并非由人来发号施令强迫用户遵从,而是以技术的面貌出现,是一整套复杂的规则和程序,很容易因为缺乏主体意志而被误认为是客观公正的裁决。用户在面对算法命令时,即使存在不满,也无法看到其他人的抗议,技术制造出的隔离空间,使用户不能得到同情和支援,从而提升接纳意愿。"②为了打开算法黑箱,《互联网信息服务算法推荐管理规定》规定:"算法推荐服务提供者应当以显著方式告知用户其提供算法推荐服务的情况,并以适当方式公示算法推荐服务的基本原理、目的意图和主要运行机制等。"③依托算法的治理由此进入治理算法的阶段,而法律正是这一转变的重要推动者。

（二）数字权利的普遍彰显

数据垄断、算法垄断与空间隔离,赋予了数字权力运行的资源及其无处不在的场域;同时,数字社会无法摆脱国家与社会关系的基本逻辑,也无法摆脱权力与权利关系的基本立场。马长山认为,信息社会带来了第四代人权,"它以双重空间的生产生活关系为社会基础,以人的数字信息面向和相关权益为表达形式,以智慧社会中人的全面发展为核心诉求,突破了前三代人权所受到的物理时空和生物属性的限制,实现自由平等权利、经济社会文化权利、生存发展权利的转型升级"④。而刘志强不赞同第四代人权的提法,他认为从人权的代际划分原理来看,"数字人权"的概念即使成立,也只属于三代人权范畴,可以在既有人权体系的框架内得到合理解释;个人数据信息类权利的出现,未构成人权的代际革新。⑤

两位法学家的争论核心在于,在数字社会中,数字人权是一种新兴

---

① 〔英〕罗毕·瓦林、邓肯·麦肯:《数字经济中的权力和责任:数据、算法与劳动监控》,姚建华等译,载《国外社会科学前沿》2021 年第 9 期。
② 刘志杰、张嘉敏:《媒介生产中算法权力的扩张与规制》,载《中国编辑》2021 年第 11 期。
③ 《互联网信息服务算法推荐管理规定》,载《中华人民共和国国务院公报》2022 年第 9 号。
④ 马长山:《智慧社会背景下的"第四代人权"及其保障》,载《中国法学》2019 年第 5 期。
⑤ 刘志强:《论"数字人权"不构成第四代人权》,载《法学研究》2021 年第 1 期。

的权利还是仅仅表现为一种基于数字的权利。在政治学的视野中，与电报、电话一样，作为科技革命的成果，数字技术归根到底仍然是一种阶段性的科学技术，而权利作为现代社会的恒久命题，是人类发展的内在轴线，因此在这一背景下，数字权利仍然是制约权力扩张的重要利器。也就是说，在权利不被充分彰显的前提下，"数据铁笼"无法遏制权力的自我膨胀，更无法把社会个体从"信息茧房"中逐一救出。数字社会是一种流量社会，"是数字化技术通过快速、大规模的信息数据流动去整合社会"①。流量社会同样也是权利扩散的社会，在这一流动的社会结构中，多人在线编辑文档、线上扩散求助信息等行为充分说明，人们可以通过数据流动形成跨越地域、跨越阶级的社会联盟，正是这一从信息联盟到权利联盟的过渡，使普遍的数字权力约束得以成为可能。

（三）个体数字权利的技术纠偏：反筛选与自我干预

个体是社会的组成单元，数字社会中的每一个体都承载着数字权利，但是在数字社会中，数字权利的匮乏往往率先在个体身上显示，人们往往以技术门槛来解释这一个体性数字权利的匮乏；但是数字社会的技术剥削并不会放过任何个体，在技术对于社会的强制中，老年人由于无法使用智能手机而无法出行，农民工无法通过软件抢购返乡火车票，程序员倦于程序，外卖员困于算法。这些数字社会中的极端案例告诉我们，如果仅仅依赖相对滞后的法律而缺乏必要的个体行动，每个人都将处在数字剥削之中，每个人都参与了这场剥削他人的盛宴。数字权利的匮乏启发了人们对于个体朴素权利的思考。当技术驯化社会并最终异化了社会形态时，数字社会的技术纠偏事实上就必须体现为两个方面的内容：反筛选与自我干预。

从反筛选的角度来看，个体是数字社会的治理主体而非数据本身。在个体行动中，反对被动的信息提取、反对滥用个人信息成为近期推动数字立法行动的重要动力。从自我干预的角度来看，个体能够在技术社会中恰当而充分地表达意见是民主社会的内在之意。从技术纠偏的

---

① 刘威、王碧晨：《流量社会：一种新的社会结构形态》，载《浙江社会科学》2021年第8期。

角度来看,个体参与算法过程同样是重要的。"算法是基于机器语言的清晰指令系统地描述和解决问题的策略机制。"[①]这一表述事实上揭示了清晰指令对于解决问题的重要性,一旦指令模糊,问题的解决就会出现困难。《互联网信息服务算法推荐管理规定》第十七条规定了个体的技术性救济手段:"算法推荐服务提供者应当向用户提供不针对其个人特征的选项,或者向用户提供便捷的关闭算法推荐服务的选项。用户选择关闭算法推荐服务的,算法推荐服务提供者应当立即停止提供相关服务。"[②]在这一规定出台之后,越来越多的应用程序如淘宝、微信、抖音等上线算法关闭键,用户可以自行关闭个性化推荐来进行算法干预。从群体救济的角度看,基于权利的联盟还可以通过诸如评分等集体性技术行动,遏制无所不在的权力扩张。一种观点认为,"从商业和公共管理的逻辑出发,广泛采用评分机制是更好的策略,不仅可以帮助将更多细节行为纳入管理,还可以为进一步优化法律和平台成文规则提供数据支撑"[③]。有鉴于此,数字化背景下的管理重生必须实现"由控制劳动向解放劳动管理范式突破"[④]。

现代城市社会是技术社会,更是权利社会,现代城市贫困体现为自由的丧失,而自由的丧失大多表现为权利的丧失。借助于商业繁荣带来的平等关系,以及工业革命形成的技术手段,人类可以正视自身的地位并形成权利的联盟。从数据出发,社会形成了新的社会结构与社会形态,也形成了新的权利结构。但是由于权利对于数字的技术性依赖,数字权利需要借助于数据筛选方能达成。在这一背景下,人们在海量的信息筛选中失去部分自由并深陷"信息茧房"。更为隐蔽的是,"信息茧房"的形成恰恰隐藏在多人权力行使的过程之中,是人们在逐渐行使权力的过程中放弃了权利。

---

① 郑崇明:《警惕公共治理中算法影子官僚的风险》,载《探索与争鸣》2021年第1期。
② 《互联网信息服务算法推荐管理规定》,载《中华人民共和国国务院公报》2022年第9号。
③ 胡凌:《数字社会权力的来源:评分、算法与规范的再生产》,载《交大法学》2019年第1期。
④ 林新奇、赵国龙、栾宇翔:《面向2035:数字化背景下管理的终结与重生——由控制劳动向解放劳动管理范式转变》,载《重庆大学学报(社会科学版)》2021年第6期。

与此同时，权力具有强制性，权力控制是权利解放的前提，数字社会同样面临权力控制的任务。正是数字权力的隐蔽性，使数字社会的个体进入了"信息茧房"。但是从数字社会的基本构成出发，数据是数字社会的基础，是权利的基础，同样也是权力的基础。从委托代理关系入手，"数据铁笼"遏制代理方的权力扩张，从而延续了工业革命以来的权力制衡路径。然而作为一种技术性想象，"数字铁笼"并非"信息茧房"的解决方案，在数据权力之后，算法才是更加隐蔽的强制性权力。由于权力与权利关系的数字化延伸，数字社会的权力控制归根到底要落实到权利解放上。在数字社会中，数字权利同样遵循两条递进的路径：从数据出发，共享公共数据是权利破茧的法律基础；从算法出发，个体参与并干预算法是个体权利维持的外部条件。也只有在这样的前提下，数字权利才能得到充分的保障，从而构建数字共同体的基本结构，并形成数字权力的连续性控制。

四、城市贫困的数字扫盲与权利的价值性拓展

城市数字权力的控制与数字权利的保障，对数字城市治理尤其是贫困治理提出了新的技术要求。城市是一个移民的集合，这就意味着在"人工秩序"之外，城市有一个"自发秩序"的形成过程。城市的数字化转型建立在对于物理世界的复制如数字孪生技术之上，但是数字孪生技术对于城市权利复制的困境正在于，"人工秩序"难以取代"自发秩序"，城市贫困需要深入权利体系方能考察，这就从两个方面拓展了对城市反贫困的理解：贫困的盲区识别其实是权利的盲区识别；权利盲区的识别又有一个价值持续拓展的过程。数字扫盲需要从这两个方面入手，从而实现数字技术与权利发展的合辙。

（一）破除城市治理工具主义的迷思

数字孪生作为一种在信息世界刻画物理世界、仿真物理世界、优化物理世界、可视化物理世界的重要技术，为实现数字化转型、智能化、服

务化提供了有效途径。① 数据是计算的基础,计算是数字孪生的核心。一般来说,遍布城市、充满差异的数据需要被充分发现并通过精密计算才能形成普遍的结论。这就对数据与计算同时提出了近乎完美的要求。应该看到的是,由于城市人口的异质性、数据的散在性及城市变迁的多样性,城市运行因此成为一个分布式计算、平台型综合的过程。在近年来的疫情防控中,广泛应用于公共卫生管理中的健康码、行程码等,初步体现了数字孪生的技术成就。

哈耶克发现,在18世纪到19世纪初,科学并不具有今天的"狭隘性",即使是自然科学领域的研究者,也乐于把自己从事的一般性研究称为"哲学"。② 随着科学的进步及社会问题的频发,人们希望建立在高度理性之上的科学技术可以普遍解决社会问题,甚至能够揭示人们的生活现状及其发展走向。借助于科学的进步,一些理论研究把社会活动看成一种可控的"工程",并可以逐步应用到包括城市在内的社会管理上。在具体实践中,建立在理性主义之上的城市规划确实长期影响着城市研究,这些变化很容易把城市治理引向工具主义的思维立场。在这一立场下,在城市数字化转型过程中,作为工具的数字技术因此很容易成为城市政治家与研究者所期待的工具。

数字技术归根到底仍然是一种技术手段,在这些技术的背后,是需要时刻调整的生产关系。1847年,马克思在《哲学的贫困》里强调:"机器只是一种生产力。以应用机器为基础的现代工厂才是社会生产关系,才是经济范畴。"③ 数字技术作为工具,只能是社会发展的数字生产力,数字孪生技术对于城市生活的"映射"必然也是部分的,在现有技术条件下,数字孪生技术只能为总体性的城市政策提供"标准化"说明书,这种制式文书需要经过城市运行的具体考验。数字孪生技术不能痴迷于技术的自我演绎,而要积极拓展其包容性、动态性优势,为城市治理

---

① 陶飞等:《数字孪生标准体系》,载《计算机集成制造系统》2019年第10期。
② 〔英〕弗里德里希·A.哈耶克:《科学的反革命:理性滥用之研究(修订版)》,冯克利译,南京:译林出版社2012年版,第8页。
③ 《马克思恩格斯文集》第1卷,北京:人民出版社2009年版,第622页。

尤其是贫困治理提供持续性的技术支持,尽量识别城市贫困的多样化分布,并积极计算这些城市贫困的共同规律。

(二)正视城市贫困的盲区"异构"与治理"集成"

人类社会遭遇科学之后,开始直面多样性与一致性的关系话题。贫困同样如此,由于城市社会变迁的阶段性特征,从绝对贫困到相对贫困,城市贫困有着不同的表现形式,也形成了诸多政策工具无法识别的盲区。数字孪生技术强调城市的全生命周期考察与实时映射,并关注物理世界与虚拟世界的双向互动与修正,这也意味着城市贫困的代码化需要经历两个步骤:一是代码依托的数据必须全面,即这些代码建立在全覆盖的社会保障、生活开支、教育成本、出行工具等数据库基础上,一旦一些城市个体的数据没有包含在这些数据库之中,这种贫困的代码化就不能精准实现;二是这些代码化的信息要有前瞻性,要尽量反映出城市个体还面临的相对贫困、能力提升与权利发展等复杂任务。因此城市贫困具有多样性、复杂性,城市就是由这些充满差异的要素组合而成的。

贫困的差异化给城市贫困治理带来了困难。20世纪90年代到21世纪初,微电子领域一场"安静但是重要的革命"——集成微系统诞生,有研究认为它是电子学、光子学、微纳机械、架构与算法五个领域的融合与革命,其目标是实现高度小型化甚至芯片级的系统,完成系统所需的传感、处理、执行、能源与通信五大功能,并从"功能固定"的系统发展到"可重构、可适应与智能化"的系统。[1] 在城市数字化转型中,城市事实上是一个遍布数据并需要智能计算的系统,因此整合分散在各部门的数据及其处理的过程影响着城市数字治理的有效性。集成微系统与数字孪生技术形成了功能互补,从"异构"到"集成",微电子领域的革命也启发了城市贫困治理的技术路线。一种积极的思路在于,如果能把分散的各种贫困现象进行代码化转换并进行精准化的智能计算,那么

---

[1] 代刚、张健:《集成微系统概念和内涵的形成及其架构技术》,载《微电子学》2016年第1期。

势必可以推出可预测的城市政策。

贫困的分散化与治理的集成化意味着,城市贫困治理需要全面的贫困盲区调查,其解决方案因此只有统一的标准。研究表明,从总体减贫效应来看,制度供给、人力资本、社会资本和生计策略作为一个有机整体对相对贫困施加显著影响,相对贫困的形成是多维因素叠加作用的结果;对于不同类型的城市人口,城镇人口受制度供给减贫效应的影响更为显著,流动人口则呈现弱化结果。① 也就是说,在不同个体相对贫困的形成原因中,人力资本、社会资本和生计策略具有个性化的、难以识别的内容,而制度供给不同,是造成特定群体相对贫困的普遍理由。因此,在数字孪生技术的贫困识别中,一定会最先识别出造成这些贫困"异构"的制度性原因,在这一前提下,实现区域之间、城乡之间、身份之间平等的社会保障可以视为解决城市贫困的制度性条件,而这些正构成贫困治理的政策"集成"。

(三)推进权利对于贫困治理的价值拓展

在工业 4.0 时代,人与机器、机器与零件可以借助智能网络随时随地交换信息;整个虚拟世界与物理世界都会融为一体,网络化、智能化的生产和生活将席卷全球。② 自动化时代的到来冲击了传统的社会生活,也为城市贫困治理带来新的路径。理想主义的观点对自动化社会的自我纠正机制抱有期待。在复杂的城市贫困治理中,在一定条件下,数字孪生技术确实可以尽量把散落在社会保障、生活开支、教育成本、出行工具等领域的数据综合起来,进入城市各级数据计算平台,通过信息互通形成比较清晰的画像。

但是需要看到的是,并不存在一种先验的社会程序,无论科学还是城市都有一个发展的过程,这就意味着城市治理需要一个持续的视角,数字技术需要走向更为广阔的城市权利的讨论。"人进入社会,并不是为了变得比以前更糟,也不是为了失去一些以前拥有的权利,而是为了

---

① 许源源、徐圳:《公共服务供给、生计资本转换与相对贫困的形成——基于 CGSS2015 数据的实证分析》,载《公共管理学报》2020 年第 4 期。
② 李克、朱新月:《第四次工业革命》,北京:北京理工大学出版社 2015 年版,第 8 页。

使那些权利更有保障。"①作为观察人类社会的核心逻辑,一个持续扩展的权利视角对于城市贫困治理具有长期价值。数字孪生技术是一种联结手段,基于施特劳斯的判断,这种联结虚拟世界与物理世界的技术手段把权利推向了虚拟世界,即人民不但有物理世界生存的权利,也应该有虚拟或曰数字化生存的权利。从权利逻辑入手,无论何种城市生存,技术都是人们实现权利的手段而非阻断权利的栅栏。在城市数字化转型中,作为权利的贫困再次把数字世界的贫困治理推到清晰的技术工具面前,或者说无论是数字孪生技术还是其他数字技术,只有捍卫权利的技术才能真正指向贫困的解决。

五、城市权利的数字化拓展与新贫困的遏止

在列斐伏尔看来,城市权利并不是简单的访问城市的权利,也不是返回传统城市的权利,而是一种城市生活更新或改进的权利。② 陈忠继而解释道,城市权利是空间权利与社会权利的统一、资格权利与行为权利的统一、个体权利与整体权利的统一。③ 城市的数字发展是技术驱动下的城市史的一个阶段。在 20 世纪 60 年代,技能丧失导致的新贫困已经引起人们的重视。④ 在城市数字化转型期,更要防止城市发展对于能力与权利潜在的剥夺,防止催生新的规模性贫困。

(一)确保信息均衡,遏止城市治理的数字依赖

数字时代的城市治理乃至国家治理日益依赖众多的信息与数字资源。由于法律和民众自我保护双重机制的缺失,越来越多的机关、企业、学校或其他组织都在无度采集人们的各种数字信息甚至生物信息,当数字信息与生物信息打通之后,所有的城市个体都在"无私"地裸奔。

---

① 〔美〕托马斯·潘恩:《人的权利》,戴炳然译,上海:复旦大学出版社 2013 年版,第 40 页。
② Henri Lefebvre, *Writings on Cities*, Oxford: Blackwell Publishers Ltd, 1996, p.158.
③ 陈忠:《城市权利:全球视野与中国问题——基于城市哲学与城市批评史的研究视角》,载《中国社会科学》2014 年第 1 期。
④ 〔阿根廷〕加布里埃尔·克斯勒、玛利亚·梅赛德斯·迪·威基里奥:《城市新贫困:近 20 年来全球性、区域性以及阿根廷的动因》,徐琼译,载《拉丁美洲研究》2009 年第 2 期。

数据采集还催生了数据交易,这些数据既包括全行业、品牌、店铺、直播、预售数据,也包括一些直播数据、跨境数据。

"权利方法把饥荒看作是经济灾难,而不只是粮食危机。"[①]在城市数字化转型中,需要认识到数据不是简单的信息,基于数字的城市治理承认信息权是一项基本的城市权利,因此数字城市反贫困的起点需要落在信息持有的正当性上。按照罗伯特·诺齐克(Robert Nozick)的理论,正当持有才是正当交换的前提,如果这些交易的数据是非法获取的,那么这种交易也是非法的。更重要的是,数据的采集与交易是把双刃剑,从数据逻辑上看,只要有一人的信息被泄露,任何人都有被泄密的可能。同样,只要个体信息被恶意使用,那么由个体组成的公共信息也有被恶意使用的风险,建立在巨量数据计算之后的城市治理也毫无秘密可言。更为致命的是,建立在严格等级制下的国家信息获取的差异化原则、权力政治金字塔架构将遭遇严重挑战。

(二) 区分数据的公共性与私人属性,依法保留私人空间

现代治理强调权利优先,现代城市的繁荣得益于市民社会的发达,得益于个体自由的保留。如果说在中世纪,这种自由与繁荣有赖于城墙的保护,那么当人们不再依赖城墙时,法律必须竖起自由保护的无形之墙。

权利是法治思维的起点,数字城市的法治化意味着需要积极保护个体的私人空间,法无允许则禁止任何主体采集私人信息。要保留国家与社会的两套体系,珍视并培育社会的自发秩序,不能因为技术进步,就以为政府可以包办一切。同时,在公共数据使用上,一方面要积极推进公共数据的共享,法无禁止则允许任何主体使用公共数据,从实体和程序上保证公众使用公共数据的权利;另一方面,要努力挖掘更多、更全面的公共数据,为城市公共生活提供便利。

---

① 〔印度〕阿马蒂亚·森:《贫困与饥荒——论权利与剥夺》,王宇、王文玉译,北京:商务印书馆 2001 年版,第 192 页。

(三)数字城市个体能力的差异化共存

城市是不同个体聚居之处所,也是文化多样性与个体差异性互相包容之所在。从贫困治理的角度,如果说在传统城市,贫困集聚的空间特征要求贫困治理兼顾城市更新,那么数字城市时代的贫困治理要求精准实施个体赋能和赋权。随着城市老龄化的进程加快,城市老人与城市青年日益成为城市治理需要重点关注的两类群体,也就是说,城市治理既要正视老龄群体的城市生存需求,更要关注城市建设者——年轻人的城市生活。

城市化的推进将吸纳更多人口进入城市,城市数字化转型中要防止城市治理的结构失衡。具体而言,人口老龄化是我们的城市现状,对于失能的特定群体,尤其是老人与残疾人,需要关注如何通过差异化的技术完善,赋予其生活在数字化城市的能力;同时,年轻人是城市的未来,在数字治理中,他们是应该被呵护的一代,因此问题在于如何执行《中华人民共和国劳动法》第三十六条"国家实行劳动者每日工作时间不超过八小时、平均每周工作时间不超过四十四小时的工时制度"之规定,以及如何捍卫年轻工人休息权、健康权、生命权,为城市健康发展保留持续的动力。

本章小结

城市贫困背离了城市性的内核,因此城市贫困治理需要积极的政策介入。但是长期以来,中国都是一个农业传统深厚的国家,农村发展是中国经济社会变迁的重要动力,国家与乡村的政治关系是中国政治的基本议题。改革开放以来,中国的城市化提速,并在近期赶上了世界城市化的平均速度,在这一过程中,大量农业人口甚至农村地区被卷入城市化浪潮。伴随着城乡经济一体化的快速推进,城乡之间的地缘结构、社会边界开始模糊,一些靠近城市的村庄以城中村、城乡接合部等形式参与了城市化进程,而那些远离城市的村庄仍然面临人口流失、村庄衰败等问题。

18世纪,作为"乡村"(rural)的派生名词,"乡村性"(rurality)被定义为"之所以成为乡村的条件"。① 在西方城市化先行地区,乡村性常被视为对社区可持续性、福祉和公平的挑战,为了应对乡村地区的独特挑战,一些地方专门为"乡村"地区制定了政策和做法。然而,在中国,在城市高歌猛进的时代,广大乡村成为脱贫攻坚的主阵地。在农村反贫困的同时,关于乡村性的讨论也激烈起来,在众多的学术讨论中,乡村的内核——乡村性被固化了,一些典型的研究进而认为区别于城市的、根植于乡村世界的乡村性在快速的城市化、工业化进程中已经受损,过度强化经济功能的乡村旅游则可能加剧这一趋势。②

除了城乡关系,中国的经济社会发展还涉及区域关系的调整。在城市贫困治理的背景下,中国长期面临城乡关系以及随之而来的区域发展不平衡的问题。针对城乡关系,习近平总书记指出:"我国发展最大的不平衡是城乡发展不平衡,最大的不充分是农村发展不充分……四十年前,我们通过农村改革拉开了改革开放大幕。四十年后的今天,我们应该通过振兴乡村,开启城乡融合发展和现代化建设新局面。"③世界城市化先行国家已经证明,城市生活与乡村生活并不存在权利的差别,乡村的捍卫也不构成权利减损的道德正当性。在中国式现代化的道路拓展中,在中国实际存在的城乡不平等及其权利解放中,城市构成了乡村发展的主要工具。

2011年,中国进入以城市型社会为主体的新的城市时代。党的十八大报告强调要按照人口资源环境相均衡、经济社会生态效益相统一的原则,控制开发强度,调整空间结构,促进生产空间集约高效、生活空

---

① 龙花楼、张杏娜:《新世纪以来乡村地理学国际研究进展及启示》,载《经济地理》2012年第8期。
② 尤海涛、马波、陈磊:《乡村旅游的本质回归:乡村性的认知与保护》,载《中国人口·资源与环境》2012年第9期。
③ 中共中央党史和文献研究院编:《习近平关于"三农"工作论述摘编》,北京:中央文献出版社2019年版,第43—44页。

间宜居适度、生态空间山清水秀,从而首次提出了"三生空间"概念。此后的一系列涉及城市化和空间管理的会议,都强调了"三生空间"的优化问题。2020年11月,习近平总书记在江苏南通考察时指出:"建设人与自然和谐共生的现代化,必须把保护城市生态环境摆在更加突出的位置,科学合理规划城市的生产空间、生活空间、生态空间,处理好城市生产生活和生态环境保护的关系,既提高经济发展质量,又提高人民生活品质。"①"三生空间"的提出,从整体上理顺了国家空间开发的基本思路,理顺了中国城乡关系的理论路径,也系统性回答了在城市乃至广域性城市形成过程中,如何解决城市贫困问题。

伴随着城市数字化的转型,数字贫困成为一种新型贫困。基于城市权利的逻辑,这种贫困归根到底是数字能力的贫困与数字权利的贫困。数字权利的贫困无法形成良好的数字时代的国家-社会关系,数字贫困无法抗争基于自我代码化的城市权力,无法摆脱自我奴役的数字城市生活。数字时代的城市反贫困需要立足城市政治的数字逻辑,从权力控制入手,实现数字权利的生长,从而消除数字贫困,使数字城市成为数字权利的共同体。

---

① 《为中华民族伟大复兴打下坚实健康基础》,载《人民日报》2021年8月8日。

余 论

今天的世界已经进入城市时代。截至2019年,世界一半以上的人口都生活在大大小小的城市中。在未来的一段时期,人口大国中国、印度等国家的城市化将是世界城市化的主要区域。不是每一个国家都要经历美国那样的城市、郊区和多核心的城市化过程,但是"所有的国家都受一个城市发展的过程支配,产生了巨大的城市和区域的城市化"①。城市发展伴随着人类发展的目标。希腊建筑师道萨迪亚斯强调:"一个城市必须在保证自由、安全的条件下,为每个人提供最好的发展机会,这是人类城市的一个特定目标。"②因此,城市是人类社会的居住场所,城市治理应该服务服从于人类生活。

从国家与社会的关系看,社会秩序优先于国家秩序,个体权利优先于整体义务,这一观念长期支持着现代城市的无度扩张,也造成一些城市的中心塌陷。也正是在这样的意义上,城市贫困治理促使我们重新反思城市功能与社会的主体性意义,反思多数人在城市中的地位。"如果多数人的统治几乎完全是一个神话,那么多数人暴政也几乎完全是一个神话。因为如果多数人不能行使统治,那么的确也不能施加暴政。"③

从世界城市社会演变的角度看,从物理空间到数字空间的转型中,

---

① 〔美〕马克·戈特迪纳、雷·哈奇森:《新城市社会学(第四版)》,黄怡译,上海:上海译文出版社2018年版,第12页。
② 转引自吴良镛:《人居环境科学导论》,北京:中国建筑工业出版社2001年版,第286页。
③ 〔美〕达尔:《民主理论的前言》,顾昕、朱丹译,北京:生活·读书·新知三联书店1999年版,第183页。

不管是哪种城市类型,无论是何种阶段,城市繁荣并不总是给每个人带来机会。城市增长有其自身的逻辑,贫困的演化同样有其特定的机制,而空间生产、人口流动与资源控制是城市增长与贫困治理共同的话题。城市的核心在于促进人口的流动:这种流动既可以表现为城市居民在不同阶层之间的社会性流动,也可以表现为人们自愿退出城市生活的地理性流动。一旦特定群体无法实现阶层跃升,又无法摆脱城市生活,那么这一群体有较大可能成为城市穷人。

从贫困治理的政策假设看,贫困与不平等密切相关。机会不平等与结果不平等构成了不平等的两极,并导致差异化的城市政策。安东尼·阿特金森(Anthony Atkinson)坚信,社会公平的本质主要体现为"罗尔斯法"和阿马蒂亚·森的"可行能力法",即不仅关心已经实现的结果,也关心机会的多少。[①] 对于中国来说,这一判断尤其重要。中国的社会有一个邑制国家(都市国家)向郡县制国家(领土国家)的转型过程,在这一过渡中,官僚制所具有的统制色彩进入了城市政治。[②] 这就意味着城市问题并非城市自身形成的问题,而是国家问题的一部分,大一统中国的国家治理本身就需要承担无论乡村还是城市都应一视同仁的贫困消除任务。

1949年以来,工业和城市的发展不仅为解决中国贫困问题提供了就业机会,也为中国社会保障提供了物质条件。2023年末全国共有664万人享受城市最低生活保障,3399万人享受农村最低生活保障,435万人享受农村特困人员救助供养,全年临时救助742万人次。[③] 基于国家的角色与人民城市的伦理性要求,中国城市尤其是特大城市将在很长时间里持续承担贫困治理的主要责任,这一责任既包括机会平等的确认,也包括结果平等的保障。而随着城市化的完成和城乡差距

---

① 〔英〕安东尼·阿特金森:《不平等,我们能做什么》,王海昉、曾鑫、刁琳琳译,北京:中信出版社2016年版,第13页。
② 〔日〕斯波义信:《中国都市史》,布和译,北京:北京大学出版社2013年版,第17页。
③ 国家统计局《中华人民共和国2023年国民经济和社会发展统计公报》,载《中国统计》2024年第3期。

的缩小,城市将逐渐成为人们普遍生活的场所,城市贫困治理也终将失去其现有的特定意义。贫困治理将转化为系统的社会治理,是一系列公共政策的组合。

党的十九大报告提出,要坚持在发展中保障和改善民生,在幼有所育、学有所教、劳有所得、病有所医、老有所养、住有所居、弱有所扶上不断取得新进展,保证全体人民在共建共享发展中有更多获得感。七个"有"构成了社会保障的全面关怀,构成了个体生活的全部过程,是城市贫困治理的全流程展示;七个"有"也从逻辑上承认了人们在城市化背景下,在城市公共生活中必须享有的受教育权、居住权、劳动权、社会保障权等一系列城市权利。党的二十大报告进一步强调,要让人民生活更加幸福美好,居民人均可支配收入再上新台阶,中等收入群体比重明显提高,基本公共服务实现均等化,农村基本具备现代生活条件,社会保持长期稳定,人的全面发展、全体人民共同富裕取得更为明显的实质性进展。

这些报告生动说明,从身份到契约,从物理世界到数字世界,正是权利逻辑推动着持续性的城市化进程。随着产业结构与空间布局的调整,中国城市化任务包括两个紧密联系的内容:农村城市化与城市宜居化。从农村城市化的角度来看,未来仍将有数以亿计的农业人口进入城市,并通过城市实现权利平等,在进入城市生活的早期,生计将是这些农村人口考量的主要目的;从城市宜居化的角度来看,一旦生计问题得到解决,生活便成为城市的重要内容。这两个紧密联系的城市化内容,意味着差异化的城市更新存在着一致性的逻辑:无论是住宅条件的改善,还是住房问题解决后对社区环境的关注,甚至是城市运行的数字化表达,都指向了一个共同的、可持续的城市权利,即更加平等、更加便利、更高质量的城市生活。这也意味着在中国城市反贫困的进程中,仍然需要国家从结构上解决城乡结构性差异,解决城乡福利差异;只有城乡、区域权利一致时,贫困才不会有城乡之分,城市也才没有大小之别。也只有在这样的前提下,贫困的治理才会形成基础性方案。

主要参考文献

一、中文著作

《马克思恩格斯文集》第1卷,北京:人民出版社2009年版。
《马克思恩格斯文集》第3卷,北京:人民出版社2009年版。
《马克思恩格斯文集》第10卷,北京:人民出版社2009年版。
白友涛、陈赟畅:《城市更新社会成本研究》,南京:东南大学出版社2008年版。
蔡云辉:《战争与近代中国衰落城市研究》,北京:社会科学文献出版社2006年版。
曹海军:《城市政治理论》,北京:北京大学出版社2017年版。
陈承明、施镇平主编:《中国特色城乡一体化探索》,长春:吉林大学出版社2010年版。
陈云:《"失组织"城市贫民的生存行动》,北京:社会科学文献出版社2013年版。
丁开杰:《社会排斥与体面劳动问题研究》,北京:中国社会出版社2012年版。
樊纲等:《中国城市化和特大城市问题再思考》,北京:中国经济出版社2017年版。
顾京圃:《中国经济二次腾飞的若干思考:兼论县域经济发展及其金融支持》,北京:中国言实出版社2013年版。
何一民:《中国城市史》,武汉:武汉大学出版社2012年版。
侯外庐:《中国古代社会史论》,石家庄:河北教育出版社2000年版。
胡权:《数字孪生体:第四次工业革命的通用目的技术》,北京:人民邮电出版社2021年版。
黄琪轩:《大国权力转移与技术变迁》,上海:上海交通大学出版社2013年版。

冀福俊：《资本的空间生产与中国城镇化道路研究》，武汉：武汉大学出版社2017年版。

贾楠主编：《中国社会救助报告》，北京：中国时代经济出版社2009年版。

简新华、余江：《中国工业化与新型工业化道路》，济南：山东人民出版社2009年版。

江立华、孙洪涛：《中国流民史·古代卷》，合肥：安徽人民出版社2001年版。

蓝志勇等：《城乡可持续发展与公共政策：北京故事》，北京：中国人民大学出版社2014年版。

李锦顺、陈慧：《多维视野中的农村社会研究》，兰州：甘肃人民出版社2007年版。

李澍等编：《功过是非》，北京：中国农业出版社1995年版。

李艳玲：《美国城市更新运动与内城改造》，上海：上海大学出版社2004年版。

李正东等：《贫困何以生产：城市低保家庭的贫困状况研究》，北京：中国社会出版社2018年版。

梁鸿：《作为方法的"乡愁"：〈受活〉与中国想象》，北京：中信出版社2016年版。

林顺利：《城市贫困的社会空间研究》，北京：人民出版社2015年版。

刘益东、高璐、李斌：《科技革命与英国现代化》，济南：山东教育出版社2020年版。

陆铭：《空间的力量：地理、政治与城市发展（第二版）》，上海：格致出版社2017年版。

梅宏主编：《数据治理之论》，北京：中国人民大学出版社2020年版。

强昌文：《权利的伦理基础》，合肥：安徽人民出版社2009年版。

曲大维：《流动人口贫困测度研究：基于主观贫困线方法》，上海：上海交通大学出版社2014年版。

石培华编著：《新经济与中国的数字化》，贵阳：贵州人民出版社2002年版。

宋道雷：《城市力量：中国城市化的政治学考察》，上海：上海人民出版社2016年版。

苏智良、陈丽菲：《近代上海黑社会研究》，杭州：浙江人民出版社1991年版。

孙立平：《断裂——20世纪90年代以来的中国社会》，北京：社会科学文献出版社2003年版。

谭诗斌：《现代贫困学导论》，武汉：湖北人民出版社2012年版。

谭诗斌:《自然贫困线原理、方法与实证研究》,武汉:武汉大学出版社 2018 年版。

汤茜草:《城市中产阶层的住宅福利与阶层认同》,上海:上海交通大学出版社 2016 年版。

唐启国等:《城市发展论》,北京:中国工商出版社 2008 年版。

田丰、林凯玄:《岂不怀归:三和青年调查》,北京:海豚出版社 2020 年版。

童大焕:《中国城市的死与生:走出费孝通陷阱》,北京:东方出版社 2014 年版。

涂晓芳:《政府利益论——从转轨时期地方政府的视角》,北京:北京航空航天大学出版社 2008 年版。

王俊祥、王洪春:《中国流民史·现代卷》,合肥:安徽人民出版社 2001 年版。

王元亮:《平等的学理基础》,北京:北京大学出版社 2020 年版。

魏真、张伟、聂静欢:《人工智能视角下的智慧城市设计与实践》,上海:上海科学技术出版社 2021 年版。

文贯中:《吾民无地:城市化、土地制度与户籍制度的内在逻辑》,北京:东方出版社 2015 年版。

吴海涛、丁士军:《贫困动态性:理论与实证》,武汉:武汉大学出版社 2013 年版。

吴良镛:《人居环境科学导论》,北京:中国建筑工业出版社 2001 年版。

吴忠民:《走向公正的中国社会》,济南:山东人民出版社 2008 年版。

习近平:《高举中国特色社会主义伟大旗帜 为全面建设社会主义现代化国家而团结奋斗——在中国共产党第二十次全国代表大会上的报告》,北京:人民出版社 2022 年版。

项飙、吴琦:《把自己作为方法——与项飙谈话》,上海:上海文艺出版社 2020 年版。

萧斌:《中国城市政治文明追踪:唯物历史观视角的一种探索》,武汉:武汉大学出版社 2008 年版。

薛东前、马蓓蓓等:《空间视角下的城市贫困:格局、耦合与感知》,北京:科学出版社 2017 年版。

阳建强编著:《西欧城市更新》,南京:东南大学出版社 2012 年版。

杨剑:《数字边疆的权力与财富》,上海:上海人民出版社 2012 年版。

姚尚建:《城市权利:公共治理的历史演进与角色回归》,北京:北京大学出版社

2019年版。

张红樱、张诗雨:《国外城市治理变革与经验》,北京:中国言实出版社2012年版。

张林波:《城市生态承载力理论与方法研究——以深圳为例》,北京:中国环境科学出版社2009年版。

张其邦:《城市更新的时间、空间、度理论研究》,厦门:厦门大学出版社2015年版。

张友庭:《社区秩序的生成——上海"城中村"社区实践的经济社会分析》,上海:上海社会科学院出版社2014年版。

赵曼:《社会保障制度结构与运行分析》,北京:中国计划出版社1997年版。

郑有贵、李成贵主编:《一号文件与中国农村改革》,合肥:安徽人民出版社2008年版。

周伟林等:《城市社会问题经济学》,上海:复旦大学出版社2009年版。

庄林德、张京祥编著:《中国城市发展与建设史》,南京:东南大学出版社2002年版。

二、中文译著

〔意〕G.波特若:《论城市伟大至尊之因由》,刘晨光译,上海:华东师范大学出版社2006年版。

〔德〕G.齐美尔:《桥与门——齐美尔随笔集》,涯鸿等译,上海:上海三联书店1991年版。

〔法〕H.孟德拉斯:《农民的终结》,李培林译,北京:中国社会科学出版社1991年版。

〔美〕W.理查德·斯格特:《组织理论:理性、自然和开放系统》,黄洋等译,北京:华夏出版社2002年版。

〔印度〕阿比吉特·班纳吉、〔法〕埃斯特·迪弗洛:《贫穷的本质——我们为什么摆脱不了贫穷(修订版)》,景芳译,北京:中信出版社2018年版。

〔印度〕阿马蒂亚·森:《贫困与饥荒——论权利与剥夺》,王宇、王文玉译,北京:商务印书馆2001年版。

〔印度〕阿马蒂亚·森:《以自由看待发展》,任赜、于真译,北京:中国人民大学出版社2002年版。

〔印度〕阿马蒂亚·森、〔美〕詹姆斯·福斯特:《论经济不平等(增订本)》,王利文、于占杰译,北京:中国人民大学出版社2015年版。

〔英〕埃比尼泽·霍华德:《明日的田园城市》,金经元译,北京:商务印书馆2000年版。

〔加〕埃伦·米克辛斯·伍德:《资本主义的起源:学术史视域下的长篇综述》,夏璐译,北京:中国人民大学出版社2016年版。

〔法〕埃米尔·涂尔干:《社会分工论》,渠东译,北京:生活·读书·新知三联书店2000年版。

〔英〕艾伦·哈丁、泰尔加·布劳克兰德:《城市理论——对21世纪权力、城市和城市主义的批判性介绍》,王岩译,北京:社会科学文献出版社2016年版。

〔英〕艾瑞克·马克:《约翰·洛克:权利与宽容》,李为学等译,武汉:华中科技大学出版社2019年版。

〔美〕爱德华·格莱泽:《城市的胜利:城市如何让我们变得更加富有、智慧、绿色和健康》,刘润泉译,上海:上海社会科学院出版社2012年版。

〔英〕安德鲁·塔隆:《英国城市更新》,杨帆译,上海:同济大学出版社2017年版。

〔英〕安东尼·阿特金森:《不平等,我们能做什么》,王海昉、曾鑫、刁琳琳译,北京:中信出版社2016年版。

〔英〕安东尼·吉登斯:《现代性的后果》,田禾译,南京:译林出版社2000年版。

〔德〕奥斯瓦尔德·斯宾格勒:《西方的没落:世界历史的透视》,齐世荣等译,北京:商务印书馆1963年版。

〔美〕芭芭拉·艾伦瑞克:《我在底层的生活》,林家瑄译,北京:北京联合出版公司2014年版。

〔古希腊〕柏拉图:《理想国》,郭斌和、张竹明译,北京:商务印书馆1986年版。

〔美〕保罗·莱文森:《软利器:信息革命的自然历史与未来》,何道宽译,上海:复旦大学出版社2011年版。

〔英〕彼得·霍尔:《文明中的城市(第一册)》,王志章等译,北京:商务印书馆2016年版。

〔美〕彼得·卡尔索普、威廉·富尔顿:《区域城市——终结蔓延的规划》,叶齐茂、倪晓晖译,南京:江苏凤凰科学技术出版社2018年版。

〔英〕彼得·克拉克主编:《牛津世界城市史研究》,陈恒等译,上海:上海三联书店 2019 年版。

〔美〕彼得·马库塞:《寻找正义之城——城市理论和实践中的辩论》,贾荣香译,北京:社会科学文献出版社 2016 年版。

〔荷〕伯纳德·M. S. 范普拉格、埃达·费勒-i-卡博内尔:《幸福测定:满足度计量方法》,文燕平、傅红春等译,上海:格致出版社 2009 年版。

〔英〕伯特兰·罗素:《权力论:新社会分析》,吴友三译,北京:商务印书馆 2012 年版。

〔美〕布赖恩·贝利:《比较城市化——20 世纪的不同道路》,顾朝林等译,北京:商务印书馆 2017 年版。

〔美〕达尔:《民主理论的前言》,顾昕、朱丹译,北京:生活·读书·新知三联书店 1999 年版。

〔英〕大卫·哈维:《资本的城市化:资本主义城市化的历史与理论研究》,董慧译,苏州:苏州大学出版社 2017 年版。

〔日〕大冢久雄:《共同体的基础理论》,于嘉云译,台北:联经出版公司 1999 年版。

〔美〕戴维·S. 兰德斯:《国富国穷》,门洪华等译,北京:新华出版社 2010 年版。

〔美〕戴维·古德菲尔德主编:《美国城市史百科全书》,陈恒等译,上海:上海三联书店 2018 年版。

〔美〕戴维·鲁斯克:《没有郊区的城市》,王英、郑德高译,上海:上海人民出版社 2011 年版。

〔美〕丹尼斯·R. 贾德、托德·斯旺斯特罗姆:《美国的城市政治》,于杰译,上海:上海社会科学院出版社 2017 年版。

〔美〕德布拉吉·瑞:《发展经济学》,陶然等译,北京:北京大学出版社 2002 年版。

〔德〕多米尼克·迈尔、克里斯蒂安·布鲁姆:《权力及其逻辑》,李希瑞译,北京:社会科学文献出版社 2020 年版。

〔英〕弗里德里希·A. 哈耶克:《科学的反革命:理性滥用之研究(修订版)》,冯克利译,南京:译林出版社 2012 年版。

〔日〕沟口雄三:《作为方法的中国》,孙军悦译,北京:生活·读书·新知三联书店 2011 年版。

〔法〕亨利·列斐伏尔:《都市革命》,刘怀玉等译,北京:首都师范大学出版社

2018年版。

〔法〕亨利·列斐伏尔:《空间的生产》,刘怀玉等译,北京:商务印书馆2021年版。

〔比利时〕亨利·皮雷纳:《中世纪的城市》,陈国樑译,北京:商务印书馆1985年版。

〔美〕亨利·乔治:《进步与贫困》,吴良健、王翼龙译,北京:商务印书馆1995年版。

〔美〕亨利·丘吉尔:《城市即人民》,吴家琦译,武汉:华中科技大学出版社2016年版。

〔美〕基思·佩恩:《断裂的阶梯——不平等如何影响你的人生》,李大白译,北京:中信出版社2019年版。

〔英〕加里·布里奇、索菲·沃森编:《城市概论》,陈剑峰等译,桂林:漓江出版社2015年版。

〔美〕简·雅各布斯:《城市经济》,项婷婷译,北京:中信出版社2007年版。

〔加拿大〕简·雅各布斯:《美国大城市的死和生》,金衡山译,南京:译林出版社2006年版。

〔英〕杰米·萨斯坎德:《算法的力量:人类如何共同生存?》,北京:北京日报出版社2022年版。

〔英〕杰西·洛佩兹、约翰·斯科特:《社会结构》,允春喜译,长春:吉林人民出版社2007年版。

〔美〕凯特·阿歇尔:《纽约:一座超级城市是如何运转的》,潘文捷译,海口:南海出版公司2018年版。

〔德〕康德:《法的形而上学原理——权利的科学》,沈叔平译,北京:商务印书馆1991年版。

〔美〕雷·哈奇森主编:《城市研究关键词》,陈恒等译,北京:生活·读书·新知三联书店2022年版。

〔美〕列奥·施特劳斯:《自然权利与历史》,彭刚译,北京:生活·读书·新知三联书店2003年版。

〔美〕刘易斯·芒福德:《城市发展史——起源、演变和前景》,宋俊岭、倪文彦译,北京:中国建筑工业出版社2005年版。

〔美〕刘易斯·芒福德:《城市文化》,宋俊岭等译,北京:中国建筑工业出版社

2009年版。

〔美〕刘易斯·芒福德:《技术与文明》,陈允明等译,北京:中国建筑工业出版社2009年版。

〔匈〕卢卡奇:《历史与阶级意识——关于马克思主义辩证法的研究》,杜章智、任立、燕宏远译,北京:商务印书馆1992年版。

〔法〕卢梭:《卢梭说平等与民权》,张溟勋编译,武汉:华中科技大学出版社2017年版。

〔法〕卢梭:《论人与人之间不平等的起因和基础》,李平沤译,北京:商务印书馆2015年版。

〔美〕罗伯特·A.达尔、爱德华·R.塔夫特:《规模与民主》,唐皇凤、刘晔译,上海:上海人民出版社2013年版。

〔美〕罗伯特·E.帕克等:《城市——有关城市环境中人类行为研究的建议》,杭苏红译,北京:商务印书馆2020年版。

〔英〕马尔萨斯:《人口原理》,朱泱、胡企林、朱和中译,北京:商务印书馆1992年版。

〔美〕马克·戈特迪纳、雷·哈奇森:《新城市社会学(第四版)》,黄怡译,上海:上海译文出版社2018年版。

〔美〕马克·罗伯特·兰克:《国富民穷:美国贫困何以影响我们每个人》,屈腾龙、朱丹译,重庆:重庆大学出版社2014年版。

〔美〕马修·德斯蒙德:《扫地出门:美国城市的贫穷与暴利》,胡䜣谆、郑焕升译,桂林:广西师范大学出版社2018年版。

〔美〕迈克尔·斯彭斯等编著:《城镇化与增长:城市是发展中国家繁荣和发展的发动机吗?》,陈新译,北京:中国人民大学出版社2016年版。

〔法〕孟德斯鸠:《论法的精神(上册)》,张雁深译,北京:商务印书馆1961年版。

〔美〕尼古拉·尼葛洛庞帝:《数字化生存》,胡泳、范海燕译,北京:电子工业出版社2017年版。

〔法〕皮埃尔·勒鲁:《论平等》,王允道译,北京:商务印书馆1988年版。

〔美〕乔尔·科特金:《全球城市史(典藏版)》,王旭等译,北京:社会科学文献出版社2014年版。

〔美〕塞缪尔·P.亨廷顿:《变化社会中的政治秩序》,王冠华等译,上海:上海人民出版社2008年版。

〔日〕斯波义信:《中国都市史》,布和译,北京:北京大学出版社2013年版。

〔美〕托马斯·潘恩:《人的权利》,戴炳然译,上海:复旦大学出版社2013年版。

〔法〕托马斯·皮凯蒂:《不平等经济学(第七版)》,赵永升译,北京:中国人民大学出版社2016年版。

〔美〕托马斯·斯坎伦:《为什么不平等至关重要》,陆鹏杰译,北京:中信出版社2019年版。

〔美〕威廉·富特·怀特:《街角社会:一个意大利人贫民区的社会结构》,黄育馥译,北京:商务印书馆1994年版。

〔美〕威廉·朱利叶斯·威尔逊:《真正的穷人——内城区、底层阶级和公共政策》,成伯清、鲍磊、张戎凡译,上海:上海人民出版社2007年版。

〔美〕维托尔德·雷布琴斯:《嬗变的大都市——关于城市的一些观念》,叶齐茂、倪晓晖译,北京:商务印书馆2016年版。

〔德〕西美尔:《货币哲学》,陈戎女等译,北京:华夏出版社2018年版。

〔古罗马〕西塞罗:《国家篇 法律篇》,沈叔平、苏力译,北京:商务印书馆1999年版。

〔英〕亚当·斯密:《国民财富的性质和原因的研究(下卷)》,郭大力、王亚南译,北京:商务印书馆1974年版。

〔古希腊〕亚里士多德:《政治学》,吴寿彭译,北京:商务印书馆1965年版。

〔美〕约翰·E.罗默:《分配正义论》,张晋华、吴萍译,北京:社会科学文献出版社2017年版。

〔美〕约翰·霍兰:《涌现——从混沌到有序》,陈禹等译,上海:上海科学技术出版社2006年版。

〔美〕詹姆斯·R.汤森、布兰特利·沃马克:《中国政治》,顾速、董方译,南京:江苏人民出版社2003年版。

三、中文论文

〔意〕伯纳德·萨奇尼:《富人与穷人:现代西方城市规划的三个传统》,所萌译,载《国际城市规划》2009年第2期。

〔阿根廷〕加布里埃尔·克斯勒、玛利亚·梅赛德斯·迪·威基里奥:《城市新贫困:近20年来全球性、区域性以及阿根廷的动因》,徐琼译,载《拉丁美洲研究》2009年第2期。

〔美〕杰西·特里尔、康义德、托尼·赛奇：《为人民服务：收入、地区和公民对政府治理的满意度》，赵小景编译，载《国外社会科学》2019年第4期。

"城乡困难家庭社会政策支持系统建设"课题组、韩克庆、唐钧：《贫困概念的界定及评估的思路》，载《江苏社会科学》2018年第2期。

蔡昉：《万物理论：以马尔萨斯为源头的人口-经济关系理论》，载《经济思想史学刊》2021年第2期。

曹舒、张肇廷：《迈向"无县时代"？——当代中国撤县设区的实践总结及反思》，载《开放时代》2022年第4期。

陈昌凤、张心蔚：《信息个人化、信息偏向与技术性纠偏——新技术时代我们如何获取信息》，载《新闻与写作》2017年第8期。

陈龙：《"数字控制"下的劳动秩序——外卖骑手的劳动控制研究》，载《社会学研究》2020年第6期。

陈媛媛、傅伟：《特大城市人口调控政策、入学门槛与儿童留守》，载《经济学（季刊）》2023年第1期。

陈忠：《城市权利：全球视野与中国问题——基于城市哲学与城市批评史的研究视角》，载《中国社会科学》2014年第1期。

丁建军、冷志明：《区域贫困的地理学分析》，载《地理学报》2018年第2期。

段成荣、盛丹阳：《1953年以来东北三省人口跨省迁移研究——基于普查存活比法》，载《人口学刊》2022年第4期。

范冬萍：《复杂系统的因果观和方法论——一种复杂整体论》，载《哲学研究》2008年第2期。

房宁：《政治学为什么需要田野调查》，载《华中师范大学学报（人文社会科学版）》2021年第1期。

高超群：《现代工人与企业关系的历史演变——从大生看中国工业化进程中的社会重建》，载《文化纵横》2019年第2期。

高新雨：《城市收缩问题研究进展》，载《经济学动态》2021年第3期。

高中华：《从收容遣送到救助管理——我国城市流浪乞讨人员救助制度的变迁》，载《当代中国史研究》2009年第6期。

谷初：《都市"盲流"面面观》，载《社会》1990年第1期。

关信平：《当前我国城市贫困的新特点及社会救助改革的新方向》，载《社会科学辑刊》2019年第4期。

郭春镇:《"权力-权利"视野中的数字赋能双螺旋结构》,载《浙江社会科学》2022年第1期。

郭靖、倪鹏飞、彭旭辉:《城市收缩与地方政府债务风险》,载《中国行政管理》2022年第1期。

郭汝、唐红:《我国城市安全研究进展及趋势探讨》,载《城市发展研究》2013年第11期。

郭秀锐、毛显强、冉圣宏:《国内环境承载力研究进展》,载《中国人口·资源与环境》2000年第S1期。

何艳玲、周寒:《全球体系下的城市治理风险:基于城市性的再反思》,载《治理研究》2020年第4期。

何一民、郭明攀:《压力与挑战:拉萨城市化快速发展对综合承载力的影响》,载《四川大学学报(哲学社会科学版)》2022年第5期。

贺大姣:《从伦理视角审视农村最低生活保障制度》,载《科学社会主义》2008年第2期。

胡鞍钢、李春波:《新世纪的新贫困:知识贫困》,载《中国社会科学》2001年第3期。

黄其松、邱龙云、胡赣栋:《大数据作用于权力监督的案例研究——以贵阳市公安交通管理局"数据铁笼"为例》,载《公共管理学报》2020年第3期。

黄其松:《数字时代的国家理论》,载《中国社会科学》2022年第10期。

黄泽萱:《现代风险治理框架下的民意困局及其出路探讨——兼评张小燕等人诉江苏省环保厅环评行政许可案》,载《清华法学》2018年第5期。

贾开:《算法社会的技术内涵、演化过程与治理创新》,载《探索》2022年第2期。

蒋正华:《数字时代的管理革命》,载《清华大学学报(哲学社会科学版)》2004年第1期。

焦娜、郭其友:《多维剥夺视角下中国农村老年贫困的识别与治理》,载《中国人口科学》2021年第3期。

李佳洺等:《产业的区域空间效应及其作用机理》,载《城市规划学刊》2020年第1期。

李军:《中国城市反贫困的政策选择》,载《管理世界》2000年第3期。

李磊:《编户齐民制与传统中国的国家能力》,载《文化纵横》2019年第2期。

李实、John Knight:《中国城市中的三种贫困类型》,载《经济研究》2002年第

10 期。

李文硕:《寻找"合适的衰败区":联邦与城市关系视角下的美国城市更新》,载《社会科学战线》2021 年第 7 期。

李小云、许汉泽:《2020 年后扶贫工作的若干思考》,载《国家行政学院学报》2018 年第 1 期。

李晓华:《新工业革命对产业空间布局的影响及其表现特征》,载《西安交通大学学报(社会科学版)》2021 年第 2 期。

李莹、于学霆、李帆:《中国相对贫困标准界定与规模测算》,载《中国农村经济》2021 年第 1 期。

林新奇、赵国龙、栾宇翔:《面向 2035:数字化背景下管理的终结与重生——由控制劳动向解放劳动管理范式转变》,载《重庆大学学报(社会科学版)》2021 年第 6 期。

刘敏、包智明:《从区隔到共享:后种族隔离时代的居住空间——南非开普敦市海湾镇贫民窟的民族志研究》,载《中央民族大学学报(哲学社会科学版)》2016 年第 1 期。

刘威、王碧晨:《流量社会:一种新的社会结构形态》,载《浙江社会科学》2021 年第 8 期。

刘雨婷、文军:《"数字"作为"劳动"的前缀:数字劳动研究的理论困境》,载《理论与改革》2022 年第 1 期。

刘玉亭等:《国外城市贫困问题研究》,载《现代城市研究》2003 年第 1 期。

刘芸影:《美国的"扶贫"问题及其争论》,载《当代世界与社会主义》1996 年第 1 期。

刘志强:《论"数字人权"不构成第四代人权》,载《法学研究》2021 年第 1 期。

龙瀛、吴康、王江浩:《中国收缩城市及其研究框架》,载《现代城市研究》2015 年第 9 期。

娄伟:《重大技术革命解构与重构经济范式研究:基于地理空间视角》,载《中国软科学》2020 年第 1 期。

陆铭:《重思"城市病"》,载《中国经济报告》2013 年第 2 期。

陆铭:《探求不确定中的确定——复杂社会的危机及应对》,载《探索与争鸣》2022 年第 9 期。

罗良清、平卫英:《中国贫困动态变化分解:1991—2015 年》,载《管理世界》2020

年第 2 期。

罗小龙:《城市收缩的机制与类型》,载《城市规划》2018 年第 3 期。

马学广、李鲁奇:《国外人文地理学尺度政治理论研究进展》,载《人文地理》2016 年第 2 期。

马迎贤:《资源依赖理论的发展和贡献评析》,载《甘肃社会科学》2005 年第 1 期。

马长山:《智慧社会背景下的"第四代人权"及其保障》,载《中国法学》2019 年第 5 期。

彭兰:《"数据化生存":被量化、外化的人与人生》,载《苏州大学学报(哲学社会科学版)》2022 年第 2 期。

阙天舒、方彪:《治理中的计算与计算式治理——国家治理现代化的治理技术和艺术》,载《理论与改革》2022 年第 5 期。

任少波:《城市:集聚化交易的空间秩序——关于城市本质的制度经济学理解》,载《浙江大学学报(人文社会科学版)》2012 年第 4 期。

任远:《关于特大城市人口综合调控问题的思考》,载《南京社会科学》2015 年第 1 期。

申楠:《算法时代的信息茧房与信息公平》,载《西安交通大学学报(社会科学版)》2020 年第 2 期。

苏勤、林炳耀、刘玉亭:《面临新城市贫困我国城市发展与规划的对策研究》,载《人文地理》2003 年第 5 期。

孙平军:《城市收缩:内涵·中国化·研究框架》,载《地理科学进展》2022 年第 8 期。

孙倩、徐璋勇:《县域贫困的演化特征及"后贫困时代"的发展路径——以 592 个国家级贫困县为例的实证分析》,载《青海社会科学》2020 年第 5 期。

谭海波、蒙登干、王英伟:《基于大数据应用的地方政府权力监督创新——以贵阳市"数据铁笼"为例》,载《中国行政管理》2019 年第 5 期。

仝德、高静、龚咏喜:《城中村对深圳市职住空间融合的影响——基于手机信令数据的研究》,载《北京大学学报(自然科学版)》2020 年第 6 期。

童玉芬、阳圆、张欣欣:《我国特大城市人口调控政策的量化研究——以北京市为例》,载《人口与经济》2021 年第 1 期。

王安、魏建:《城市化质量与刑事犯罪》,载《山东大学学报(哲学社会科学版)》

2013年第3期。

王丰龙、刘云刚:《尺度政治理论框架》,载《地理科学进展》2017年第12期。

王娟:《民国初期北京的犯罪与贫困关系研究》,载《北京理工大学学报(社会科学版)》2011年第6期。

王磊、李晓南:《城市低保的目标重构与制度创新》,载《理论探索》2011年第4期。

王琳、陈志军:《价值共创如何影响创新型企业的即兴能力?——基于资源依赖理论的案例研究》,载《管理世界》2020年第11期。

王倩:《城市反贫困:政策比较与中国关怀》,载《理论与改革》2020年第3期。

王同益:《外来人口、户籍制度与刑事犯罪》,载《人口研究》2016年第2期。

王义保、杨婷惠:《城市安全研究知识图谱的可视化分析》,载《城市发展研究》2019年第3期。

王宇翔:《第二次世界大战前美国制造业的郊区化——兼论美国郊区化与城市化的关系》,载《美国研究》2020年第1期。

魏后凯:《中国城市行政等级与规模增长》,载《城市与环境研究》2014年第1期。

魏后凯:《中国特大城市的过度扩张及其治理策略》,载《城市与环境研究》2015年第2期。

吴冠军:《健康码、数字人与余数生命——技术政治学与生命政治学的反思》,载《探索与争鸣》2020年第9期。

吴开泽、黄嘉文:《居住模式、住房类型与大城市流动人口留城意愿:基于广州的实证研究》,载《华东师范大学学报(哲学社会科学版)》2020年第4期。

吴康、孙东琪:《城市收缩的研究进展与展望》,载《经济地理》2017年第11期。

吴晓林:《城市性与市域社会治理现代化》,载《天津社会科学》2020年第3期。

吴忠民:《论机会平等》,载《江海学刊》2001年第1期。

肖瑛:《"家"作为方法:中国社会理论的一种尝试》,载《中国社会科学》2020年第11期。

谢宝富:《居住证积分制:户籍改革的又一个"补丁"?——上海居住证积分制的特征、问题及对策研究》,载《人口研究》2014年第1期。

徐经泽、吴忠民:《关于社会学中国化的初步研究》,载《社会学研究》1987年第4期。

徐延辉、黄云凌：《社区能力建设与反贫困实践——以英国"社区复兴运动"为例》，载《社会科学战线》2013年第4期。

许源源、徐圳：《公共服务供给、生计资本转换与相对贫困的形成——基于CGSS2015数据的实证分析》，载《公共管理学报》2020年第4期。

薛立新：《城市的本质》，载《城市规划》2016年第7期。

燕继荣：《反贫困与国家治理——中国"脱贫攻坚"的创新意义》，载《管理世界》2020年第4期。

杨东峰、龙瀛、杨文诗、孙晖：《人口流失与空间扩张：中国快速城市化进程中的城市收缩悖论》，载《现代城市研究》2015年第9期。

杨光斌：《以中国为方法的政治学》，载《中国社会科学》2019年第10期。

杨光斌、释启鹏：《历史政治学的功能分析》，载《政治学研究》2020年第1期。

杨力超、Robert Walker：《2020年后的贫困及反贫困：回顾、展望与建议》，载《贵州社会科学》2020年第2期。

杨宇泽、叶林：《发达国家城市合并的理论研究述评》，载《公共管理与政策评论》2020年第3期。

姚尚建：《城市化进程中的权利平衡》，载《中共浙江省委党校学报》2015年第3期。

姚尚建：《贫困与城市性的纠偏》，载《学术月刊》2021年第5期。

姚尚建：《"人民"的城市及其指向——城市性概念的初步检讨》，载《浙江学刊》2021年第1期。

易承志：《大城市城乡结合部公共服务资源是如何配置的？——以上海市J镇为例》，载《中国农村观察》2015年第6期。

袁媛、古叶恒、肖扬：《中国城市的"中心-外围"贫困格局及影响因素》，载《人文地理》2017年第5期。

张波：《"贫民窟"概念及其在中国的适用性——基于上海城市发展的考察分析》，载《安徽师大学报（人文社会科学版）》2017年第2期。

张高攀：《城市"贫困聚居"现象分析及其对策探讨——以北京市为例》，载《城市规划》2006年第1期。

张海：《网络用户信息茧房成因及影响因素维度研究》，载《情报杂志》2021年第10期。

张虹：《从"睡城"到"观里"：青年程序员职业共同体的社区认同》，载《当代青年研究》2019年第3期。

张景奇、邱婷婷、修春亮:《基于空间治理视角的城市贫困研究综述》,载《北京行政学院学报》2022年第1期。

张衔春、胡国华、单卓然、李禕:《中国城市区域治理的尺度重构与尺度政治》,载《地理科学》2021年第1期。

张新宝:《从隐私到个人信息:利益再衡量的理论与制度安排》,载《中国法学》2015年第3期。

章昌平、米加宁、黄欣卓、钱杨杨:《收缩的挑战:扩张型社会的终结还是调适的开始?》,载《公共管理学报》2018年第4期。

章元、刘时菁、刘亮:《城乡收入差距、民工失业与中国犯罪率的上升》,载《经济研究》2011年第2期。

郑秉文:《贫民窟:拉丁美洲城市化进程中的一个沉痛教训》,载《国家行政学院学报》2014年第5期。

周柯、齐秀琳:《后增长时代中国的城市收缩:识别与应对》,载《中州学刊》2020年第1期。

周黎安:《中国地方官员的晋升锦标赛模式研究》,载《经济研究》2007年第7期。

周尚君:《数字社会对权力机制的重新构造》,载《华东政法大学学报》2021年第5期。

四、英文论文及著作

Allen J. Scott and Michael Storper, The Nature of Cities: The Scope and Limits of Urban Theory, *International Journal of Urban and Regional Research*, Vol. 39, No. 1, 2015, pp. 1-15.

Anastasia Panori, Luca Mora, and Alasdair Reid, Five Decades of Research on Urban Poverty: Main Research Communities, Core Knowledge Producers, and Emerging Thematic Areas, *Journal of Cleaner Production*, Vol. 237, 2019.

Andreas Huyssen(ed.), *Other Cities, Other Worlds: Urban Imaginaries in a Globalizing Age*, Durham: Duke University Press, 2008.

Athar Hussain, *Urban Poverty in China: Measurement, Patterns and Policies*, Geneva: International Labour Office, 2003.

Donald R. Taft, Does Immigration Increase Crime?, *Social Forces*, Vol. 12, No. 1, 1933, pp. 69-77.

Elena Pirani, Evaluating Contemporary Social Exclusion in Europe: A Hierarchical Latent Class Approach, *Quality & Quantity*, Vol. 47, 2013, pp. 923-941.

Ellen Wratten, Conceptualizing Urban Poverty, *Environment and Urbanization*, Vol. 7, No. 1, 1995, pp. 11-38.

Fulong Wu, Urban Poverty and Marginalization under Market Transition: The Case of Chinese Cities, *International Journal of Urban and Regional Research*, Vol. 28, No. 2, 2004, pp. 401-423.

Harvey Molotch, The City as a Growth Machine: Toward a Political Economy of Place, *American Journal of Sociology*, Vol. 82, No. 2, 1976, pp. 309-332.

Henri Lefebvre, *Writings on Cities*, Oxford: Blackwell Publishers Ltd, 1996.

Howard Zehr, The Modernization of Crime in Germany and France, 1830—1913, *Journal of Social History*, Vol. 8, No. 4, 1975, pp. 117-141.

Jeffrey Pfeffer and Gerald R. Salancik, *The External Control of Organizations: A Resource Dependence Perspective*, New York: Harper & Row, 1978.

Kimberly Skobba and Edward G. Goetz, Mobility Decisions of Very Low-Income Households, *Cityscape*, Vol. 15, No. 2, 2013, pp. 155-171.

Louis Wirth, Urbanism as a Way of Life, *American Journal of Sociology*, Vol. 44, No. 1, 1938, pp. 1-24.

Louise I. Shelley, *Crime and Modernization: The Impact of Industrialization and Urbanization on Crime*, Carbondale: Southern Illinois University Press, 1981.

Mark R. Leipnik, Xinyue Ye, and Gang Gong, Geo-spatial Technologies and Policy Issues in China: Status and Prospects, *Regional Science Policy & Practice*, Vol. 3, No. 4, 2011, pp. 339-356.

Oli Mould, A Limitless Urban Theory? A Response to Scott and Storper's "The Nature of Cities: The Scope and Limits of Urban Theory", *International Journal of Urban and Regional Research*, Vol. 40, No. 1, 2016, pp. 157-163.

R. Grundmann, *Marxism and Ecology*, Oxford: Clarendon Press, 1991.

Samuel P. Hays, *The Response to Industrialism*, 1885—1914, Chicago: The University of Chicago Press, 1995.

Tim Rieniets, Shrinking Cities: Causes and Effects of Urban Population Losses in the Twentieth Century, *Nature and Culture*, Vol. 4, No. 3, 2009, pp. 231-254.

Tom Slater, Your Life Chances Affect Where You Live: A Critique of the "Cottage Industry" of Neighbourhood Effects Research, *International Journal of Urban and Regional Research*, Vol. 37, No. 2, 2013, pp. 367-387.